Bischof Gerhard Ludwig Müller

Die Messe

Bischof Gerhard Ludwig Müller

Die Messe

Quelle christlichen Lebens

SANKT ULRICH VERLAG GmbH

Bibliografische Information Der Deutschen Bibliothek

Die Deutsche Bibliothek verzeichnet diese Publikation in der Deutschen Nationalbibliografie; detaillierte bibliografische Daten sind im Internet über http://dnb.ddb.de abrufbar.

Völlig neu überarbeitete und erweiterte Ausgabe von „Laßt uns mit ihm gehen. Eucharistiefeier als Weggemeinschaft“, Freiburg 1990.

Umschlaggestaltung: UV Werbung, Mediengruppe Sankt Ulrich Verlag, Augsburg
Titelbild: Jürgen Bartenschlager, Trunkelsberg
Druck und Bindung: Ludwig Auer GmbH, Donauwörth
Printed in Germany
ISBN 3-929246-90-2

www.sankt-ulrich-verlag.de

In Dankbarkeit
Friedrich Kardinal Wetter

In Gemeinschaft
mit dem Klerus von Regensburg

Christkönigsfest 2002

Inhalt

EUCHARISTIE
Feier der Lebensgemeinschaft mit Jesus Christus 9

Jesus von Nazareth – Mitte der Geschichte 10
Der *Christus praesens* 13
Persönliche Begegnung mit Jesus 15
Eucharistie als Sakrament – der innere Gehalt in der äußeren Gestalt 17

ERSTER TEIL
Eröffnung – Begegnung mit dem menschgewordenen Gott 21

Versammlung der Gläubigen – Kirche des dreifaltigen Gottes 22
Erneuerung des **Taufbekenntnisses** 32
Schuldbekenntnis – Versöhnung mit Gott und den Menschen 37
Kyrie – Bekenntnis zur Gegenwart des Herrn 40
Gloria – Lobpreis der Herrlichkeit Gottes 42
Tagesgebet – Teilnahme am Dialog der dreifaltigen Liebe 44

ZWEITER TEIL
Liturgie des Wortes – Vergegenwärtigung der Botschaft Jesu vom Reich Gottes 47

Aufbau des Wortgottesdienstes 48
Lesung aus dem Alten Testament – Der verheißene Christus 53
Lesung aus dem Neuen Testament – Der bezeugte Christus 60
Evangelium – Der verkündigende Jesus 69
Predigt – Begegnung mit dem Wort Christi in unserer Gegenwart 82

Credo – Glaube als Bekenntnis 88
Fürbitten – Gebet für die Welt 92

DRITTER TEIL
Das eucharistische Opfer – Gemeinschaft mit dem gekreuzigten und auferstandenen Christus 95

Hinführung zur Theologie des Meßopfers 96
Das Opfer Jesu Christi 105
Das Opfer der Kirche 114

Das eucharistische Opfer – Liturgie des sakramentalen Opfers Christi und der Kirche 127

Bereitung der Gaben – und der Herzen 127
Eucharistisches Hochgebet – Anrede Gottes des Vaters durch den Sohn im Heiligen Geist 134
Kommunion – Vereinigung mit dem auferstandenen Herrn 149

VIERTER TEIL

Entlassung – Weg mit Christus in die Welt 161

ANHANG
Zur Theologie der heiligen Messe – die neuere Entwicklung 169

Das Konzil – Wegweisung für heute 170
Ist dem sogenannten „Menschen von heute" Liturgie noch zumutbar? 173
Menschseindürfen vor Gott 178
Christus – die Proexistenz Gottes für den Menschen 183
Themen der Systematik im ökumenischen Horizont 193

Anmerkungen 205

Abkürzungsverzeichnis 207

EUCHARISTIE

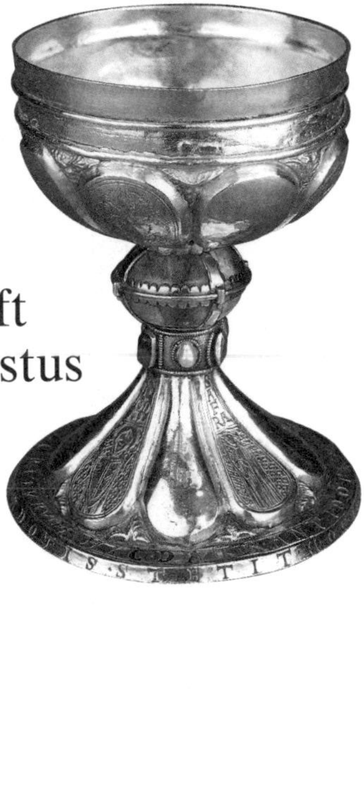

Feier der
Lebensgemeinschaft
mit Jesus Christus

Eucharistie – Feier der Lebensgemeinschaft mit Jesus Christus

Jesus von Nazareth – Mitte der Geschichte

„Das größte und bedeutungsvollste Ereignis der ganzen Heils- und Weltgeschichte ist das Kreuzesopfer auf Golgatha, worin der menschgewordene Gottessohn Jesus Christus das Werk der Verherrlichung Gottes und der Erlösung der Menschen vollbrachte.“

Dieses ergreifende Wort stammt aus dem alten Mainzer Gesangbuch vor dem Gotteslob. Wenn es wahr ist, dann prägten nicht Könige und Feldherren, Denker und Künstler, die uns im Geschichtsunterricht begegnen, in entscheidender Weise das Schicksal der Welt. Nicht ein Alexander der Große oder Napoleon, ein Hegel oder Einstein, ein Mozart oder Picasso sind die maßgebenden Größen der Menschheit. Der alle überstrahlende Stern ist niemand anderer als Jesus von Nazareth. Geboren in einem von den Größen seiner Zeit für unbedeutend angesehenen Winkel der Welt, brachte er den Wendepunkt der Geschichte.

Jesus als den Christus zu erkennen ist die Schicksalsfrage der gesamten Menschheit. Die Kirche „glaubt, daß in ihrem Herrn und Lehrer der Schlüssel, der Mittelpunkt und das Ziel der ganzen Menschheitsgeschichte gegeben ist“ (GS 10). Durch ihn, mit ihm und in ihm kommt der Mensch zu Gott, dem Ursprung und Ziel allen Seins. Jesus von Nazareth hat eine einzigartige Bedeutung für jeden Menschen: sein Leben und Sterben war nicht ein flüchtiger Punkt auf der endlosen Linie der Zeit. Vielmehr handelt in und durch Jesus Christus Gott selbst in Raum und Zeit – gleichsam vertikal auf die Geschichte der Menschheit hin. Darum ist Jesus die Schnittstelle, wo die Ewigkeit Gottes eintritt in die Zeit des Menschen. Er ist der Drehpunkt, wo sich die vertikale Linie und die horizontale Linie treffen. Weil er von Gott kommt und weil er Gott mitten unter uns Menschen, der Immanuel (Mt 1,23) ist, darum ist er allein und in Wahrheit „der einzige Mittler zwischen Gott und den Menschen“ (1 Tim 2,5).

Als der „neue und letzte Adam“ (1 Kor 15,45) ist Jesus Christus auch derjenige Mensch, in dem sich alle Menschen begegnen und in Wahrheit sich als Brüder und Schwestern erkennen. Alle Ereignisse und Einzelschicksale, die in der Vergangenheit versinken oder nur als Möglichkeiten am Horizont der Zukunft aufscheinen, bekommen ein eindeutiges Zentrum. Gottes Handeln an Jesus und Jesu Verhalten zu Gott qualifizieren das geschichtliche Ereignis von Golgatha zum Fokus aller menschlichen Existenzen. Jesus von Nazareth kommt für das Gottesverhältnis eines jeden Menschen nicht etwa deshalb eine universale und exklusive Bedeutung zu, weil er im Zentrum einer menschlich errichteten Supermacht, einer Hochkultur oder Weltreligion stünde. Genausowenig gilt er als Kulmination der Geistesgeschichte, weil er etwa als der größte Denker aller Zeiten gerühmt würde oder von einer Jury in irgendein Buch der Weltrekorde aufgenommen werden müßte.

Die einzigartige Bedeutung Jesu Christi liegt vielmehr darin, daß er uns in sein Verhältnis zu Gott hineinnimmt. Sein Verhältnis zu Gott manifestiert sich in seiner Gottesanrede „Abba, Vater". Sein Sohnesbewußtsein hat seinen Ursprung in dem innergöttlichen Verhältnis des Vaters zum ewig gezeugten Sohn und zu dem aus dem Vater hervorgehenden Heiligen Geist, der auch der Geist des Sohnes ist. Die immanente Trinität Gottes offenbart sich in der heilsgeschichtlichen Selbstmitteilung Gottes vermittels der Inkarnation des Wortes und der Ausgießung der Liebe des Heiligen Geistes in die Herzen seiner Gläubigen (vgl. Röm 5,5). Auf diese geschichtliche Offenbarung Gottes hin werden die an Jesus als den Christus Glaubenden – die „Christen" (vgl. Apg 11,26) – im Namen des Vaters und des Sohnes und des Heiligen Geistes getauft (vgl. Mt 28,19). Weil wir Jesus Christus als Mensch begegnen, haben wir durch seine Selbstoffenbarung als Sohn des himmlischen Vaters Gemeinschaft mit Gott. Die Gemeinschaft von Vater, Sohn und Geist ist der ewige Gott selbst, der sich uns durch Christus als Wahrheit, Leben und Liebe geoffenbart hat.

> *„In dieser Stunde rief Jesus, vom Heiligen Geist erfüllt, voll Freude aus: Ich preise dich Vater, Herr des Himmels und der Erde, weil du all das den Weisen und Klugen verborgen, den Unmündigen aber geoffenbart hast. Ja, Vater, so hat es dir gefallen. Mir ist von meinem Vater alles übergeben worden; niemand weiß, wer der Sohn ist, nur der Vater, und niemand weiß, wer der Vater ist, nur der Sohn und der, dem es der Sohn offenbaren will" (Lk 10,21 f.; vgl. Mt 11,25–27).*

Man kann also die Geschichte nicht mehr als eine unabsehbare Folge von Taten und Verhältnissen auf der Achse der Zeit begreifen, in die auch der einzelne Mensch hilflos wie ein Spielball übermächtiger Kräfte einbezogen wäre. Die Geschichte ist kein Ozean ohne Ruhe und Mitte. Da der Mensch von Gott angesprochen wird durch Jesus Christus, wird er durch den Glauben und kraft seiner geistigen und willensmäßigen Natur auch zum Subjekt der Geschichte. Er trägt dabei mit anderen Menschen die Verantwortung dafür, daß die Geschichte ihr Ziel findet in Gott, der alles in allem und alles in allen sein wird (vgl. 1 Kor 15,28). Dann ist die Verheißung des Neuen und letztgültigen Bundes in der Geschichte Realität geworden.

„Ich werde ihr Gott sein und sie werden mein Volk sein" (Jer 31,33). „Dann werden sie mein Volk sein, und ich werde ihr Gott sein. Mein Knecht David wird ihr König sein, und sie werden einen einzigen Hirten haben ... Ich schließe mit ihnen einen Friedensbund; es soll ein ewiger Bund sein. Ich werde mitten unter ihnen für immer mein Heiligtum errichten und bei ihnen wird meine Wohnung sein ... Wenn mein Heiligtum für alle Zeit in ihrer Mitte ist, dann werden die Völker erkennen, daß ich der Herr bin, der Israel heiligt" (Ez 37,23–28).

Schon zur Grundbestimmung des Menschen in seinem geschichtlichen Dasein gehört es, daß der Mensch in seiner geistigen Existenz auf Gott ausgerichtet ist. Von ihm erhofft er sich die endgültige Antwort auf die Frage, die er sich selber ist. Der Mensch weiß um seine Endlichkeit, Sterblichkeit und Verweslichkeit. Die Ungesichertheit und das Gefährdetsein seines Daseins, die Zerbrechlichkeit seiner Liebe und das Unterworfensein unter das Gesetz der Vergänglichkeit vermag er nicht abzuschütteln. Das ist nur möglich, wenn das Unendliche ins Endliche eintritt, wenn das Absolute das Relative auf sich hin öffnet, d. h. wenn Gott zum Menschen kommt und der Mensch durch Gott zu Gott kommt. Der Mensch kann sich nicht mehr definieren, ohne die Ausrichtung auf Gott als seine eigentliche Wesensbestimmung zu bedenken. Zu Beginn seiner bewegenden „Bekenntnisse" erfaßt der heilige Augustinus diese menschliche Situation vor Gott:

„Groß bist du, Herr, und hoch zu preisen, und groß ist deine Macht und deine Weisheit unermeßlich. Und preisen will dich der Mensch,

irgendein Winzling deiner Schöpfung, ja der Mensch, der mit sich seine Sterblichkeit herumschleppt wie auch das Zeugnis seiner Sünde und das Zeugnis, daß du den Hochmütigen widerstehst. Und dennoch preisen will dich der Mensch, irgendein Teil deiner Schöpfung. Du selber entfachst in uns die Freude, dich zu loben; denn du hast uns auf dich hin geschaffen und unruhig ist unser Herz, bis es Ruhe findet in dir, o Gott" (Bekenntnisse, I,1).

Die Begegnung mit dem Gott der Liebe befreit den Menschen vom Krampf des heroischen Atheismus. Dieser ist nichts anderes als eine töricht-trotzige Bankrotterklärung des Nihilismus, jener verzweifelten Grundhaltung, daß es mit dem Sein nichts sei. Alles Hoffen und Lieben, alles Aufbauen und Sorgen wird für einen Nihilisten von einem giftig-bösen Schicksal verschlungen. Wir erkennen Jesus Christus als den Menschen unter den vielen Menschen mitten in der Geschichte, der als einer von uns unser aller Bruder ist (Hebr 2,17).

In ihm ist der unendliche, ewige und unerreichbare Gott in unsere Welt eingetreten. Christus hat dem unübersehbaren Fluß der Generationsfolge ein Ziel eingestiftet, das alle Menschen zu allen Zeiten und Orten innerlich zu einer einzigen Hoffnungsgemeinde verbindet. Er hat der Geschichte Mitte und Ziel gegeben. Man kann deshalb sagen: Glauben an Gott ist nichts anderes, als in Jesus Christus – seinem Sohn – die Mitte des Lebens zu erkennen und in der liebenden Gemeinschaft sich von ihm ganz bestimmen zu lassen, wie der Evangelist Johannes bezeugt:

„Euer Herz lasse sich nicht verwirren: Glaubt an Gott und glaubt an mich. Ich bin der Weg, die Wahrheit und das Leben; niemand kommt zum Vater außer durch mich" (Joh 14,1.6).

Der *Christus praesens*

Obwohl der Kreuzestod Jesu an einem bestimmten Zeitpunkt der Geschichte festzumachen ist, hat das Kreuz doch einen unmittelbaren Bezug zu jedem Menschen, wann und wo immer er lebt. Denn im Kreuzestod Jesu hat Gott die Geschichte zugunsten des Menschen auf ihre Vollendung hin bestimmt. Durch Christus wissen wir: Gott ist Ursprung und Ziel *(principium et finis)* jedes Menschen. Jesus von Nazareth ist der Weg, der Anfang und Ende verbindet. Die Verheißung Gottes als Leben des Menschen ist in Jesus Christus in Erfüllung gegangen:

„Ich bin das Alpha und das Omega, der Anfang und das Ende. Wer durstig ist, den werde ich umsonst aus der Quelle trinken lassen, aus der das Wasser des Lebens strömt“ (Offb 21,6).

In der Eucharistie vergegenwärtigt die Kirche durch den Heiligen Geist, der die sakramentale Feier mit göttlicher Kraft erfüllt, den Tod Jesu als Zugang zum Leben Gottes. Dabei umgreift die kirchliche Eucharistie Vergangenheit und Zukunft aller Geschichte:

„Denn sooft ihr von diesem Brot eßt und aus dem Kelch (des Neuen Bundes im Blute Christi) trinkt, verkündet ihr den Tod des Herrn, bis er (als Ende der Geschichte) kommt“ (1 Kor 11,26).

Wenn die Kirche also Eucharistie feiert, vermittelt sich Jesus, der zum Vater erhöhte Herr, jedem Glaubenden unmittelbar. Jedem Glaubenden und Jesus Nachfolgenden schenkt er seine persönliche Nähe und Freundschaft. Es ist ein Ich-Du-Verhältnis. Jesus ist keine der großen Gestalten der Antike, wie etwa Sokrates. Jesus muß auch nicht erst durch eine anschaulich verfaßte Biographie in unserer Phantasie zum Leben erweckt werden. Er vergegenwärtigt sich selbst als der gekreuzigte und auferstandene Herr, der bei Gott dem Vater ist, in der gottesdienstlichen Feier seiner Kirche. Diese feiert das heilige Opfermahl „zu seinem Gedächtnis“ (1 Kor 11,25).

Jesus begegnet in der Eucharistie jedem Glaubenden genauso in seinem Sprechen und Handeln wie seinen Jüngern während seiner irdischen Lebenszeit, als er sie zum Glauben rief, ihnen das Reich Gottes verkündete und sie als die Kirche Gottes für die Endzeit sammelte. Er ist gegenwärtig als der Sohn, zu dem sich der Vater nach seinem Leiden und Sterben am Kreuz in seiner Auferweckung von den Toten bekannte. Als der vom Vater Auferweckte wies sich Jesus Christus in den Erscheinungen vor seinen Jüngern aus, sandte den Heiligen Geist auf seine Kirche bis an das Ende der Welt. Die Eucharistie wurde deshalb von Anfang an als die Konzentration aller Aufbauelemente der Kirche verstanden. Sie ist damit die Mitte des kirchlichen Selbstvollzuges, insofern die Kirche nämlich Lebensgemeinschaft des Glaubenden mit Christus und der Jünger untereinander ist:

„Wenn die Gläubigen recht bereitet sind, wird ihnen nahezu jedes Ereignis ihres Lebens geheiligt durch die göttliche Gnade, die aus-

strömt vom Pascha-Mysterium des Leidens, des Todes und der Auferstehung Christi, aus dem alle Sakramente und Sakramentalien ihre Kraft ableiten" (SC 61).

Was nun die Begegnung der Jünger mit dem historischen Jesus unterscheidet von der durch den Heiligen Geist gewirkten Begegnung der Gläubigen mit ihm heute, ist nur die Form, in der Jesus gegenwärtig ist. Nach Ostern und nach dem Ende seiner Selbstbezeugung als beim Vater Lebender in den Ostererscheinungen begegnet er uns im kirchlichen Leben und vor allem in den Sakramenten. Beim Letzten Abendmahl hat Jesus schon die sakramentale – d. h. die in der ekklesialen Zeichenhandlung wirksame – Feier seines Todes vorausgenommen. Dabei bestimmte er diese liturgische Form als die Weise seines Gedächtnisses. Jesus Christus wählte frei die Zeichen der Wortverkündigung, des Dankgebetes und des Austeilens der Gaben von Brot und Wein als seine neue Gegenwartsweise. Heute begegnet uns Jesus in verborgener Weise mit seinem Fleisch und Blut. Wirklich und wirksam ist er bei den in seinem Namen versammelten Gläubigen gegenwärtig (Mt 18,20). Die Emmausjünger erkennen den auferstandenen Herrn, als er mit ihnen das Brot bricht (Lk 24,35). Jesus selbst deutet im Zusammenhang des eucharistischen Opfers den Sinn der Heiligen Schrift. Er erklärt, „daß der Messias das alles erleiden mußte, um so in seine Herrlichkeit zu gelangen" (Lk 24,26).

Persönliche Begegnung mit Jesus

Die Feier der Eucharistie ist damit eine im Zeichen des großen Dankgebetes und der sakramentalen Kommunion sich vollziehende Begegnung mit dem geschichtlichen Jesus als Heiland aller Menschen. Dazu gehört die Ausrichtung auf die zukünftige Vollendung des Heilsgeschehens bei der Wiederkunft Jesu Christi am Ende der Zeit. In dieser Feier erweist sich Jesus als die Mitte der Schöpfung und der Geschichte und als der Mittler jedes Menschen zu Gott. Jesus bezieht die Menschen ein in die Gemeinschaft des Sohnes mit dem Vater im Heiligen Geist. Die Gemeinschaft seiner Jünger untereinander wird zu einem unübersehbaren „Real-Zeichen" für die neue Qualität, die der Geschichte durch ihn unverlierbar eingestiftet ist.

Das Zweite Vatikanische Konzil hat dementsprechend die Liturgie und insbesondere die Eucharistie als Pascha-Mysterium von Leiden, Auferstehung, Himmelfahrt und Wiederkunft Jesu Christi verstanden. In der Eucharistie vollzieht sich sakramental das Heilswerk Jesu Christi, das im Wort der apostolischen Lehre verkündigt und vergegenwärtigt wird. Wenn sich auch im Gesamtaufbau der Eucharistiefeier einige Elemente als ausdeutende Riten nur zufällig ergeben haben, so stellt die Eucharistie im ganzen doch ein in sich stimmiges Gefüge dar, das durch die Autorität der Kirche verbürgt ist. Als Sakrament ist sie ein Gleichnis und Abbild des heilsgeschichtlichen Auftretens Jesu in seinem Leben und Sterben. Sie drückt auch die Verfassung der kirchlich sakramentalen Vermittlung des Heils aus. Der Weg des Christen in der Welt ist ein dauerndes Einbezogenwerden in das Schicksal Jesu. Der Christ deutet sein Leben im Lichte Jesu, und zugleich vertieft er darin die Gemeinschaft mit Jesus und dabei mit Gott, dem Vater Jesu Christi.

„Die Kirche aber glaubt: Christus, der für alle starb und auferstand, schenkt dem Menschen Licht und Kraft durch seinen Geist, damit er seiner höchsten Berufung nachkommen kann; es ist kein anderer Name unter dem Himmel den Menschen gegeben, in dem sie gerettet werden sollen“ (GS 10).

Man kann die heilige Messe darum als eine Einübung in die Nachfolge Jesu verstehen. Die heilige Messe ist ein je neues, betrachtendes Mitgehen des Weges Christi zur Vereinigung des Menschen mit Gott in der Liebe. Diese Liebe Gottes ist in Jesus Christus als eine unversiegliche Quelle entsprungen, aus der wir schöpfen können. Vielleicht stößt die sonntägliche Meßfeier bei vielen nicht zuletzt deshalb auf Unverständnis und Langeweile, weil sie die einzelnen Abläufe und Riten in ihrem inneren Spannungsbogen nicht erkennen. Aber ihnen sollte bewußt werden, daß es in der Meßfeier um sie selbst, um ihr Heil und ihr Glück geht.

Wer aber den liturgischen Verlauf als eine Zeichenabfolge begreift, die in die Sinntiefen des Schicksals Jesu hineinführt, der wird die Eucharistie als Brennpunkt erfassen, in dem alle Linien des christlichen Lebens sich sammeln und von dem sie ausgehen. Die heilige Messe wird zum Quellpunkt christlicher Existenz, zur Lehrerin des christlichen Lebens, sie wird in Wahrheit Nahrung für das ewige Leben (vgl. Joh 6,27). Jesus stellt sich seinen Hörern als das lebendige Brot vor, das vom Himmel her gekommen ist. Und sein Vater schenkt uns dieses Brot, das der Welt im Zeichen der Lebenshingabe Jesu das Leben gibt, das der dreifaltige Gott selber ist (vgl. Joh 6,33.51).

Eucharistie als Sakrament – der innere Gehalt in der äußeren Gestalt

Die heilige Messe beginnt mit der Versammlung der Glaubenden und Getauften. In ihrer Mitte ist Jesus gegenwärtig, den die Gemeinde als ihren Herrn und Christus preist. Er macht die Kirche zu einem sichtbaren Volk Gottes, zum Leib Christi und Tempel des Heiligen Geistes. Er zeigt sich als der gute Hirt, der die Herde Gottes auf die gute Weide führt und sie durch seine Gnade und Gegenwart stärkt und aufbaut (vgl. Apg 20,28). So stellen die um den Altar mit dem Priester (Bischof, Presbyter) versammelten Gläubigen die Gegenwart des menschgewordenen Gottes dar. Das geschieht im Gegenüber von Christus als Haupt der Kirche und Christus als Leib, der die Kirche ist.

Denn „die Kirche ist ja in Christus gleichsam das Sakrament, d. h. Zeichen und Werkzeug für die innigste Vereinigung mit Gott wie für die Einheit der ganzen Menschheit“ (LG 1).

Seit frühester Zeit bilden der Wortgottesdienst und das eucharistische Opfer die beiden Zentralteile der Messe. Die Liturgie des Wortes Gottes und des Kreuzesopfers Christi sind zutiefst geeint in der Person des Gottessohnes, der als wahrer Gott Gottes Wort an uns und zugleich als wahrer Mensch Gottes Geschichte mit uns ist. Diese Geschichte reicht bis zum Tod am Kreuz, und geht den Augen des Glaubens in der Erhöhung Christi zur Rechten des Vaters auf (vgl. Phil 2,6–11). Angedeutet finden wir dies schon bei der Erzählung von den beiden Emmausjüngern. Dort tritt Jesus als der auf, der in eigener Person den Sinn der Heiligen Schrift erschließt und der beim Brotbrechen erkannt wird, weil er sich zu erkennen gibt (vgl. Lk 24,25–32). Von der urkirchlichen Gemeinde heißt es, daß die frühen Christen an der Lehre der Apostel, an der Gemeinschaft (der Kommunion), am Brechen des Brotes (dem Herrenmahl) und an den Gebeten (vgl. Apg 2,42) festhielten. Im

2. Jahrhundert beschreibt Justin der Märtyrer erstmals den Ablauf des eucharistischen Gottesdienstes:

„Bei allem aber, was wir opfern, preisen wir den Schöpfer des Alls durch seinen Sohn Jesus Christus und durch den Heiligen Geist. Am Tag, den man Sonntag nennt, findet eine Zusammenkunft aller statt, die in Städten oder auf dem Lande wohnen. Dabei werden die Denkwürdigkeiten der Apostel oder die Schriften der Propheten vorgelesen, solange es üblich ist. Hat der Vorleser aufgehört, so hält der Vorsteher eine Ansprache, worin er zur Nachahmung all dieses Guten ermahnt und auffordert. Dann stehen wir alle auf und senden Gebete empor, und wenn das Beten beendet ist, wird Brot, Wein und Wasser herbeigebracht. Der Vorsteher spricht mit aller Kraft Gebete und Danksagungen, und das Volk stimmt ein, indem es ‚Amen' sagt. Darauf findet die Ausspendung und Entgegennahme der eucharistischen Gaben statt: jeder erhält seinen Teil von dem Geweihten; den Abwesenden aber wird es durch die Diakone gebracht. Die Wohlhabenden aber, die guten Willens sind, geben nach eigenem Ermessen, was jeder will, und was da zusammenkommt, wird bei dem Vorsteher hinterlegt; dieser hilft dabei Waisen und Witwen und solchen, die wegen Krankheit oder aus einem anderen Grund bedürftig sind, den Gefangenen und den Fremdlingen, die in der Gemeinde anwesend sind. Er ist allen, die in der Stadt sind, ein Fürsorger. Am Sonntag halten wir alle gemeinsam die Zusammenkunft, weil es der erste Tag ist, an dem Gott die Finsternis und den Urstoff umwandelte und die Welt erschuf, und weil an diesem Tag Jesus Christus, unser Erlöser, von den Toten wieder auferstanden ist" (Erste Apologie, 67).

In der Liturgie des Wortes, das Gott selbst ist in Jesus Christus (vgl. Hebr 1,1–2), wird also Gott in seiner Selbstzusage als Wahrheit und Leben gegenwärtig. Er selbst spricht zu uns durch das Menschenwort der Propheten, der Apostel und das menschliche Wort Jesu. Dies wird in der Heiligen Schrift des Alten und Neuen Testaments von der Kirche bezeugt. Die Bibel enthält den Weg der alttestamentlichen und neutestamentlichen Heilsgeschichte. Der Höhepunkt dieses Weges ist das ewige Wort, das Fleisch geworden ist (vgl. Joh 1,1.14) – nämlich Jesus Christus, der Sohn Gottes. In ihm haben wir Gnade, Wahrheit und Leben Gottes erkannt und empfangen (vgl. Joh 1,16 f.). So steht im Mittelpunkt der Liturgie des Wortes das einzige WORT Gottes. Das ist Gott selbst in Jesus Christus. In seinem geschichtlichen Auftreten, in seiner Verkündigung des Reiches Gottes, in seinen machtvollen Heilstaten an den Armen, Kranken und Verachteten und mit seiner Lehre, die uns das Geheimnis des Menschen im Licht Gottes erschließt, spricht Gott selbst in Jesus Christus zu uns. Durch die Sammlung der Jünger zur Gemeinschaft, die aus ihm lebt und ihn vor den Menschen zum Heil der Menschen bekennt, und mit seinem Schicksal in Leiden, Tod und Auferstehung wirkt das Wort Gottes heilbringend in der Geschichte der Menschheit.

Im zweiten Hauptteil der Messe, der Liturgie des Tisches oder der Eucharistiefeier im engeren Sinne, werden nach dem Vorbild des Letzten Abendmahles Jesu Brot und Wein als Mahlgaben bereitet. Sie sollen hineingenommen werden in Jesu Hingabe an den Vater, um darin gewandelt als Fleisch und Blut Jesu uns geschenkt zu werden. Indem wir an Jesu Fleisch und Blut teilhaben, wird uns in Jesus Christus auch die Gemeinschaft des Sohnes mit dem Vater geschenkt. Er lebt in uns und wir leben durch ihn, weil er uns auf dem Weg zum ewigen Leben die Speise ist. Wir werden darin auch dem Geist Jesu verähnlicht und seinem Geschick gleichgestaltet – ja ihm immer tiefer verbunden und seinem Leib, der die Kirche ist, inkorporiert. So führen uns das eucharistische Hochgebet und die Kommunion hin zum Heilsgeschehen von Kreuz und Auferstehung Jesu. Sie nehmen uns in die Danksagung Jesu für den ewigen Empfang seiner Gottheit und seiner Menschheit in der Zeit mit hinein. Das ereignet sich durch den glaubenden und liebenden Mitvollzug der Ganzhingabe Jesu an den Willen des Vaters, der uns durch Christus mit sich versöhnen will (vgl. 2 Kor 5,20). In der Kommunion selbst haben wir so an der Einheit von Vater und Sohn im Heiligen Geist Anteil. Unsere Anteilnahme an der innergöttlichen Kommunion geschieht so, wie sich für uns in der Auferweckung Jesu durch den Vater heilsgeschichtlich die Offenbarung des neuen und ewigen Lebens vollzogen hat. Insgesamt ist die Eucharistie Verherrlichung Gottes durch den Sohn als Haupt der neuen Menschheit und seines Leibes, der Kirche (vgl. Eph 1,6.22) und Anteilgabe am Leben Gottes in der Einheit von Vater, Sohn und Geist (Joh 10,10; 17,1–3).

In den abschließenden Riten öffnet sich das Geheimnis der Eucharistie zum christlichen Leben im Alltag, im Beruf, in der Familie, in den Diensten am Nächsten. Wer Gottes Liebe empfangen hat, muß sie mit dem Nächsten teilen und so den Nächsten lieben wie sich selbst. Die Gemeinschaft mit Jesus im Empfang seines Leibes und Blutes führt den Christen hinaus in die Gestaltung der Welt nach den Richtlinien Gottes: Freiheit, Gerechtigkeit und Achtung vor der Menschenwürde. Das ist aber auch der Weg der Nachfolge, der uns zum kommenden Christus am Ende der Zeiten führt. Denn Weltgestaltung in Apostolat und Diakonie gibt es nur im Hinblick auf den kommenden Herrn, der allein der Welt Zukunft gewähren kann. Der Schlußteil der heiligen Messe hebt die weltbezogene und zukunftsgerichtete (eschatologische) Dimension des Christseins deutlich hervor.

Alle leitenden Ideen des Geheimnisses der Eucharistie finden sich in der Liturgiekonstitution des Zweiten Vatikanischen Konzils:

> *„Unser Erlöser hat beim Letzten Abendmahl in der Nacht, da er überliefert (d. h. ausgeliefert/verraten) wurde, das eucharistische Opfer seines Leibes und Blutes eingesetzt, um dadurch das Opfer des Kreuzes durch die Zeiten hindurch bis zu seiner Wiederkunft fortdauern (d. h. sakramental gegenwärtig sein) zu lassen und so der Kirche, seiner geliebten Braut, eine Gedächtnisfeier seines Todes und seiner Auferstehung anzuvertrauen: das Sakrament huldvollen Erbarmens, das Zeichen der Einheit, das Band der Liebe, das Ostermahl, in dem Christus genossen, das Herz mit Gnade erfüllt und uns das Unterpfand der künftigen Herrlichkeit gegeben wird" (SC 47).*

Erster Teil

Eröffnung
– Begegnung mit dem menschgewordenen Gott

Eröffnung – Begegnung mit dem menschgewordenen Gott

Versammlung der Gläubigen – Kirche des dreifaltigen Gottes

Im Unterschied zu den meisten Veranstaltungen, die wir aus unseren Lebensbereichen kennen, geht der Versammlung der Getauften zur Feier der Eucharistie Wesentliches schon voraus: Die Kirche ist keine aus eigener Initiative zustandegekommene (demokratische) Volksversammlung, sondern das von Gott zusammengeführte und versammelte Bundesvolk Israel. Im Hebräischen steht dafür das Wort *qahal,* in der griechischen Bibelübersetzung (Septuaginta) *ekklesia* und in der lateinischen Fassung (Vulgata) *ecclesia.* Das deutsche Wort *Kirche* leitet sich vom griechischen *kyriake ekklesia* ab und bedeutet die Gott *dem Herrn Gehörende,* d.h. die von Jesus Christus, dem menschgewordenen Sohn Gottes und in der Auferweckung erhöhten Herrn gestiftete und im Heiligen Geist versammelte Gemeinschaft der Glaubenden. Die Kirche, die sich auf den Ruf Gottes hin im Namen ihres Herrn Jesus Christus zusammengefunden hat, ist für die Welt ein Zeichen des Heilswillens Gottes. Zugleich ist sie in der Hand Gottes sozusagen ein Instrument, mit dem Gott die Menschheit zu ihrem geschichtlichen Ziel – nämlich zur Vereinigung mit ihm – führen will. Die Kirche in ihrem Sein und in ihrem Handeln wird zu einer sichtbaren Erscheinung der menschlichen Nähe Gottes in der Welt.

> *„So erscheint die ganze Kirche als ‚das von der Einheit des Vaters und des Sohnes und des Heiligen Geistes her geeinte Volk'" (LG 4).*

In die Welt gekommen ist Gott auf eine menschliche Weise, und zwar in der Empfängnis und Geburt seines ewigen Sohnes als Mensch durch den Heiligen Geist aus der Jungfrau Maria. Daher kann die Kirche nur dann Zeichen der Gegenwart Gottes sein, wenn sie Kirche Jesu Christi ist. Christus und die Kirche voneinander trennen zu wollen, heißt sich von Christus und der Kirche zu trennen. Die Liebe zu Christus zeigt sich in der Liebe zur Kirche. Kirche ist nicht ein von Menschen gemachtes Unternehmen, dem man wechselnde Ziele setzen kann. Genausowenig gibt sie sich aus menschlichem Recht eine Verfassung nach staatlichem Vorbild.

Die Kirche ist vielmehr Braut Christi, der „die Kirche geliebt und sich für sie dahingegeben hat, um sie im Wasser und durch das Wort rein und heilig zu machen. So will er die Kirche rein und heilig vor sich erscheinen lassen, ohne Flecken, Falten oder andere Fehler. Heilig soll sie sein und makellos" (Eph 5,25–27).

Er selbst ist die Verfassung der Kirche, die im Vollzug der Wortverkündigung, der Feier der Sakramente und der Leitung durch das Lehr- und Hirtenamt ihrer Bischöfe unübersehbar zu erkennen ist. Wie Jesus als der Kyrios nur im Heiligen Geist erkennbar ist (1 Kor 12,3), so hat den Geist Christi nur, wer auch die Kirche Christi liebt.

„Wir empfangen den Heiligen Geist, wenn wir die Kirche lieben, durch die Liebe zusammengefügt sind, und wir uns wegen des katholischen Namens und Glaubens freuen. In dem Maß jemand die Kirche Christi liebt, hat er den Heiligen Geist"(Augustinus, Vortrag zum Johannesevangelium, 32,8).

„Kirche" bedeutet die dem Kyrios, dem Herrn gehörende Gemeinschaft, die aus der Welt herausgerufen ist, um sichtbare Jüngergemeinschaft Christi zu sein. Als der auferstandene und zu seinem Vater erhöhte Herr wirkt Jesus in seiner Kirche durch den Heiligen Geist. Kirche ist also das wirkungsmächtige Zeichen der Gegenwart des dreifaltigen Gottes in Welt und Geschichte. Das Neue Testament drückt die Gegenwart Gottes in seiner Kirche in verschiedenen Bildern aus: Haus und Volk Gottes, Leib Christi, Tempel des Heiligen Geistes.

Die Kirche – Haus Gottes

„Haus" bedeutet, daß dessen Bewohner in einer menschlichen Siedlung einen bestimmten Ort hat. Dort ist jemand anzutreffen. Der Mensch, der in einem Haus wohnt, ist nicht ortlos. Das Haus vermittelt Geborgenheit und gibt Heimat. Es steht auch für die Gegenwart seines Bewohners und ermöglicht erst Gastfreundschaft und Gemeinschaft.

Daraus ergab sich schon im Alten Testament das Bedürfnis, daß der zu allen Zeiten und Orten gegenwärtige Gott auch für uns an einem bestimmten Ort ansprechbar ist. So gilt der Tempel in Jerusalem als das Haus Gottes. Jesus nennt ihn das Haus seines Vaters (Lk 2,49; Joh 2,16). Gewiß ist Gott als der Schöpfer der Welt und als der sorgende Vater jedes Menschen allgegenwärtig, d. h. allen an jedem Ort und zu jeder Zeit gegenwärtig. Ja er ist näher bei den geschaffenen Dingen, als diese sich selbst nahe sein können. Im Bezug auf den Menschen hat der heilige Augustinus gesagt: „Gott ist mir innerlicher als ich mir selbst nahe bin" (Bekenntnisse III,6). Natürlich ist die Schöpfung als Ganze schon eine Selbstvergegenwärtigung Gottes für das Geschöpf, das durch Geist und Freiheit ein möglicher Ansprechpartner Gottes ist. Im Akt der Schöpfung teilt Gott sich mit. Das Produkt dieses Schöpfungsaktes – nämlich die Welt – ist deshalb das Zeichen und Medium, durch das der Mensch den Selbstmitteilungswillen Gottes als Heil und Liebe erfahren kann.

> *„Denn was man von Gott erkennen kann, ist ihnen offenbar; Gott hat es ihnen offenbart. Seit der Erschaffung der Welt wird seine unsichtbare Wirklichkeit an den Werken der Schöpfung mit der Vernunft wahrgenommen: seine ewige Macht und Gottheit" (Röm 1,20).*

Aber Gott kann nicht nur durch das Ganze der Welt für den Menschen irgendwie erfahrbar werden. So verweist die Welt in ihrer Kontingenz zurück auf Gottes Existenz als ihres souveränen Herrn. Gott kann als Urheber ihres ganzen Seins und als der Garant ihres Bestehens und Wirkens erkannt werden. Aber Schöpfung weist auch voraus auf die geschichtliche Selbstoffenbarung Gottes in seinem ewigen WORT und GEIST. Die Dinge und Zeichen der geschaffenen Welt können nämlich zu Medien seiner Kommunikation mit dem Menschen werden, der als Geschöpf seiner Wesensnatur nach „Geist in Welt" ist.

Die heilsgeschichtliche Wort- und Geistes-Gegenwart Gottes kann sich in besonderer Weise mit Einzelelementen der geschaffenen Welt verbinden, die von Gott zum Medium seiner Gegenwart erwählt werden. Denn der Ansprechpartner Gottes ist der Mensch als ein leibhaftiges Wesen, der das Ganze nur im konkret einzelnen erfahren kann. Wegen der sinnlichen und leibhaftigen Verfassung seiner geistigen und personalen Auffassungsgabe bedarf die Allgegenwart Gottes als Heil in der Schöpfung auf den Menschen hin einer Konkretion in Raum und Zeit. Denn „Leib" be-

deutet eine konkrete ortsgebundene Gegenwart des Geistes, der sich nur in diesem Beziehungsrahmen von Welt, Geschichte und Gesellschaft realisieren kann. Um des Menschen willen also muß sich die Allgegenwart Gottes räumlich und zeitlich gebunden verdichten. Das Hier und Da Gottes darf man aber nicht mißverstehen wie die Kontraktion des materiell Ganzen auf einen materiellen Zeit- und Raumpunkt. Dort wo die Allgegenwart Gottes in die räumlich und zeitlich erstreckte Welt des Menschen eintritt, wird sie menschlich hörbar und faßbar in seinen Zeichen- undWorthandlungen und zuletzt in der Inkarnation des Wortes Gottes. Darum hat die konkrete Gegenwart Gottes in der Welt einen menschlichen Namen: Jesus von Nazareth. Der Engel des Herrn wies den Hirten auf Bethlehems Fluren den Weg zur Krippe. Das Zeichen dafür, daß „der Retter, der Messias, der Herr uns *heute und hier* in der Stadt Davids geboren ist" (Lk 2,11), wird sein, daß wir das Kind in Windeln *finden* – das unleugbare Zeichen der menschlichen Natur, die der Herr der Welt angenommen hat.
Der Mensch sehnt sich danach, Gott auch persönlich im konkreten Hier und Jetzt auf eine leibhafte und sinnliche Weise zu erfahren. Es macht nun gerade das Besondere der christlichen Gotteserfahrung aus, daß Gott nicht nur ein namenloses Geheimnis hinter der Welt ist. Gott wird vielmehr als personales Wesen erfahren, das sich für den Menschen engagiert, seine Lebensgeschichte begleitet und ihn persönlich in seinem geistigen Wort anspricht. Dabei nimmt aber das Wort Gottes eine sinnenhaft vermittelte Gestalt an, um überhaupt beim Menschen anzukommen, gehört, ergriffen und erfaßt zu werden. So ist das menschgewordene Wort Gottes das Hier und Jetzt des dialogischen Daseins Gottes in Raum und Zeit. Dabei gibt Gott nicht seine Allgegenwart auf, er konkretisiert sie auf den Menschen hin. Er vermenschlicht seine Allgegenwart. Es ist der allgegenwärtige Gott selbst, der sich in einem von ihm verschiedenen, aber von ihm zu eigen genommenen Medium menschlicher Sprache und Erfahrungsweise vergegenwärtigt.
Dieses sich vergegenwärtigende und verleiblichende Wort Gottes wird Ereignis an bestimmten Orten, auf dem heiligen Berg, im heiligen Zelt oder im Tempel. Es nimmt die Gestalt menschlicher Sprache an im prophetischen Wort und auch in der Schriftwer-

dung dieses Wortes in der Bibel. Aber es bleibt immer ein Abstand zwischen dem Wort Gottes, das er selber ist, dem Ort, an dem es hörbar wird, und dem Medium, in dem es ergeht. Der Tempel kann immer nur der Ort sein, wo Gott spricht und den Betenden heiligt, mit sich versöhnt, tröstet und ermutigt. Aber er ist nicht das Wort Gottes selbst. Das Haus aus Steinen kann nur ein Hinweis auf die Gegenwart Gottes in der Welt sein.
Es ist die christliche Überzeugung, daß diese Diskrepanz zwischen dem Wort Gottes und seinem geschöpflichen Medium erst in der Menschwerdung Gottes in seinem ewigen Wort überwunden worden ist. In Jesus Christus hat das ewige Wort eine menschliche Wirklichkeit, nämlich das Menschsein selbst, sich unmittelbar zu eigen genommen. In Jesus Christus sind das Wort Gottes und sein geschöpfliches Medium in der göttlichen Person des ewigen Wortes geeint. Das Medium trennt nicht von dem, was es vermittelt. In der Menschheit Jesu vergegenwärtigt sich unmittelbar das Wort Gottes. Wer Jesus begegnet und mit ihm Gemeinschaft hat, wird durch die Gemeinschaft mit dem Menschen Jesus und die Gliedschaft am Leibe Christi in die Unmittelbarkeit zu Gott und zu Gottes Wort vermittelt. Gott teilt sich also aufgrund seiner Menschwerdung im Menschen Jesus in seinem ganzen göttlichen Leben mit.

„Denn in ihm allein wohnt leibhaft die ganze Fülle Gottes" (Kol 2,9).

Die Kirche – Leib Christi

Die Menschheit Jesu ist in der „Fülle der Zeit" (Gal 4,4) – d. h. im Höhepunkt der Geschichte der Selbstvergegenwärtigung Gottes in dieser Welt – das vollkommene Medium, in dem das Wort Gottes sich verleiblicht. Im Reden, im Handeln und im Schicksal des Menschen Jesus begegnet Gott uns in seinem ewigen Wort und Heilswillen, und zwar auf der Ebene menschlich-personaler Begegnung. Der Mensch Jesus ist die konkreteste Weise der Heilsgegenwart Gottes und des Selbstmitteilungswillens des allgegenwärtigen Gottes im Hier und Heute der Menschheitsgeschichte. In der personalen Begegnung mit dem Menschen Jesus begegnen wir Gott selbst, der in seinem Sohn unser menschliches Fleisch und Blut angenommen hat (Hebr 2,14). Die Weise der Begegnung ist menschlich. Sie entspricht unserer menschlichen Natur. Aber der Inhalt dieser Begegnung ist göttlich. Er vermittelt die Gemeinschaft von Gott und Menschen, denn in Jesus will Gott selbst sich uns schenken. Darum auch beantwortet Jesus die Bitte des Philippus, der ihn aufforderte: „Zeig uns den Vater!" mit der Erklärung: „Wer mich gesehen hat, hat den Vater gesehen" (Joh 14,9). Im Menschen Jesus ist also der allgegenwärtige Schöpfer konkret im Hier und Da der Welt für den Menschen ansprechbar geworden.

Die Samariterin am Jakobsbrunnen sucht bei Jesus eine Antwort auf die alte Streitfrage zwischen den Samaritern und Juden, ob der Berg Garizim oder Jerusalem mit seinem Tempel der richtige Ort der Gottesverehrung sei. Jesus antwortet ihr, daß nun die Stunde gekommen ist, da Gott weder hier noch dort angebetet wird. Gott der Vater wird nun in Geist und Wahrheit angebetet – aber im Hinblick auf den gekommenen Messias. Von ihm sagt Jesus zur Samariterin: „Ich bin es, ich der mit dir spricht" (Joh 4,26). Denn der Tempel, der heilsvermittelnde Ort Gottes in dieser Welt, ist nicht irgendein von Gott verschiedenes, geschaffenes Medium, sondern nur noch der Mensch Jesus selbst. Während die Juden vom Tempel aus Steinen, an dem 46 Jahre gebaut worden war, sprachen, meinte Jesus „den Tempel seines Leibes" (Joh 2,21), den er in drei Tagen auferbauen wird. Nach der Auferstehung ist er in der von ihm selbst ausgehenden Jüngergemeinschaft zugänglich, die als Kirche der „Leib Christi" genannt wird. Damit wird eben die in der Jüngergemeinschaft und Kirche gegebene, vom Heiligen Geist getragene, endgültige Gegenwart Gottes in dieser Welt in der Menschheit Jesu bezeichnet. Dafür ist die Kirche Zeichen und Mittel der Vereinigung Gottes mit der Menschheit und der Menschen untereinander in Jesus Christus, der menschlichen Gegenwart Gottes in dieser Welt.

„Gott, der Vater unseres Herrn Jesus Christus" (Eph 1,3), hat „seinem geliebten Sohn" (Eph 1,6) „alles zu Füßen gelegt und ihn, der als Haupt alles überragt, über die Kirche gesetzt. Sie ist sein Leib und wird von ihm erfüllt, der das All ganz und gar beherrscht" (Eph 1,22 f.). Und „so sollen jetzt die Fürsten und Gewalten des himmlischen Bereichs durch die Kirche Kenntnis erhalten von der

vielfältigen Weisheit Gottes, nach seinem ewigen Plan, den er durch unseren Herrn Christus Jesus ausgeführt hat" (Eph 3,10 f.).

Die Kirche – Tempel des Heiligen Geistes

Jesus von Nazareth ist also die Gegenwart Gottes unter den Menschen als Mensch, als der neue Adam und der eschatologische Mensch der endgültigen Heilszeit (1 Kor 15,45). Der Leib Jesu ist der wahre Tempel des Wortes Gottes, der „Ort", an dem Gott für uns da ist und an dem wir zu Gott allein Zutritt haben. Auch nach seiner Auferstehung und Erhöhung zum Vater hat der Sohn Gottes seine menschliche Natur nicht abgelegt. Er bleibt in seiner Menschheit leibhaft gegenwärtig. Der Heilige Geist vergegenwärtigt Christus im Tun der Kirche in leibhaftigen und sinnenfälligen Zeichen.

Auch nach der Erhöhung Christi begegnet Gott in den zwischenmenschlichen Begegnungen, inmitten einer menschlichen Gemeinschaft. Das Volk Gottes, das als Leib Christi und Tempel des Heiligen Geistes erscheint, ist nun das Medium und der Ort der Begegnung mit Gott, dem Vater Jesu Christi. Gott Vater sendet den Geist Gottes in die Kirche und in das Herz jedes einzelnen Gläubigen. An dieser Einheit und Gemeinschaft der Kirche, an dem Füreinander der Glieder des Leibes Christi, ihrer Verbundenheit in Fürsorge und Liebe, sollen die Menschen die Einheit von Vater und Sohn in der Liebe erkennen. So erscheint die Kirche als das Zeichen der Selbstmitteilung Gottes des Vaters im Sohn und als die Gegenwart Gottes als Liebe in der Welt.

„Ich habe ihnen die Herrlichkeit gegeben, die du mir gegeben hast; denn sie sollen eins sein, wie wir eins sind; ich in ihnen und du in mir. So sollen sie vollendet sein in der Einheit, damit die Welt erkennt, daß du mich gesandt hast und die Meinen ebenso geliebt hast wie mich" (Joh 17,22 f.).

Mit anderen Worten und Bildern findet diese Idee ihren Ausdruck in der Rede vom priesterlichen Charakter der Kirche. Sie steht in einem stellvertretenden und priesterlichen Verhältnis vor Gott für die Welt.

„Laßt euch als lebendige Steine zu einem geistigen Haus aufbauen, zu einer heiligen Priesterschaft, um durch Jesus Christus geistige Opfer darzubringen, die Gott gefallen … Ihr seid ein auserwähltes

Geschlecht, eine königliche Priesterschaft, ein heiliger Stamm, ein Volk, das sein besonderes Eigentum wurde, damit ihr die großen Taten Gottes verkündet, der euch aus der Finsternis in sein wunderbares Licht gerufen hat" (1 Petr 2,5.9; vgl. Ex 19,5 f.).

Also stellt sich uns die Versammlung der Gläubigen als das Zeichen der Gegenwart Gottes des Vaters dar, der seinen Sohn in die Welt gesandt hat und der in der Liebe des Heiligen Geistes die Gemeinschaft der Gläubigen zur Kirche aus Juden und Heiden formt, wie der Apostel im Brief an die Epheser schreibt:

„Jetzt seid ihr, die ihr einst in der Ferne wart, durch Christus Jesus, nämlich durch sein Blut, in die Nähe gekommen. Denn er ist unser Friede. Er vereinigte die beiden Teile (Juden und Heiden) und riß durch sein Sterben die trennende Wand der Feindschaft nieder ... Er stiftete Frieden und versöhnte die beiden durch das Kreuz mit Gott in einem einzigen Leib ... Durch ihn haben wir beide in dem einen Geist Zugang zum Vater. Ihr seid also jetzt nicht mehr Fremde ohne Bürgerrecht, sondern Mitbürger der Heiligen und Hausgenossen Gottes. Ihr seid auf das Fundament der Apostel und Propheten gebaut. Der Schlußstein ist Christus Jesus selbst. Durch ihn wird der ganze Bau zusammengehalten und wächst zu einem Heiligen Tempel im Herrn. Durch ihn werdet auch ihr im Geist zu einer Wohnung Gottes erbaut" (Eph 2,13–22).

Die dynamischen Gegenwartsweisen Gottes

Das eine Leben der Kirche entfaltet sich nun gemäß der Vielfalt menschlichen Daseins in unterschiedlichen Vollzügen. Diese verstehen wir als dynamische Gegenwartsweisen Gottes in Jesus Christus und im Heiligen Geist. Das Zweite Vatikanische Konzil spricht in dieser Hinsicht von verschiedenen Gegenwartsweisen und Wirkweisen Jesu Christi in seiner Kirche.

„Gegenwärtig ist er im Opfer der Messe sowohl in der Person dessen, der den priesterlichen Dienst vollzieht ..., wie vor allem unter den eucharistischen Gestalten. Gegenwärtig ist er mit seiner Kraft in den Sakramenten, so daß, wenn immer einer tauft, Christus selber tauft. Gegenwärtig ist er in seinem Wort, da er selbst spricht, wenn die Heiligen Schriften in der Kirche gelesen werden. Gegenwärtig ist er schließlich, wenn die Kirche betet und singt, er, der ver-

sprochen hat: ‚Wo zwei oder drei versammelt sind in meinem Namen, da bin ich mitten unter ihnen' (Mt 18,20). In der Tat gesellt sich Christus in diesem großen Werk, in dem Gott vollkommen verherrlicht und die Menschheit geheiligt werden, immer wieder die Kirche zu, seine geliebte Braut. Sie ruft ihren Herrn an, durch ihn huldigt sie dem ewigen Vater. Mit Recht gilt also die Liturgie als Vollzug des Priesteramtes Jesu Christi; durch sinnenfällige Zeichen wird in ihr die Heiligung des Menschen bezeichnet und in je eigener Weise bewirkt und vom mystischen Leib Jesu Christi, d. h. dem Haupt und den Gliedern, der gesamte öffentliche Kult vollzogen" (SC 7).

Insgesamt also ereignet sich in der Liturgie der Vollzug des priesterlichen Dienstes Jesu Christi, des Gott-Menschen, des Mittlers zwischen Gott und den Menschen. Jesus ist aber hier nicht denkbar ohne die Kirche, die als sein Leib seine geschichtliche Gegenwartsweise nach Ostern darstellt. So vollzieht Christus in der Eucharistie das Heilswerk als Haupt der Kirche durch die Kirche, die sein Leib ist. Sinnenfällig wird diese Gliederung in Haupt und Leib, wenn in die versammelte Gemeinde nun der mit apostolischer Vollmacht ausgestattete Vorsteher – Priester oder Bischof – einzieht und dadurch den Vorgang der Versammlung abschließt, weil nun die Kirche in ihrem Gesamterscheinungsbild vollständig ist. Ohne Priester ist die Versammlung keine Gemeinschaft in vollem kirchlichen Sinne.

Der Dienst des Priesters ist es, aufgrund seiner Berufung und Sendung durch Christus in der Person Jesu Christi, des Hauptes der Kirche, zu handeln in der Wortverkündigung, der Spendung der Sakramente und im Walten als Hirt der Kirche (PO 2). Der Priester ist geweiht, um „Diener des Hauptes zur vollkommenen Auferbauung seines ganzen Leibes, der Kirche, zu sein" (PO 12). Die Priester handeln in der Person Christi, des Hauptes der Kirche. Sie stellen damit sakramental und zeichenhaft den Unterschied und die Bezogenheit von Christus und Kirche dar. So wie Christus und Kirche als Bräutigam und Braut geeint sind und sich als Personen voneinander unterscheiden, so stellt das Gegenüber von Priester und der Versammlung der Gläubigen die eine Kirche dar: „Haupt und Leib als der Eine und Ganze Christus" (Augustinus, Brief 104,4,12).

Dieser sakramentalen Darstellung des spezifischen Verhältnisses Christi zur Kirche entspricht als Grundlage des Weihesakraments

die natürliche, von Gott unauslöschlich in die Schöpfungsordnung eingezeichnete Zeichenrelation von Mann und Frau in der Ehe, so daß aus dem inneren Grund und Sinn des Weihesakraments nur einem Mann der Dienst des Bischofs, des Presbyters und auch des Diakons gültig und wirksam von Gott übertragen werden kann. Denn nur ein Mann kann zeichenhaft die Relation Christi als Bräutigam in seinem Verhältnis zur Kirche, der Braut Christi, darstellen, so daß in diesem Zeichen auch wirksam werden kann, was bezeichnet wird. Die Sakramente bewirken, was sie bezeichnen, und sie bezeichnen, was sie bewirken.
Christus hat dabei immer den Primat vor der Kirche. Er ist durch sein priesterliches Handeln die beständige Quelle allen kirchlichen Lebens. Christus steht aber auch in einem dialogischen Gegenüber zur Kirche. Dieses dialogische Gegenüber zu seiner Kirche eignet sich Christus aber auch an. Dabei nimmt er die Kirche hinein in seinen ewigen Dialog mit dem Vater im Heiligen Geist.
Hat man nun diesen tieferen Sinnzusammenhang der Eucharistie vor Augen, dann ist es passend, wenn der Priester die eucharistische Versammlung „Im Namen des Vaters und des Sohnes und des Heiligen Geistes" eröffnet und ihr die Gnade Gottes in Jesus Christus zuspricht.
Das Zusammenkommen der Christen zur eucharistischen Feier erweist sich als zeichenhafte Erschließung tiefster theologischer Zusammenhänge. Das theologische Wesen der gottesdienstlichen Gemeinschaft zeigt sich als eine dynamische und sakramentale Vergegenwärtigung der Selbstmitteilung des Vaters, des Sohnes und des Heiligen Geistes als Heil für die Welt in menschlich-geschöpflicher Gestalt und Weise. Als Versammlung und als Einheit mit Christus erscheint sie als das geschöpfliche Abbild und Medium der Gegenwart des dreifaltigen Gottes.

> *„Die Kirche ist in Christus gleichsam Sakrament, das heißt Zeichen und Werkzeug für die innigste Vereinigung mit Gott wie für die Einheit der ganzen Menschheit" (LG 1).*

So erscheint die ganze Kirche als das „von der Einheit des Vaters, des Sohnes und des Heiligen Geistes her geeinte Volk" (Cyprian, Über das Gebet des Herrn, 23). Dieses Geheimnis der menschlichen Gegenwart Gottes verdeutlicht sich nun in einzelnen liturgischen Elementen des Eröffnungsteiles.

Erneuerung des Taufbekenntnisses

Die eucharistische Versammlung versteht sich nicht als eine Propagandaveranstaltung einer politischen Partei oder einer religiösen Sekte, die durch Überzeugungsarbeit neue Anhänger wirbt. Die Kirche muß und kann die ihr anvertraute „Lehre der Apostel" (Apg 2,42) nicht wie ein Parteiprogramm den wechselnden Moden und Stimmungen des Wahlvolks anpassen. Richtmaß allen Verkündigens und Handelns der Kirche ist allein das geoffenbarte Wort Gottes. Sie ist nicht Kirche einer Nation, eines Volksstamms oder gar einer biologischen Rasse oder sozialen Klasse, sondern allein Gottes Kirche. Denn Kirche geht aus Gottes Initiative hervor. Nicht wir sind Kirche, sondern Gott macht die Kirche zu einer Personengemeinschaft, die sich im Bekenntnis konstituiert weiß: „Wir glauben an Gott, den allmächtigen Vater ... und an seinen eingeborenen Sohn ... und an den Heiligen Geist, den Herrn und Lebensspender." Die Kirche erkennt ihren Seinsgrund nicht in Volksbegehren, Bürgerinitiativen und Pressure-groups, sondern allein und ausschließlich in Gottes Beschluß, „die Menschen zur Teilnahme am göttlichen Leben zu erheben":

> *„Gott hat beschlossen, diejenigen, die an Christus glauben, in der heiligen Kirche zusammenzurufen. Sie war schon seit dem Anfang der Welt vorausbedeutet; in der Geschichte des Volkes Israel und im Alten Bund wurde sie auf wunderbare Weise vorbereitet, in den letzten Zeiten offenbart, und am Ende der Weltzeiten wird sie in Herrlichkeit vollendet werden" (LG 2).*

Eucharistie ist lebendigster und höchster Selbstvollzug von Kirche, die ein für allemal begründet ist im geschichtlichen Heilshandeln Christi und der Ausgießung des Heiligen Geistes. In der Eucharistie baut Christus die ein für allemal begründete Kirche je neu auf, indem er ihr alle Lebens- und Wachstumskräfte zukommen läßt, die sie braucht. Die Sakramente der Taufe und der Eucharistie verhalten sich im Hinblick auf die Auferbauung der Kirche wie Geburt und Nahrung im natürlichen Leben. Die Taufe steht für die Einmaligkeit der Geburt, und die Eucharistie baut lebenslang die Kirche und die Gläubigen auf durch Christus, ihre geistliche Speise.

An der Eucharistie der Kirche können nur die voll und ganz teilnehmen, die sich zur Lebensgemeinschaft mit dem Vater, dem Sohn und dem Heiligen Geist bekennen und diese in der Kirche, dem Leib Christi, verwirklichen wollen. So sagt die frühchristliche Schrift Zwölf-Apostel-Lehre (Didache): „Niemand aber soll von eurer Eucharistie essen noch trinken, als die auf den Herrn Getauften" (Didache, 9,5). Die Kirche Christi ist nicht zu trennen von ihrer gesellschaftlichen Gestalt und ihrer spezifischen Verwirklichung in der katholischen Kirche. Diese ist in inhaltlicher und formaler Sicht mit der Kirche der Apostel und der apostolischen Kirche aller Zeiten voll identisch. Darum kann im Normalfall nur derjenige Christ die sakramentale Kommunion empfangen, der mit ihr auch in voller kirchlicher Gemeinschaft steht. Volle Gemeinschaft heißt, daß er sich ihre Lehre, ihre Verfassung und ihr sakramentales Leben mit voller Überzeugung zu eigen macht.

Um im Bild zu sprechen: Der Kirche, dem Leib Christi, kommt je neu das Leben von Christus, dem Haupt der Kirche her zu. In diesen Lebenszusammenhang wird der Mensch eben nicht aufgenommen, so wie einer ein Parteiprogramm unterschreibt oder sich zu einer religiösen oder politischen Ideologie bekennt. Jesus ruft aus eigener Initiative in einer personalen Anrede die Menschen zu sich. Er selbst fügt sie in seine Jüngergemeinde ein, damit sie ihm folgen und damit er für sie der Weg zu Gott dem Vater als Wahrheit und Leben sei (Joh 14,6). Darum kann sich der Getaufte nicht in einem wesentlichen Sinn aus der Kirche abmelden oder austreten, ebensowenig wie der einmal geborene Mensch seine Geburt rückgängig machen kann. Wer aber die Nahrung des Wortes Gottes und der glaubensstärkenden Gemeinschaft mit den anderen Jüngern Jesu verweigert, braucht sich über die Symptome von Fehl- und Unterernährung nicht zu beklagen. Jesu eigenes Schicksal als der Weg zum Vater vollendete sich in Kreuz und Auferstehung. Somit gehört auch zur vollen Verwirklichung der Nachfolge Jesu, daß die Jünger ihrem Herrn in Kreuz und Auferstehung hinein folgen und ihm darin ähnlich werden. Das Bild Jesu wird ihnen eingeprägt. Durch ihr christliches Leben prägen sie den Geist Christi sichtbar für die Welt aus. Im Sakrament der Taufe wird der Mensch, der den Anruf Jesu hört und ihm folgt, in die Todes- und Auferstehungsgestalt Christi einbezogen. Jesus, der gekreuzigte und auferstandene Herr, wird zur Prägung der Existenz des Menschen:

„Christus will ich erkennen und die Macht seiner Auferstehung und die Gemeinschaft mit seinem Leiden; sein Tod soll mich prägen. So hoffe ich, auch zur Auferstehung von den Toten zu gelangen" (Phil 3,10).

Die Taufe begründet das neue Leben des Menschen. Er wird befreit von der Erfahrung der Sinnlosigkeit des Daseins und vom Tod als dem schärfsten Ausdruck der Gottesferne. Er weiß sich in einer lebendigen Einheit mit Gott, der für ihn in Zeit und Ewigkeit zum Ziel und zur Erfüllung seines Daseins geworden ist. Aus der Taufe geht der zum Leben wiedergeborene Mensch hervor (vgl. Joh 3,5; Tit 3,5).

„Wißt ihr nicht, daß wir alle, die wir auf Christus Jesus getauft wurden, auf seinen Tod getauft worden sind? Wir wurden mit ihm begraben durch die Taufe auf den Tod; und wie Christus durch die Herrlichkeit des Vaters auferweckt wurde, so sollen auch wir als neue Menschen leben" (Röm 6,3 f.).

Die Taufe ist also die sakramentale Gestalt der Nachfolge Jesu und die innere Formkraft des christlichen Lebens. Sie begründet die Schicksalsgemeinschaft mit Jesus Christus. Es ist Jesus Christus als der Sohn Gottes, „an dessen Wesen und Gestalt wir teilnehmen, damit dieser der Erstgeborene von vielen Brüdern sei" (Röm 8,29). In der Taufe werden wir zu Jüngern Jesu und in die Gemeinschaft der Jünger „im Namen des Vaters und des Sohnes und des Heiligen Geistes" eingefügt (Mt 28,19). Wir werden dabei zu Gliedern am sozialen Leib Christi, der Kirche. So verbindet die Taufe die Menschen mit Gott und untereinander zu einer Lebensgemeinschaft auf der Basis personaler Beziehungen. Die Taufe macht die Kirche zu einer Gemeinschaft von Gleichen. Alle Gläubigen sind untereinander Brüder und Schwestern und alle sind sie Schüler des einzigen Lehrers Christus und Kinder des einen Gottes und Vaters im Himmel (Mt 23,9 f.). Die Unterschiede und Gegensätze von Bildung, Herkunft, Rasse und gesellschaftlichem Status werden überwunden. Daß der Reiche sich vom Armen absondert, der Intellektuelle sich über den durchschnittlich Begabten erhaben fühlt, der Mächtige und Einflußreiche das gewöhnliche Volk verachtet, erweist sich hier als ein Zeichen der alten Welt des Todes, der Gottesfeindschaft und Lieblosigkeit, die durch die Taufe überwunden worden ist. Insofern bedeutet Taufe den revolutionären Durchbruch durch alle Schranken, die die Mitmenschen gegeneinander absondern.

Die hierarchische Verfassung der Kirche steht der wahren Gleichheit aller Christgläubigen vor Gott und hinsichtlich ihrer je eigenen Verantwortung für die Gesamtsendung der Kirche nicht entgegen, sondern bestätigt diese. Die Bischöfe und Priester der Kirche üben – wie schon die Apostel – das Lehr- und Hirtenamt nicht in eigener Vollmacht, sondern nur im Namen Christi aus (Mt 28,19; 2 Kor 5,20). Das Weihesakrament hebt die „Teilhabe aller Christgläubigen am priesterlichen, königlichen und prophetischen Amt Christi" (vgl. LG 31) nicht auf, indem es eine höhere Klasse von Christen begründen würde, sondern ist dem „Dienst an den Heiligen zugeordnet" (Eph 4,11). „Es besteht in der Kirche eine Verschiedenheit des Dienstes, aber eine Einheit in der Sendung" (AA 2).

Die Taufe ist Einstieg in die neue Welt. Sie ist Teilhabe am Prozeß der Durchsetzung dieser neuen Welt in die erfahrbare Wirklichkeit. Die Taufe befreit von Egoismus, von Eigendünkel und Horizontverengung auf den eigenen begrenzten Lebenskreis. Taufe dient nicht der Selbstverwirklichung, sondern öffnet das Selbst auf die Wirklichkeit des anderen, der aus einem Fremden und Fernen zu einem Nächsten und Angehörigen wird. Zur Kirche zu gehören bedeutet zur *familia Dei* zu gehören. Die Taufe befreit zu einem neuen Leben im Miteinander und Füreinander. Taufe begründet die Kirche als eine Gemeinschaft in der Liebe. Und in der Eucharistie feiert die Kirche den Liebesbund zwischen Gott und den Menschen und der Menschen miteinander.

> *„Ihr habt den alten Menschen mit seinen Taten abgelegt und seid zu einem neuen Menschen geworden, der nach dem Bild seines Schöpfers erneuert ist, um ihn zu erkennen. Wo das geschieht, gibt es nicht mehr Griechen oder Juden, Beschnittene oder Unbeschnittene, Fremde, Skythen, Sklaven oder Freie, sondern Christus ist alles und in allen. Ihr seid von Gott geliebt, seid seine auserwählten Heiligen. Darum bekleidet euch mit aufrichtigem Erbarmen, mit Güte, Demut, Milde, Geduld! Ertragt euch gegenseitig und vergebt einan-*

der, wenn einer dem anderen etwas vorzuwerfen hat! Wie der Herr euch vergeben hat, so vergebt auch ihr. Vor allem aber liebt einander, denn die Liebe ist das Band, das alles zusammenhält und vollkommen macht. In eurem Herzen herrsche der Friede Christi; dazu seid ihr berufen als Glieder des einen Leibes" (Kol 3,10–14).

Freilich will die Taufe nicht alle Unterschiede zwischen den Menschen einebnen. Einige Unterschiede der Begabung, der Talente und Fähigkeiten sind unüberwindbar und lebensnotwendig für die Einheit der Menschheit, die nicht ein Kollektiv von Gleichgemachten, sondern eine Einheit in Vielfalt sein soll. Die natürlich gegebenen Unterschiede erhalten in der einen Kirche eine ganz neue Funktion. In der Kirche aus Juden und Heiden (vgl. Eph 2,14), aus vielen Völkern, Stämmen und Sprachen (vgl. Apg 2,1–11; Offb 5,9) sind alle „einer" in Christus Jesus (vgl. Gal 3,27 f.). Diese Verschiedenheiten in den Begabungen sind die natürlichen Voraussetzungen der Gnadengaben und Charismen, durch die der Heilige Geist die Auferbauung des Leibes Christi bewirkt (1 Kor 14,12). Denn jeder soll mit der ihm eigenen Gnadengabe Gottes (Charisma) den Brüdern und Schwestern zum Vermittler der einen Gnade Gottes werden (vgl. 1 Petr 4).

„Denn wie wir an dem einen Leib viele Glieder haben, aber nicht alle Glieder denselben Dienst leisten, so sind wir, die vielen, ein *Leib in Christus, als einzelne aber sind wir Glieder, die zueinander gehören" (Röm 12,4–5).*

Die Abgrenzung von einer feministisch-emanzipatorischen Anthropologie muß von seiten des biblisch-theologischen Menschenbildes um des Menschen willen vollzogen werden. Die Einheit aller Getauften in Christus ebnet den schöpfungsgemäßen Unterschied von Mann und Frau nicht in eine abstrakt-funktionalistische Gleichheit ein, sondern hebt seine ursprüngliche Bedeutung als Ursprung aller Gemeinschaftsbildung wieder in ein helles Licht. Aus dem Konkurrenzkampf zwischen Mann und Frau seit dem Sündenfall erhebt sich die Ehe als Sakrament und wird zum Zeichen des Liebesbundes zwischen Christus und seiner Kirche, der ewig unauflöslich ist. Darum ist die Ehe Keimzelle allen menschlichen Lebens und als Sakrament „Kirche im kleinen".

„Die christlichen Gatten ... bezeichnen das Geheimnis der Einheit und der fruchtbaren Liebe zwischen Christus und der Kirche und

bekommen daran Anteil (vgl. Eph 5,32). Sie fördern sich kraft des Ehesakramentes gegenseitig zur Heiligung durch das eheliche Leben sowie in der Annahme und Erziehung der Kinder und haben so in ihrem Lebensstand und in ihrer Ordnung ihre eigene Gabe im Gottesvolk (vgl. 1 Kor 7,7). Aus diesem Ehebund nämlich geht die Familie hervor, in der die neuen Bürger der menschlichen Gesellschaft geboren werden, die durch die Gnade des Heiligen Geistes in der Taufe zu Söhnen und Töchtern Gottes gemacht werden, um dem Volke Gottes im Fluß der Zeiten Dauer zu verleihen. In solch einer Art Hauskirche sollen die Eltern durch Wort und Beispiel für ihre Kinder die ersten Glaubensboten sein und die einem jeden eigene Berufung fördern, die geistliche aber mit besonderer Sorgfalt" (LG 11).

Im liturgischen Ritus drückt sich nun die fundamentale Bestimmung christlichen Lebens durch die Taufe in dem sinnvollen Brauch aus, sich beim Betreten der Kirche mit Weihwasser zu bekreuzigen, was uns an die Taufe erinnert. Dieses findet auch seinen Ausdruck in dem möglichen sonntäglichen Taufgedächtnis. Auf jeden Fall aber wird der Christ an seine Taufe erinnert durch das Eröffnungswort der Eucharistiefeier, wenn der Priester spricht: „Im Namen des Vaters und des Sohnes und des Heiligen Geistes". Auf den Namen des dreifaltigen Gottes sind wir getauft und dessen Berufung hat uns als Jüngerschaft Christi zusammengeführt. Dies ist zugleich auch ein Bekenntnis zum Glauben der Kirche, den wir bei der Taufe empfangen und uns zu eigen gemacht haben.

Schuldbekenntnis – Versöhnung mit Gott und den Menschen

In der Taufe sind die Glaubenden zu neuen Menschen geworden, „die für die Sünde tot sind, aber für Gott leben in Christus Jesus" (Röm 6,11). Wenn der Christ nun auch durch die Rechtfertigung und Neuschöpfung einmalig von einem Sünder zu einem Gerechtfertigten geworden ist, bleibt ihm dennoch die Aufgabe, sein äußeres Verhalten in Einklang zu bringen mit seinem inneren Verhältnis zu sich selbst, insofern das Selbstsein nicht zu tren-

nen ist von seiner Zugehörigkeit zu Christus. Er muß seiner äußeren Lebensgestalt das neue Sein in Christus als Form einprägen lassen. Das christliche Leben ist nichts anderes als das großangelegte Experiment der Ausprägung unserer geistigen Lebensgemeinschaft mit Jesus Christus in unsere innere Gesinnung und in das äußere Schicksal hinein.
Leider bestehen immer auch Möglichkeiten, sich gegen den Geist Christi, der in uns ist, zu verfehlen. Es bleibt eine Schwäche und Anfälligkeit zum Versagen und zur Sünde (Konkupiszenz). Bevor das letzte große Examen des Todes bestanden ist, bleibt die furchtbare Möglichkeit, daß der Christ sich grundsätzlich gegen den Geist Christi in ihm wendet und damit die Lebensgemeinschaft mit Gott verliert. Die in der Taufe gegebene Gemeinschaft kann nur dann wieder aufleben, wenn der Christ im Sakrament der Buße und Reue aus Gottes Initiative neu die Versöhnung empfangen hat, damit er wieder an der Lebensgemeinschaft der Kirche teilnehmen kann. Aber dort, wo der Christ sich nicht vorsätzlich in einer gewichtigen Angelegenheit gegen den Geist Christi entschieden hat, sondern in seinem alltäglichen Leben die Ausformung des Geistes der Liebe in ihm vernachlässigt hat, bewirkt schon die Erinnerung an die Taufe eine Neubelebung der geistigen Gemeinschaft mit Christus und damit der Versöhnung mit Gott. Zugleich erneuert sich das Verhältnis der Glieder der Kirche untereinander. Sie versichern sich erneut wechselseitig ihrer Offenheit füreinander und ihrer Liebe zueinander.
Die Gläubigen sehen sich zu Beginn der Eucharistiefeier aufgefordert: „Bekennt einander eure Sünden, und betet füreinander, damit ihr geheilt werdet, denn viel vermag das inständige Gebet eines Gerechten“ (Jak 5,16). Gerade am Bekenntnis unserer Sünden und Verfehlungen gegenüber Gott und gegenüber den Mitchristen zeigt sich der innere Zusammenhang von Gottes- und Menschengemeinschaft. Gott ist für uns gegenwärtig gerade im Menschen Jesus. Und darum gibt es keinen Zugang zu Gott am Menschen vorbei. Jesus identifiziert sich so mit den Menschen, daß wir Jesus selbst und damit dessen Gemeinschaft mit dem Vater nur haben zusammen mit unseren Mitmenschen oder gar nicht. „Was ihr dem geringsten meiner Brüder getan habt oder nicht getan habt, das habt ihr mir getan oder nicht getan“

(Mt 25,40.46). In unserer vergebenden Liebe zum Mitmenschen zeigt sich, daß wir Gott lieben und daß seine Liebe in uns wirksam ist. Denn wenn Gott uns so geliebt hat, müssen auch wir einander lieben (vgl. 1 Joh 4,11). Wenn Christen einander verzeihen, erfüllen sie den Willen Gottes. Darin wächst und erweist sich die liebende Gemeinschaft zwischen Gott und den Menschen. In diesem Sinne gewann schon früh im Zusammenhang mit der Eucharistie das Wort Jesu an Bedeutung:

> *„Wenn du deine Opfergabe zum Altar bringst und dir dabei einfällt, daß dein Bruder etwas gegen dich hat, so laß deine Gabe dort vor dem Altar liegen; geh und versöhne dich zuerst mit deinem Bruder, dann komm und opfere deine Gabe" (Mt 5,23; vgl. Didache 14,1).*

Es soll mit anderen Worten die Einheit von Gottes- und Nächstenliebe ausgesprochen werden. Doch wird keineswegs die Gottesliebe nur zu einem entfernten Motiv der Nächstenliebe. Auch ein sogenannter „Horizontalismus", bei dem die Gottesliebe in der Nächstenliebe aufgeht, ist hier nicht gemeint. Vielmehr geht es um die Einsicht, daß Versöhnung und Gemeinschaft mit Gott nicht ohne Versöhnung mit dem Nächsten und die liebende Fürsorge für sein leibliches und geistliches Wohlergehen möglich sind. Die liturgische und kultische Beziehung zu Gott in personaler Liebe, im Dialog des Gebetes und der Hoffnung auf die Begegnung mit Gott von Angesicht zu Angesicht hat ihr eigenes Recht. Aber sie ist unlösbar verknüpft mit unserer Bereitschaft, dem Bruder zu verzeihen, seine Vergebung auch anzunehmen, ja zuletzt sich selbst und sein Leben für ihn einzusetzen (vgl. 1 Joh 3,16). An der tätigen Bruderliebe erweist sich die Wahrheit unserer Liebe zu Gott. Die Nächstenliebe ist der Zugang zur Gottesgemeinschaft, weil Gott im Menschen Jesus unser Bruder geworden ist. Nur im Menschen Jesus und mit allen Menschen, für die er sein Leben hingab als der Mittler, können wir in die Versöhnungsgemeinschaft mit Gott eintreten. So sind Friede, Versöhnung und Liebe als Wesensvollzüge kirchlicher Gemeinschaft Zugänge zur Gemeinschaft mit Gott. Aus diesem Grund sind Bußakt, Bekenntnis unserer Verfehlungen vor Gott und den Brüdern und Schwestern, die Bitte um Vergebung, die neue Bereitschaft zur Brüderlichkeit und der Vergebungszuspruch (Fürbitt-Absolution oder

Ablaß) durch den Priester eine unentbehrliche Bereitung der Herzen für den Mitvollzug der Eucharistie im Geiste Jesu Christi.
Die Theologie der Befreiung hat uns diese Zusammenhänge neu zu sehen gelehrt. Die im Glauben erfahrbare Zusammengehörigkeit von Gottes- und Menschengemeinschaft ist zu einem Impuls der Neugestaltung des gesellschaftlichen Zusammenlebens geworden. Es sollen dabei die sozialen Barrieren überwunden werden, damit der arme und notleidende Mitmensch Gott auch als den Gott des Lebens in materieller, kultureller und religiöser Hinsicht erfahren kann.

Kyrie – Bekenntnis zur Gegenwart des Herrn

Im liturgischen Ablauf der Eröffnungsriten folgen die Kyrie-Rufe sowie, an Sonn- und Feiertagen, ein frühchristlicher hymnischer Lobpreis Gottes, Christi und des Heiligen Geistes (das Gloria) und schließlich als Abschluß das Tagesgebet.
Die Gläubigen haben sich nicht zu einer Gedenkveranstaltung an einen fernen Religionsstifter versammelt. Sie wollen auch nicht von sich aus eine Initiative ergreifen, um den fernen Gott zu erreichen oder auf sich aufmerksam zu machen. Es geht auch nicht darum, die weisen Lehren eines selbsternannten „großen Vorsitzenden" zu hören und sich von seinen Erben und Nachfolgern indoktrinieren zu lassen. Die Kirche braucht daher nicht eine tote Statue in die Mitte ihrer Versammlung zu stellen oder sich um den konservierten Leichnam eines weltlichen Religionsstifters zu versammeln, um einen gespenstischen Totenkult abzuhalten.
Die christliche Gemeinschaft weiß Jesus vielmehr in personaler Nähe in ihrer Mitte. Darum darf sie ihn auch persönlich ansprechen als den, der er für sie ist: „Christus der Herr, der" – wie der Engel des Herrn den Hirten auf den Feldern von Bethlehem verkündet – „euch heute als der Retter geboren wurde" (vgl. Lk 2,11).
Die Bezeichnung Jesu als „Herr" und das Bekenntnis zu ihm als Messias-Christus verbinden sich unzählige Male im Neuen Testament. Da die Anrede „Kyrios" schon im griechischen Alten Testament in besonderer Weise für Gott gilt, ist hier auch die Göttlichkeit Jesu zum Ausdruck gebracht. Jesus gehört zu Gott. Er ist als der ewige Sohn des Vaters gleichen Wesens mit ihm. Er ist nun in

die Niedrigkeit des Geschöpfseins eingetreten. Er war gehorsam bis zum Tod am Kreuz. Darum hat Gott ihn über alle Kreatur erhoben. Und alle beten ihn nun an und bekennen: „Jesus Christus ist der Herr zur Ehre Gottes des Vaters" (Phil 2,5–11). Im auferstandenen Christus, dem zum Vater erhöhten Herrn, haben wir Zugang zu Gott. In Jesus erkennen wir Gott als den Vater des ewigen und menschgewordenen Sohnes und bekennen ihn als unseren Vater.

Doch nur Gott selbst kann sich uns als Vater und Sohn offenbaren. Daß der Apostel Petrus, stellvertretend für die ganze Kirche, Jesus als den Christus, den Sohn des lebendigen Gottes bekennen kann, ist eine Offenbarung Gottes (vgl. Mt 16,16 f.). Dieser Gott hat uns seinen Heiligen Geist ins Herz gesandt (Röm 5,5), der die Tiefen der Gottheit durchforscht und der Gott ist, und der uns Gott erkennen läßt als Vater und Sohn (1 Kor 2,10–12). So kann niemand mehr sagen „Jesus ist der Herr, außer in Gottes Heiligem Geist" (1 Kor 12,3). Die Anrede Jesu als Herr der Versammlung macht ihn als den Sohn Gottes offenbar. Es handelt sich also nicht um eine konventionelle Anredeform wie „Herr XY".

Hier klingt auch keine autoritäre Entgegensetzung von Herr und Sklave an. Denn Jesus ist zu unserem Heil selbst Sklave geworden und hat uns gedient. Er behandelt seine Jünger nicht wie auszubeutende Untergebene, nicht wie einer, der seine Autorität nur durch eine Distanzhaltung aufrechterhalten kann. Er hat aber auch das „Sich-Ausbeutenlassen" keineswegs verklärt und uns eine Sklavenmoral beschert, die Nietzsche dem Christentum unterstellt.

> *„Denn alle, die sich vom Geist Gottes leiten lassen, sind Söhne Gottes. Denn ihr habt nicht einen Geist empfangen, der euch zu Sklaven macht, so daß ihr euch immer noch fürchten müßtet, sondern ihr habt den Geist empfangen, der euch zu Söhnen macht, in dem wir rufen: ABBA, Vater" (Röm 8,14 f.).*

Wer zum Diener Jesu Christi geworden ist, der hat Jesus als Freund gewonnen. Die Freunde Jesu sind zu Gottesfreunden geworden, weil Jesus ihnen alles geoffenbart hat, was er von seinem Vater gehört hat (vgl. Joh 15,15). Der absolute, unerreichbare, allen Seins vollkommen mächtige Gott begegnet dem Menschen als Vater und Freund. Und ihn darf nun die Christenheit um sein Erbarmen anrufen. Weltliche Machthaber öffnen allenfalls in Spendierlaune ihre Schatztruhen, um beim Triumphzug einige Dukaten in die Menge zu streuen oder schlau berechnete Wahlgeschenke zu machen. Es ist aber nur eitle Torheit oder eine freche Anmaßung, wenn Menschen über Menschen herrschen wollen, indem sie ihresgleichen zu Objekten einer erniedrigenden Betreuung oder Ausbeutung machen. Dies gilt für den gesellschaftlichen, aber auch für den kirchlichen Bereich (vgl. Mt 20,25 f.). In Wirklichkeit ist Herrschen ein Dienen. Niemand anderer als der, der den Titel „Herr" allein verdient, hat das Wesen des Herrschens gezeigt:

> *„Wer groß sein will, soll der Diener aller sein ..., denn auch der Menschensohn ist nicht gekommen, um sich bedienen zu lassen, sondern um zu dienen und sein Leben hinzugeben als Lösegeld für viele" (Mt 20,26–28).*

Zu diesem Gott in der Niedrigkeit des menschlichen Daseins, zu diesem Herrn, der seinen Knechten bis zur Lebenshingabe dient, dürfen die Menschen in ihrer Not, Angst und Hilflosigkeit kommen. So rufen die beiden Blinden von Jericho Jesus an: „Herr, Sohn Davids, erbarme dich unser" (Mt 20,31). Und er, der Herr und Schöpfer des Himmels und der Erde, erweist seine Herrschaft als Ausübung seiner Macht zum Heil für andere. Er läßt sich in Mitleid von ihrer Not bewegen, und er macht sie gesund.

Gloria – Lobpreis der Herrlichkeit Gottes

Auch vor dem Hintergrund solcher Erfahrungen schließt sich in der Liturgie der Sonn- und Feiertage das Gloria an das Kyrie an. Die Kirche stimmt in den Lobpreis der Engel mit ein:

> *„Ehre ist Gott in der Höhe und Frieden auf Erden den Menschen seiner Gnade" (Lk 2,14).*
>
> *„Wir loben dich, wir preisen dich, wir beten dich an, wir rühmen dich und danken dir, denn groß ist deine Herrlichkeit: Herr und Gott, König des Himmels, Gott und Vater, Herrscher über das All, Herr, eingeborener Sohn, Jesus Christus."*

Gott, der Vater Jesu Christi, der uns gegenüber Jesus als seinen einzigen und eigenen Sohn offenbart (Röm 1,3 f.; Joh 1,14.18), läßt uns Jesus von Nazareth als das Lamm Gottes erkennen, das die Sünde der Welt trägt und hinwegnimmt (Joh 1,30; Jes 53,7.12).

Das Gottesvolk bekennt sich mit den prophetischen Worten des Zacharias zum „Herrn und Gott Israels“, denn Gott hat sein Volk besucht und ihm Erlösung geschaffen. Er hat uns einen starken Retter erweckt im Hause seines Knechtes David (Lk 1,68 f.). In Jesus, der „uns heute in der Stadt Davids als Retter geboren wurde“ (Lk 2,11), sollen die Hirten auf den Fluren Bethlehems den Messias und Herrn (Kyrios) finden. Der Gott und Herr Israels ist nur noch zu suchen und zu finden im Herrn Jesus Christus. Der Herr und Gott Israels ist für alle Menschen Heil, Wahrheit und Leben in Jesus, dem Herrn der Kirche, dem einzigen Mittler zwischen Gott und den Menschen. Paulus legt das Urbekenntnis der Kirche zu Jesus als Herrn *(Dominus est Jesus)* und universalen und einzigen Mittler des Heils, das allein von Gott her zu den Menschen kommen kann, so aus:

> *„Es ist das Wort des Glaubens, das wir verkünden: wenn du mit deinem Mund bekennst: ‚Jesus ist der Herr‘ und in deinem Herzen glaubst: ‚Gott hat ihn von den Toten auferweckt‘, dann wirst du gerettet werden … Wer an ihn glaubt, wird nicht zugrunde gehen. Darin gibt es keinen Unterschied zwischen Juden und Griechen (Heiden). Alle haben denselben Herrn; aus seinem Reichtum beschenkt er alle, die ihn anrufen. Denn jeder, der den Namen des Herrn anruft, wird gerettet werden“ (Röm 10,9–13).*

Aber nur im Heiligen Geist kann der Mensch das Zeugnis der Urkirche zu Jesus dem Kyrios der Kirche und der ganzen Menschheit nachsprechen:

> *„Und keiner kann sagen: Jesus ist der Herr!, wenn er nicht im Heiligen Geiste redet“ (1 Kor 12,3).*

Christus Jesus war vor der Menschwerdung als der ewige Sohn des Vaters Gott gleich – wie man sagt: „in der Gottgleichgestalt“ – und hat sich erniedrigt und die Menschengleichgestalt angenommen, und war gehorsam bis zum Tod am Kreuz:

> *„Darum hat Gott ihn über alle erhöht und ihm einen Namen verliehen, der größer ist als alle Namen, damit im Himmel, auf der Erde und unter der Erde alle ihre Knie beugen vor dem Namen Jesu und jeder Mund bekennt: ‚Jesus Christus ist der Herr‘ – zur Herrlichkeit Gottes, des Vaters“ (Phil 2,9.11). „Wir haben die Herrlichkeit des einzigen Sohnes vom Vater geschaut – voll Gnade und Wahrheit“ (Joh 1,14).*

Die Erfahrung der Herrlichkeit Gottes, des Vaters und des Sohnes und des Heiligen Geistes, die das Herz mit Jubel und Glück erfüllt, ermöglicht nun im Tagesgebet, daß der Mund der Gläubigen sich öffnet im Gebet *zu* Gott dem Vater durch den Sohn im Heiligen Geist. Das Tagesgebet schließt liturgisch den Eröffnungsteil ab und leitet zum Wortgottesdienst über. Es weist uns in das Wesen des christlichen Gebetes und damit in den Grundvollzug christlicher Existenz im Bezug zum dreifaltigen Gott ein. Im Gebet zeigt sich, was die Menschen von Gott glauben und in welchem Verhältnis das Geschöpf zu Gott steht.

Tagesgebet – Teilnahme am Dialog der dreifaltigen Liebe

Die Kirche betet nicht zu einem abstrakten Gottwesen. Sie ruft nicht unpersönliche, numinose Mächte hinter der Welt an. Sie weiß vielmehr, daß das letzte Prinzip des Ursprungs und des Ziels allen Seins eine personale Macht ist. Das *Mysterium fascinosum et tremendum* gehört der Religionsgeschichte an und bestätigt die wesenhafte Verwiesenheit des Menschen über sich und die Welt hinaus. Der Schöpfer des Himmels und der Erde offenbart aber aus freiem Willen seine Herrlichkeit, damit man in liebender Ehrfurcht und ehrfürchtiger Liebe ihm diene.

> *„Denn Gott ist die Liebe, und wer in der Liebe bleibt, der bleibt in Gott. Furcht gibt es in der Liebe nicht, sondern die vollkommene Liebe vertreibt die Furcht“ (1 Joh 4,16.18).*

Die Jünger dürfen den „Unbekannten“, der in der Sprache der Religionen und der Philosophie „Gott“ genannt wird, als „unser Vater“ ansprechen. So jedenfalls belehrte der menschgewordene Sohn Gottes seine Jünger (vgl. Mt 6,9; Lk 11,2). Jedes christliche Gebet richtet sich deshalb an Gott, den Vater. Es wird vermittelt durch den Sohn. Denn niemand kommt zum Vater außer durch den Sohn (vgl. Joh 14,6). Jesus betet für uns, und er betet mit uns. Die Vermittlung Christi geschieht individuell, insofern er das Haupt der Kirche und der neuen Menschheit ist. Im sozialen Zusammenhang geschieht sie aber, insofern die Kirche von Christus nicht zu trennen ist. Dabei nehmen wir an der Sohneshaltung Jesu dem Vater gegenüber teil. Jedes Gebet an den Vater durch den

Sohn geschieht in der Kraft des Heiligen Geistes, der uns ins Herz gegeben ist (vgl. Röm 5,5). Er ist die Lebenseinheit von Vater und Sohn und bezieht uns ein in ihre liebende Gemeinschaft.

„Ihr habt den Geist empfangen, der euch zu Söhnen macht, den Geist, in dem wir rufen: Abba Vater. So bezeugt der Geist selber unserem Geist, daß wir Kinder Gottes sind. Sind wir aber Kinder, dann auch Erben; wir sind Erben Gottes und Miterben Christi, wenn wir mit ihm leiden, um mit ihm auch verherrlicht zu werden" (Röm 8,15–17).

Wir werden also in die Gestalt des Gottessohnes, der Mensch geworden ist, gelitten hat und auferstanden ist, einbezogen. Unser Leben mit seinen Hoffnungen und Enttäuschungen, mit dem Kreuz, das einem jeden auferlegt wird, mit den Leiden und Entsagungen, der Erfahrung der Endlichkeit und der Vergänglichkeit alles „Irdischen", letztlich mit der Todesangst, wird in unserem Beten einbezogen in den Dialog zwischen Vater und Sohn. Denn dieser ewige Dialog zwischen Vater und Sohn ist durch die Menschwerdung des Sohnes in die Welt hinein erweitert worden. Wir Menschen, die wir mit Jesus in Gemeinschaft stehen, können deshalb Anteil haben an der liebenden, versöhnenden und lebensspendenden Gemeinschaft von Vater und Sohn im Heiligen Geist, den wir in Taufe und Firmung empfangen haben.

So hat schon im 3. Jahrhundert der große Theologe Origenes das christliche Gebet aufgrund der Menschwerdung Gottes und der Sendung des Heiligen Geistes als eine Art Mitvollzug des kreatürlichen Geistes am Leben des dreifaltigen Gottes verstanden. Mensch und Welt sind in Christus und im Geist mit Gott dem Vater verbunden. Der Christ betet zum Vater durch den Sohn im Heiligen Geist. Und er ehrt darin zugleich den Vater, den Sohn und den Heiligen Geist (vgl. Origenes, Über das Gebet).

Das Heilswirken der Kirche steht in diesem Radius des dreifaltigen Gottes. Sie ist als das Haus Gottes Kirche des Vaters. Sie ist als Leib Christi Kirche des Sohnes. Als Geschöpf, Instrument und Tempel Gottes ist sie Kirche des Heiligen Geistes. So können wir mit dem Glaubensbekenntnis sagen, daß der Heilige Geist der Herr und Spender des göttlichen Lebens ist. In seiner Kraft und Gegenwart können wir durch Jesus Christus, den menschgewordenen Gottessohn, in der Gemeinschaft der Kirche zu Gott unserem Vater beten, haben darin Anteil an der Gemeinschaft des dreifaltigen Gottes, vermittelt durch die Verbindung mit den geschichtlichen Heilstaten Jesu Christi. Im Tagesgebet spricht die Kirche also den Vater an. Sie erinnert sich der besonderen Heilstaten Gottes für uns. Sie betet durch Jesus Christus, unseren Herrn, Gott und Mittler in der Gemeinschaft mit seinem Leib, der Kirche. Sie kann dies nur tun in der Gegenwart Gottes, des Heiligen Geistes.

„Denn wir wissen nicht, worum wir in rechter Weise beten sollen; der Geist selber jedoch tritt für uns ein ... und der Gott, der die Herzen erforscht, weiß, was die Absicht des Geistes ist. Er tritt so, wie Gott es will, für die Heiligen ein" (Röm 8,26 f.).

So beten wir durch Gott mit Gott zu Gott. Das Gebet ist Teilnahme am Leben Gottes des Vaters, des Sohnes und des Heiligen Geistes, das uns in Menschwerdung, Kreuz und Auferstehung Jesu und in der Sendung des Heiligen Geistes als ewige dreifaltige Liebe zu unserem Heil offenbar geworden ist. In der Messe vom Letzten Abendmahl am Gründonnerstag spricht die Kirche ihren Gott an:

„Allmächtiger, ewiger Gott, am Abend vor seinem Leiden hat dein geliebter Sohn der Kirche das Opfer des Neuen und Ewigen Bundes anvertraut und das Gastmahl seiner Liebe gestiftet. Gib, daß wir aus diesem Geheimnis die Fülle des Lebens und der Liebe empfangen. Darum bitten wir durch Jesus Christus, deinen Sohn, unseren Herrn und Gott, der in der Einheit des Heiligen Geistes mit dir Gott, unserem Vater, lebt und herrscht in alle Ewigkeit. Amen."

Zweiter Teil

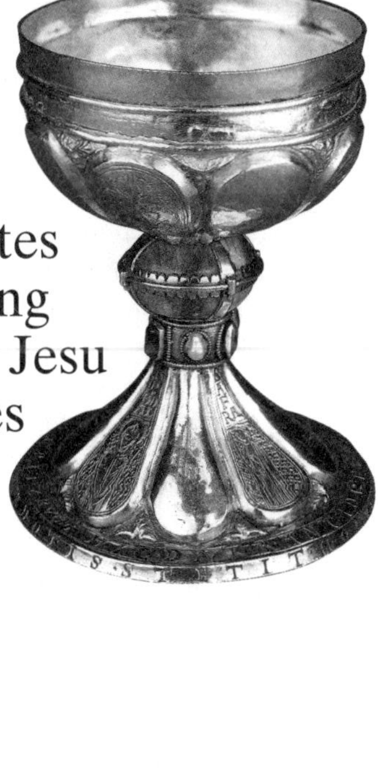

Liturgie des Wortes – Vergegenwärtigung der Botschaft Jesu vom Reich Gottes

Liturgie des Wortes – Vergegenwärtigung der Botschaft Jesu vom Reich Gottes

Aufbau des Wortgottesdienstes

Im Wortgottesdienst (*Liturgia verbi*) versammeln sich die Gläubigen um den Tisch des Wortes Gottes, das Jesus Christus selber ist. Nach der gegenwärtigen Leseordnung für Werktage und Sonntage werden im Laufe von zwei bzw. drei Jahren die wesentlichen Teile der Heiligen Schrift des Alten und Neuen Testaments den Gläubigen als geistige Nahrung dargeboten, „denn der Mensch lebt nicht nur von Brot, sondern von jedem Wort, das aus dem Munde Gottes hervorgeht" (Mt 4,4). Am Sonntag gibt es eine alttestamentliche und zwei neutestamentliche Lesungen. Die zweite der neutestamentlichen Lesungen ist immer einem der vier Evangelien entnommen. Im sich wiederholenden Rhythmus von drei Lesejahren werden jeweils die Evangelientexte fortlaufend nach Matthäus, Markus und Lukas vorgetragen. Das Johannes-Evangelium wird in den großen Festzeiten von Ostern und Weihnachten gelesen.

In den Evangeliumsabschnitten (Perikopen) dürfen wir den Höhepunkt des Wortgottesdienstes sehen. Unter allen biblischen Schriften kommt den vier Evangelien eine herausragende Bedeutung zu, weil in ihnen Jesu Leben, seine Passion und seine Auferstehung unmittelbar und in einer zusammenfassenden Darstellung präsent werden. Denn die Mitte des Neuen Testaments ist Jesus der Herr. Die vier Evangelien, die von seiner Verkündigung, seinem Opfertod für uns und seiner glorreichen Auferstehung von den Toten Zeugnis geben, haben in der Person Jesu auch den Schlüssel zur Auslegung der übrigen neutestamentlichen Schriften.

In der protestantischen Theologie wird häufig die Ansicht vertreten, daß der Römerbrief des Apostels Paulus mit seiner großartigen Sicht der Rechtfertigung des Sünders durch den Glauben an Jesus Christus der zentrale Text des Neuen Testaments sei. Dagegen ist festzuhalten, daß das österliche Geheimnis (*Mysterium paschale)* Vorrang vor seiner Auslegung als Rechtfertigungslehre im

Römer- und Galaterbrief haben muß. In der Verkündigung des Evangeliums begegnet der Hörer Jesus nicht nur in einem historischen Bericht oder, wie in der neutestamentlichen Briefliteratur, in einem Bekenntnis zu ihm oder einer – freilich inspirierten und deshalb das Wort Gottes darstellenden – theologischen Reflexion seiner Heilsbedeutung. Er findet sich vielmehr auf den Lebensweg des irdischen Jesus mitgenommen. Er sieht sich in die Entscheidungen gegenüber dem Anspruch Jesu hineingestellt. Er wird wie die Jünger damals selbst in die Nachfolge Jesu gerufen. In seinem Leben und Leiden muß er sich selbst bewähren, wenn er Jesus bis nach Golgatha folgt. Dorthin trägt Jesus sein Kreuz, um für uns dem Vater sein Leben hinzugeben und in der Auferstehung die für uns alle gültige Hoffnung auf eine ewige Lebensgemeinschaft mit Gott anzuzeigen. Christlicher Wortgottesdienst bedeutet also im Kern Begegnung mit dem Wort Gottes in Jesus von Nazareth. Bei den liturgischen Lesungen des Evangeliums verkündet Jesus selbst real sein Evangelium, eben die Heilsbotschaft von der Ankunft des Reiches Gottes in dieser Welt. Indem Jesus als der aktuell verkündende Bote des Gottesreiches auftritt, spricht er dem Hörer jetzt im Augenblick des Hörens das Heil zu.

Aber nach Ostern ist aus dem verkündigenden Jesus der Geschichte auch der verkündigte Jesus und der im Glauben als der Herr erkannte Christus geworden. Als solcher ist er auch Inhalt der kirchlichen Verkündigung und christlichen Predigt. Die apostolische Grundgestalt der urkirchlichen Verkündigung hat auf vielfältige Weise in den neutestamentlichen Schriften ihren literarischen Niederschlag gefunden. Das zeigt sich vor allem in den apostolischen Briefen, der Apostelgeschichte und der Offenbarung des Johannes. Die neutestamentlichen Schriften sind die literarische und schriftliche Gestalt des Gotteswortes im Verkündigungswort der Kirche. Sie vergegenwärtigen Gottes Wort in menschlicher Sprache und im menschlichen Denken und Wahrnehmen der Jünger Jesu. Darum haben wir nur im Bekenntnis der Kirche und in ihrem menschlichen Wort und Zeugnis Zugang zu Jesus, der selbst die menschliche Gegenwartsweise des ewigen Gotteswortes verkörpert. Nur über den verkündigten Christus kommen wir zum verkündigenden Jesus von Nazareth. Aber die Verkündigungstätigkeit der Kirche ist das Sakrament – nämlich

Zeichen und Werkzeug –, in dem Jesus selbst predigt, das Heil zuspricht, zum Glauben aufruft, in die Entscheidung führt und sich selbst als den Weg zum Vater anbietet.
Der neutestamentlichen Lesung geht die Lesung einer alttestamentlichen Lesung voraus. Jesus von Nazareth kann nicht außerhalb des lebendigen Zusammenhangs der einen Heilsgeschichte Gottes verstanden werden, die bis zu Christus vom Gottesvolk Israel bezeugt und getragen wird. Christlicher Glaube ist eben die Überzeugung, daß Jesus die Einlösung aller Verheißungen Gottes im Alten Bund ist:

> *„Denn Gottes Sohn Jesus Christus, der euch durch uns verkündet worden ist – durch mich Paulus, Silvanus und Timotheus –, ist nicht als Ja und Nein zugleich gekommen; in ihm ist das Ja verwirklicht. Er ist das Ja zu allem, was Gott verheißen hat" (2 Kor 1,19 f.).*

Auch wenn die alttestamentlichen Schriften nicht ohne weiteres unter eine einzige Grundaussage zusammenzufassen sind, bündeln sie sich doch schließlich in Jesu Gestalt und Schicksal. Die Einheit der Bibel wird nicht durch eine menschliche Idee und Interpretationskategorie, sondern durch die Personengemeinschaft von Gott und den Propheten seines Wortes und schließlich von Gott dem Vater und seinem Sohn Jesus Christus begründet. Letztlich ist es Gott selber, dessen umfassender Heilswille der Menschheit gegenüber die Einheit von Altem und Neuem Testament begründet. Die Einheit von Altem und Neuem Testament ergibt sich nicht aus literarhistorischen Konstruktionen oder aus erfüllten Zukunftsprophezeiungen, die man empirisch-historisch beweisen müßte, sondern aus der Tatsache, daß Gott der eine und derselbe Urheber der Heilsgeschichte ist, die sich im Glauben Israels und der „Kirche aus Juden und Heiden" ausdrückt und sich von diesem Glaubenszeugnis der Glaubensgemeinde her in den alt- und neutestamentlichen Schriften niederschlägt.
Am Begriff Altes Testament ist gegenüber der modischen Redeweise vom „Ersten Testament" festzuhalten, weil man sonst das Neue Testament das Zweite nennen müßte. In Wirklichkeit verhalten sich Altes und Neues Testament wie die Eröffnung *(principium)* und der Abschluß *(finis)* der Rede Gottes zur Menschheit. Durch die Worte der Propheten wurde die Vollendung und der Abschluß der göttlichen Offenbarung in Jesus Christus seinem

Sohn, durch den er zu uns allen „zuletzt“ gesprochen hat (Hebr 1,1–3), vorbereitet. Jesus Christus, das eine WORT Gottes, ist im Alten und im Neuen Testament allein der, der von sich sagen kann:

„Ich bin das Alpha und das Omega, der Erste und der Letzte, der Anfang und das Ende“ (Offb 22,13).

Das Zweite Vatikanische Konzil erklärt den dynamischen Zusammenhang von Altem und Neuem Testament sowie ihre wesenhafte und innere Einheit:

„Gott, der die Bücher beider Bünde inspiriert hat und ihr Urheber ist, wollte in Weisheit, daß der Neue im Alten verborgen und der Alte im Neuen erschlossen sei. Denn wenn auch Christus in seinem Blut einen Neuen Bund gestiftet hat (vgl. Lk 22,20; 1 Kor 11,25), erhalten und offenbaren die Bücher des Alten Bundes, die als Ganzes in die Verkündigung des Evangeliums aufgenommen wurden, erst im Neuen Bund ihren vollen Sinn (vgl. Mt 5,17; Lk 24,27; Röm 16,25 f.; 2 Kor 3,14–16), wie sie diesen wiederum beleuchten und deuten“ (DV 16).

In all seinem Handeln an Israel erweist sich Gott als der Ursprung des Heils seines Volkes. Das zeigt sich in der Rettung aus der Sklaverei des Pharao, der Verheißung des Landes, der Herausführung aus der babylonischen Gefangenschaft, der Erweckung der messianischen Hoffnung. Auch in der vielfältigen persönlichen Lebensweisung, in der „strafenden“ Erziehung und zuletzt in der Präsentation Jesu wirkt Gott an seinem Volk das Heil. Er macht das verheißene Für-Sein (*Proexistenz,* vgl. Ex 3,14; Jes 7,14) für die Menschen in Jesus nun geschichtlich und endzeitlich restlos wahr. In der menschlichen Existenz Jesu begegnet der ewige Heilswille Gottes definitiv in einer bestimmten geschichtlichen Gestalt. Jesus ist sozusagen die endgültige Verleiblichung des ewigen Für-Seins Gottes für die Menschen. Dieses verwirklichte sich in der Geschichte des alttestamentlichen Gottesvolkes auf eine je größere Zukunft hin, die in Jesus von Nazareth als Fülle der Zeiten gegenwärtig ist.

Darum glaubt die Kirche zu Recht, daß Jesus Christus die unüberbietbare Erfüllung aller Verheißungen des Alten Bundes ist. Jesu Sendung enthüllt sich nur vor dem Hintergrund des Alten Testaments. Zugleich ist er auch das Licht, das diesen oft dunklen

Hintergrund ausleuchtet. Von der Sonne geht alles Licht aus, aber für uns wird sie nur in ihrem eigenen Licht erkannt. Diesen wesentlichen Zusammenhang der Heilsgeschichte mit ihrem Scheitelpunkt in Jesus bringt die Kirche in ihrem Verständnis der biblischen Botschaft zum Ausdruck. Die Kirche hält an der realen Einheit des Volkes Gottes im Alten und im Neuen Bund und damit auch an der geistigen Einheit von Altem und Neuem Testament fest.

In der Liturgie des Wortes spiegelt sich der Zusammenhang von verkündigendem Jesus, verkündigtem Christus und der Auslegung Jesu Christi auf dem Hintergrund der alttestamentlichen Verheißung durch die Abfolge der Lesungen aus dem Alten Testament, der neutestamentlichen Briefliteratur und den Evangelien wider. Da Jesus als das fleischgewordene Wort Gottes geglaubt wird, ist die Heilige Schrift selbst auch eine Form der Vergegenwärtigung des Wortes Gottes. Im Akt der kirchlichen Verkündigung wird es zum aktuellen Wort Gottes, insofern Gott selbst im Munde der Kirche spricht und zu unserem Heil handelt.

Dem Wort Gottes an uns korrespondiert der Glaube der Kirche an IHN. Denn nur im Glauben sind wir beim Wort Gottes. In seinem Wort bietet sich Gott der personalen Antwort des Geschöpfes mit dem Ziel der Vereinigung dar. Wie die Liebe nicht außerhalb der Liebenden sein kann, sondern nur im Vorgang des Liebens existiert, so ist das Wort Gottes in dieser Welt eben in der glaubenden Hingabe des Menschen an Gott gegenwärtig. Gott trägt die Annahme des Glaubens im Gehorsam des menschlichen Willens, und so wird der Glaubende zugleich zum Zeugen und Verkünder des Wortes. Das Wort Gottes schwebt nicht frei über der Welt. Es will ja geglaubt werden. So gehört zum Wort Gottes selber seine Annahme im Glauben, so daß der Glaube die Existenzweise des Wortes Gottes in dieser Welt ist. Das kirchliche Bekenntnis und die existentielle Lebensantwort sind sozusagen die Verleiblichung und die geschichtliche Gestalt des Wortes Gottes in dieser Welt.

Es ist deshalb nicht ohne Logik, wenn im frühen Mittelalter in die lateinische Form der Meßfeier das Glaubensbekenntnis eingefügt wurde. Es macht das Korrespondenzverhältnis von Wort und Glaube als das Wesen jeder kirchlichen Auffassung von Offenbarung sichtbar. Freilich ist diese Einheit von Wort und Glaube in Jesus selbst schon grundgelegt. Die Einheit von Wort und Glaube im kirchlichen Bekenntnis können wir als eine Konsequenz und als eine Spiegelung ihres Urbildes in Jesus Christus auffassen. Jesus selber ist als Gott und Mensch in sich schon die Einheit von göttlichem Wort an uns (Joh 1,14) und menschlicher Antwort im Glauben und Gehorsam an Gott. Denn er ist allein der Urheber und Vollender unseres Glaubens (Hebr 12,3). Die einzelnen Schritte des Wortgottesdienstes führen also die Mitfeiernden ein in das Geheimnis Jesu Christi und in das Geheimnis christlicher Existenz. Wir schreiten im Glauben den Weg des sich uns in der Heilsgeschichte erschließenden Wortes Gottes mit und gehen mit dem fleischgewordenen Wort den Weg der Nachfolge Christi.

Lesung aus dem Alten Testament – Der verheißene Christus

Im Zentrum christlichen Glaubens steht Jesus Christus. Er ist der beständige Ursprung unseres Verhältnisses zu Gott, „seinem und unserem Gott, seinem und unserem Vater" (Joh 20,17). In seinem Namen allein finden wir das Heil (Apg 4,12), weil Gott in ihm alles versöhnt, was im Himmel und auf Erden ist (Eph 1,10). Darum versteht die Kirche Jesus Christus auch zu Recht als die Mitte der Heiligen Schrift.

Der Gott Jesu ist der Gott Abrahams

Das Neue Testament, in dem wir dem verkündigenden und verkündigten Jesus Christus begegnen, gibt uns die Richtung der Auslegung der ganzen Heiligen Schrift. Und dennoch könnte das Neue Testament nicht die Spitze einer Pyramide sein, wenn ihre Basis wegfiele. Es gibt kein Ziel, wenn man nicht den Weg zu diesem geht. Ohne die Glaubensgeschichte Israels und ohne ihren literarischen Niederschlag im Alten Testament gibt es kein Christentum. Denn das christliche Bekenntnis sagt von Jesus, daß er der verheißene und sehnsüchtig erwartete Messias ist. Nähme man das Alte Testament als Bezugsrahmen weg, könnte man gar nicht mehr das Grundbekenntnis formulieren. Es wäre nicht mehr möglich zu behaupten, daß Jesus von Nazareth eben der Messias, der Sohn Gottes, der Knecht Gottes, das neue Paschalamm, der Menschensohn und der Gott mit uns (Immanuel) ist.

Die Kirche behält das Alte Testament nicht nur bei, weil es als kultur- und religionsgeschichtlicher Verstehenshintergrund notwendig ist. Wir müssen gewiß etwas wissen von den Lebensgewohnheiten, dem Brauchtum, den Sprachstilen und Denkmustern, der religiösen Ideenwelt, vom ganzen geistigen Ambiente und von den soziokulturellen Bedingungen der Zeit Jesu. Aber der entscheidende Grund dafür, daß die Kirche die Schriften des Alten Testaments für von Gott eingegebene Schriften hält (vgl. 2 Tim 3,16), ist theologisch begründet, d. h. es hat mit Gott selbst zu tun. Das Alte Testament enthält nicht irgendwelche heiligen Worte, sondern ist das Wort Gottes. Denn derjenige, den Jesus in einem exklusiven Sinn als seinen Vater anredet und der in Christi Kreuz und Auferstehung Jesus als den Sohn Gottes offenbar macht, ist kein anderer als der Gott Abrahams.

„Der Gott Abrahams, Isaaks und Jakobs, der Gott unserer Väter, hat seinen Knecht verherrlicht durch die Auferweckung von den Toten" (Apg 3,13). Durch den Glauben an Jesus Christus werden nun Juden und Heiden Erben der Verheißung Gottes an Abraham, „Vater vieler Völker zu werden" (Gen 22,17; Gal 3,15–18). „Denn ihr alle, die ihr auf Christus Jesus getauft seid, habt Christus als Gewand angelegt. Es gibt nicht mehr Juden und Heiden ... Ihr alle seid einer in Christus. Wenn ihr aber zu Christus gehört, dann seid ihr Abrahams Erben, Erben kraft der Verheißung" (Gal 3,28 f.).

Jesus Christus ist in seiner Person die Erfüllung der Verheißungen des Alten Bundes: „Er ist das Ja zu allem, was Gott verheißen hat" (2 Kor 1,20). Was soll man aber nun unter Verheißung und Erfüllung verstehen? Hat Gott vor dem geistigen Auge der alttestamentlichen Propheten die Zukunft vorweg enthüllt? Hatten sie das Privileg erhalten, wie in einem Spielfilm plastisch das Leben Jesu ablaufen zu sehen, und durften sie wenigstens in Andeutungen dies ihren Zeitgenossen schildern? Oder haben wir umgekehrt in dem Schicksal Jesu mit den unvorhergesehenen Wendungen seines Weges einfach die Folie, die wir nur auf die prophetischen Schriften des Alten Testamentes aufzulegen brauchen, um die

Deckungsgleichheit festzustellen? Sich das Verhältnis von Verheißung und Erfüllung als schlichte Entsprechung vorzustellen, wäre allzu einfach: So ein Schema bewiese letztlich nur Unverständnis gegenüber der geschichtlichen Verwirklichungsweise der Selbstoffenbarung Gottes.

Gewiß ist der Gott des Alten Testaments in einem für die Geschichte der religiösen Ideen beispiellosen Sinn der Gott der Zukunft. Er ist es aber eben nicht in dem Sinn, daß er die Zukunft voraussagt, sondern darin, daß er sich selbst als die Zukunft des Menschen mitteilt. Gott verrät nicht irgendwelche zukünftigen Ereignisse dem sensationshungrigen Zuschauer. Er führt nicht vor den Gaffern am Rande der Straße der Geschichte ein nervenkitzelndes Spektakel auf. In der Geschichte seiner Selbstmitteilung realisiert er die Ereignisse der Geschichte auf eine Zukunft hin, als die er selbst unter den Menschen erscheint. Gott bringt sich handelnd so in die Geschichte ein, daß er in den Taten der Offenbarung, der Erwählung, der Rettung und Verheißung, der messianischen Hoffnung selbst als Heil sich gegenwärtig macht. Zuletzt vergegenwärtigt sich Gott als die Zukunft der ganzen Schöpfung in dem Menschen Jesus, der im Sohnesverhältnis des ewigen Wortes zum Vater steht.

Was ist dann die Verheißung? „Seine Verheißung an uns ist ewiges Leben" (1 Joh 2,25) in der Gemeinschaft von Vater und Sohn im Heiligen Geist. Ewiges Leben bedeutet nicht den Gegensatz zur zeitlichen Lebenszeit. Das Leben zwischen Geburt und Tod mit einer unbegrenzten Dauer nach dem Tod ist nicht das ewige Leben. Gott selbst ist ewiges Leben. Er schenkt sich dem Menschen als die Erfüllung seiner unendlichen Sehnsucht nach Liebe und Dasein.

> *„Das ist das ewige Leben, dich, den einzigen und wahren Gott zu erkennen, und Jesus Christus, den du gesandt hast" (Joh 17,3).*

Diese dem Menschen zugesagte personale Gemeinschaft bricht sich nicht an der Grenze der irdischen Erlebenszeit, sondern gewinnt darin ihre neue Gestalt in der Teilnahme an der Auferstehungsgestalt Jesu Christi (1 Kor 15,40). So sagt Jesus:

> *„Ich bin die Auferstehung und das Leben. Wer an mich glaubt, wird leben, auch wenn er stirbt, und jeder, der lebt und an mich glaubt, wird auf ewig nicht sterben" (Joh 11,25 f.).*

Der universale und geschichtliche Heilswille Gottes

Die Kirche versteht von Christus her das Alte Testament als eine Einheit, weil in allen verschiedenen Ereignissen, Ideen, Hoffnungsbildern und Erwartungshaltungen der eine Gott selber wirksam ist. Es ist der eine und derselbe Gott, zu dem das Volk Gottes zu verschiedensten Zeiten und unter unterschiedlichsten Umständen in einem Korrespondenzverhältnis steht. Dieser eine und einzige Gott, der Schöpfer des Himmels und der Erde, der Bundesherr, der Befreier Israels und der im Gebet vertrauensvoll ansprechbare Gott und Vater bündelt die geschichtlichen Ereignisse, die Ideen und die religiösen Hoffnungen seines Volkes. Gott handelt dabei so, daß er am Ende der Geschichte seiner Selbstoffenbarung in Jesus Christus, seinem Sohn, als die alles überbietende Erfüllung sichtbar wird.

Die einzelnen Verheißungsworte und die großen Ereignisse mögen – isoliert betrachtet – wenig Bezug zu Christus haben. Der eine Heilswille Gottes aber erweist sich doch als der rote Faden in der ganzen Fülle der Ereignisse. Insofern einzelne geschichtliche Vorgänge den zukunftsgerichteten Heilswillen Gottes repräsentieren, weisen sie über sich hinaus auf Gott. In der Fülle der Zeit ist er in seinem menschgewordenen Sohn Jesus Christus unsere Zukunft und das ewige Leben inmitten unseres weltlichen Daseins geworden. In theologischer Perspektive findet das Alte Testament darum schon in apostolischer und neutestamentlicher Zeit eine typologisch-allegorische Auslegung. Einzelne Gestalten des Alten Testaments (Adam, Abel, Abraham, Melchisedech) oder Ereignisse (Herausführung aus Ägypten, Pascha-Gedächtnis, Landnahme, Rückkehr aus dem babylonischen Exil) werden zu *Typoi,* zu erschließenden Sinnbildern dafür, wie Gott das Heil geschichtlich realisiert.

Im Lichte dieser typologischen Deutung erweist sich auch die Gestalt Jesu und das Christusgeschehen als die Einlösung der Selbstverheißung Gottes als Heil. Dieses war in allen Ereignissen schon gegeben, aber erschöpfte sich in den geschichtlichen Möglichkeiten noch nicht voll. Christus ist durch seine Auferstehung der neue Mensch, der neue Adam, der neue urbildliche *Prototypos* des gottverbundenen Menschen (vgl. Gen 2,17; Röm 5,12; 1 Kor 15,7).

Der geheimnisvolle Priesterkönig von Salem, Melchisedech (vgl. Gen 14,17–20) gilt als ein Vorbild des ewigen Priestertums des Sohnes Gottes (vgl. Hebr 7,3). Jesus gilt als der wahre Immanuel (vgl. Mt 1,23). Er ist jener königliche Messias, der in der alttestamentlichen Weissagung ursprünglich auf einen anderen Träger – Hiskija als Sohn des Ahas – bezogen war (vgl. Jes 7,14). So zeigt sich in Jesus die alles überbietende Erfüllung der einen großen messianischen Verheißung. In einem großen Abschnitt zeigt der Verfasser des Hebräerbriefes, wie die ganze Reihe imposanter alttestamentlicher Begebnisse – angefangen vom Opfer Abels über die Rettung Noahs in der Arche bei der Sintflut, dem Verlassen der Heimat bis zum Paschalamm und dem Auszug aus Ägypten – Sinnbilder des Glaubens sind. Der Urheber und Vollender des Glaubens ist Christus (vgl. Hebr 11,1–12,3). So vollenden sich diese Vorbilder *(Typen)* des geschichtlichen Heilswillens Gottes in Jesus Christus.

„Denn vielmals und auf vielerlei Weise hat Gott einst zu den Vätern gesprochen durch die Propheten; in dieser Endzeit aber hat er zu uns gesprochen durch den Sohn, den er zum Erben des Alls eingesetzt hat und durch den er auch die Welt erschaffen hat; er ist der Abglanz seiner Herrlichkeit als Abbild seines Wesens; er trägt das All durch sein machtvolles Wort, hat Reinigung von den Sünden bewirkt und sich dann zur Rechten der Majestät in der Höhe gesetzt" (Hebr 1,1–3).

In dieser Perspektive nun liest die Kirche in ihrer Liturgie das Alte Testament. In den Sonntagsgottesdiensten stehen Evangelien und alttestamentliche Lesungen in einer thematischen Entsprechung. Sie bezeugen in dieser Gestalt die Einheit von Altem und Neuem Testament, die Entsprechung von verheißenem Heil und der in Christus gegebenen letztendlichen Verwirklichung.

Heilserfahrung als Gotteserkenntnis

Das Meßformular vom Gründonnerstag enthält als alttestamentliche Lesung die Erzählung von der Feier des Paschamahls beim Auszug Israels aus Ägypten. Alle darin gegebenen Sinnbezüge sind eine Vorausdeutung auf Jesus Christus, das Osterlamm der Kirche, das am Kreuz geopfert wurde und sein Blut zur Reinigung von den

Sünden und zur Rettung aus der Sklaverei der Gottlosigkeit vergossen hat (1 Kor 5,7).

„In jenen Tagen sprach der Herr zu Mose und Aaron in Ägypten: Dieser Monat soll die Reihe eurer Monate eröffnen, er soll euch als der Erste unter den Monaten des Jahres gelten. Sagt der ganzen Gemeinde Israel: Am 10. dieses Monats soll jeder ein Lamm für seine Familie holen, ein Lamm für jedes Haus ... Nur ein fehlerfreies, männliches, einjähriges Lamm darf es sein, das Junge eines Schafes oder einer Ziege müßt ihr nehmen. Ihr sollt es bis zum 14. Tag dieses Monats aufbewahren. Gegen Abend soll die ganze versammelte Gemeinde Israel die Lämmer schlachten. Man nehme etwas von dem Blut und bestreiche damit die beiden Türpfosten und den Türsturz an den Häusern, in denen man das Lamm essen will. Noch in der gleichen Nacht soll man das Fleisch essen. Über dem Feuer gebraten und zusammen mit ungesäuertem Brot und Bitterkräutern soll man es essen. So aber sollt ihr es essen: eure Hüften gegürtet, Schuhe an den Füßen und den Stab in der Hand, eßt es hastig! Es ist Paschafeier für den Herrn, d. h. der Vorübergang des Herrn. In dieser Nacht gehe ich durch Ägypten und erschlage in Ägypten jeden Erstgeborenen bei Mensch und Vieh. Über alle Götter Ägyptens halte ich Gericht, ich, der Herr. Das Blut an den Häusern, in denen ihr wohnt, soll ein Zeichen zu eurem Schutz sein. Wenn ich das Blut sehe, werde ich an euch vorübergehen, und das vernichtende Unheil wird euch nicht treffen, wenn ich in Ägypten dreinschlage. Diesen Tag sollt ihr als Gedenktag begehen. Feiert ihn als Fest zur Ehre des Herrn! Für die kommenden Generationen macht euch diese Feier zur festen Regel!" (Ex 12,1–8.11–14).

Im einzelnen hat der rituelle Vollzug der Paschafeier keine Bedeutung mehr für die christliche Liturgie der Eucharistie. Entscheidend ist die Grundidee, in der die Realität des Heilswillens Gottes im Glauben erfaßt wird. In der Rettung Israels aus Ägypten konzentrierte sich die Erfahrung, daß Jahwe der Retter aus der Not ist. Er führt machtvoll sein Volk aus der übermächtigen Gefahr heraus und schließt mit ihm im Zeichen des Opferblutes der Tiere einen Bund. Alle künftigen Generationen haben an diesen Ereignissen Anteil. Sie leben aus der fortwirkenden Bedeutung dieses Geschehens. In der Gegenwart sind sie ja selbst ein Weg für das Heilswirken Gottes an den Vätern, das bis zum heutigen Tag weiterreicht. Wenn in der Pascha-Erzählung die Heilstaten Gottes vergegenwärtigt werden, schöpfen die gegenwärtigen Generationen Hoffnung, daß Jahwe auch in der Zukunft sein Volk in den großen Kämpfen der Völker bewahrt und ihm endgültig die Rettung gewährt. Dieses Fest aber ist ein Gedenken an Gottes Heilstat. So besteht Gottes Herrlichkeit in der Welt in der Verwirklichung des Heils des Menschen.

Das Fleisch des Paschalammes und das ungesäuerte Brot dienen zur Stärkung auf dem Weg aus der Gefangenschaft in das verheißene Land der Ruhe, in Gottes Reich. Im Zeichen des Blutes dieses Lammes werden die Gläubigen vom Gericht Gottes und vom Tod gerettet, in dem sich der Verlust der Lebensgemeinschaft mit Gott anzeigt. Im Hinblick auf den Bundesschluß am Sinai gilt das über den Altar Gottes vergossene Blut der getöteten Opfertiere als Besiegelung des Bundes, wie er im Opferkult des Tempels zur Sündenvergebung gefeiert wird (vgl. Ex 24,3–8; Lev 17,11; Num 19,6). Im Neuen Bund aber vergießt der Bundesmittler oder der Hohepriester nicht mehr das Blut von Tieren, um die Versöhnung zu bewirken. Hier gibt Jesus, der Mittler des Neuen Bundes, sein eigenes Leben hin, indem er in Treue zu seiner Sendung den tödlichen Widerspruch und den Haß der Menschen, zu denen er gesandt war, noch erträgt und damit den Zuspruch der Liebe Gottes siegreich gegenüber dem Widerspruch der Sünder behauptet. Sein vergossenes Blut ist die Besiegelung der Endgültigkeit der Lebenshingabe aus Liebe bis in den Tod. Es ist hier also die Liebe des Bundesmittlers Jesus, die bis zur Lebenshingabe geht und die den Neuen Bund stiftet. Denn Jesus Christus in seiner gottmenschlichen Natur ist schon die Einheit von Gott und Mensch. Als der Sohn des Vaters offenbart er die Liebe Gottes für die Welt bis zur Lebenshingabe.

> *„So sehr hat Gott die Welt geliebt, daß er seinen einzigen Sohn dahingab, damit jeder, der an ihn glaubt, nicht zugrunde geht, sondern das ewige Leben hat“ (Joh 3,16).*

Aber als der menschgewordene Sohn Gottes trägt er auch die menschliche Dankesantwort der Liebe zu Gott hin.

> *„Gott ist die Liebe, und wer in der Liebe bleibt, bleibt in Gott und Gott bleibt in ihm. Darin ist die Liebe unter uns vollendet, daß wir am Tage des Gerichtes Zuversicht haben“ (1 Joh 4,16 f.).*

Vor dem Hintergrund alttestamentlicher Vorgaben (Paschafeier, Bundesschluß, Tempelkult zur Entsündigung) erweist sich Christus als die Einheit von Retter und Rettung, von Bundesmittler und Bundesvermittlung, als Hoherpriester und als Opfergabe. In seinem Handeln und in seinem Sein realisiert er die Heilsgegenwart Gottes in der geschichtlichen Erlösungstat. Die täglichen blutigen Opfer des Tempelkultes können Gott nicht versöhnen, weil das Blut von Böcken unmöglich Gott und Mensch miteinander verbinden kann (vgl. Hebr 9,11–14). Die Opfergabe zur Versöhnung ist nichts anderes als der Wille des menschgewordenen Gottessohnes, sich selbst in den Tod zu geben, um so die endgültige Einheit der Liebe zu stiften.

„Aufgrund dieses Willens sind wir durch die Opfergabe des Leibes Jesu Christi ein für allemal geheiligt" (Hebr 10,10).

Die christliche Kirche liest das Alte Testament also als die Begegnung mit dem verheißenen Christus. Sie legt es im Lichte Jesu Christi aus, weil Jesus die geschichtliche Endgestalt der Selbstverheißung Gottes als Heil ist:

„Wir haben einen Hohenpriester, der sich zur Rechten des Thrones der Majestät im Himmel gesetzt hat, als Diener des Heiligtums und des wahren Zeltes, das der Herr selbst aufgeschlagen hat, nicht etwa ein Mensch ... Jetzt aber ist ihm ein um so erhabenerer Priesterdienst übertragen worden, weil er auch Mittler eines besseren Bundes ist, der auf bessere Verheißungen gegründet ist" (Hebr 8,1–6).

Lesung aus dem Neuen Testament – Der bezeugte Christus

Die Evangelien lassen uns teilnehmen am Lebensweg Jesu, angefangen von der Reich-Gottes-Verkündigung bis zu Tod und Auferstehung. Sie zeigen am Ende schon den Übergang von dem verkündigenden Jesus zum verkündigten Christus und Gottessohn. Im Geschehen von Kreuz und Auferstehung erweist sich Jesus als der Christus. Der auferstandene und zum Vater erhöhte Herr, dem alle Macht im Himmel und auf Erden gegeben ist (Mt 28,19), macht nun auch die Jünger durch die Sendung des Heiligen Geistes zu seinen Zeugen:

„Ihr werdet die Kraft des Heiligen Geistes empfangen, der auf euch herabkommen wird; und ihr werdet meine Zeugen sein in Jerusalem und in Judäa und Samaria und bis an die Grenzen der Erde" (Apg 1,8).

Zeugen sein

Die nachösterliche Jüngergemeinschaft wird zum Zeugen des im Geschehen von Kreuz und Auferstehung verkündigten Christus. In diesem Zeugnis deutet sie auch theologisch das Sein, die Sendung und das Geschick Jesu, und zwar auf eine verschiedene Weise. Zwar sind auch die vier Evangelien schon aus dem Glauben der nachösterlichen Gemeinde heraus geschrieben und literarisch gestaltet. Aber sie geben doch in vielem den vorösterlichen Überlieferungsstoff aus der Perspektive des verkündigenden Jesus kund, der sich in der Auferstehung als der verkündigte Christus erweist. Dagegen ist die neutestamentliche Briefliteratur mehr aus der Perspektive der Kirche geschrieben, die auf den verkündigten Christus schaut. Sie bekennt sich zum gekreuzigten und auferstandenen Herrn, der im Heiligen Geist mittels des Wortes der Predigt und der gottesdienstlichen Mahlfeier als das Heil des Menschen gegenwärtig ist. Dadurch baut er seine Kirche auf.
Die Kirche bekennt sich zu Christus, der identisch ist mit dem Jesus der vorösterlichen Verkündigung. Vor allem der Apostel Paulus zeigt die Bedeutung Jesu in Kreuz und Auferstehung. Dabei hält er vom vorösterlichen Auftreten Jesu nur das Wesentliche fest. Das ist die Sendung des Sohnes durch den Vater, die wahre Geburt Jesu als Mensch aus einer Frau, die Unterstellung Jesu unter das Gesetz und die Wahrheit seines Sterbens (vgl. Röm 1,3; Gal 4,4). Durch Jesu Kreuz und Auferstehung ist das Grundverhältnis der Menschen zu Gott endgültig zum Heil gewendet worden: „Das Alte ist vergangen, Neues ist geworden" (2 Kor 5,17). In Christus sind wir zu einer neuen Schöpfung geworden. In ihm haben wir die Versöhnung mit Gott (vgl. 2 Kor 5,18), die Vergebung aller Sünden. Wir sind aus der Verstrickung in die Schuld des Stammvaters der Menschheit herausgenommen, weil Christus für uns der neue Adam und das Haupt der Erstgeborenen, der neuen Schöpfung darstellt.

Mit der Sünde hat Christus aber auch den Tod als Zeichen der Abtrennung von der Lebensgemeinschaft mit Gott vernichtet (vgl. Röm 5,12–21; 1 Kor 15,12–27). Er hat uns in der Gnade einen neuen Weg zu Gott eröffnet, der das „Gesetz", das uns nicht zu Gott hinführen konnte, hinter sich läßt. In Jesus Christus haben wir Gottes ewiges Leben empfangen (vgl. Röm 6,23) und die Versöhnung, weil er Frieden gestiftet hat am Kreuz durch sein Blut (vgl. Kol 1,20) sowie die Erlösung und die Vergebung der Sünden (vgl. Eph 1,7). Wir sind Gottes Eigentum geworden (vgl. Eph 1,14) und haben Gemeinschaft mit dem Leben Gottes und Anteil an der göttlichen Natur (vgl. 2 Petr 1,4). Jesus Christus allein ist auch die Rechtfertigung des Sünders vor Gott. Nur durch ihn haben wir Zugang zu Gott aufgrund der Gnade im Glauben (vgl. Röm 3,28). Mit ihm haben wir auch untereinander Gemeinschaft in der Liebe (vgl. 1 Kor 13,1–13; 1 Joh 4,8.16). Aus der Rettung und Erlösung durch Christus erwächst uns aber auch die Hoffnung, endgültige Jünger Jesu in der Freiheit und Herrlichkeit der Kinder Gottes zu sein.

In dieser Hoffnung vermag der Christ die Vergänglichkeit, die Verlorenheit, die Sklaverei und die Leiden, denen die Schöpfung noch unterworfen ist, zu ertragen, zu überwinden und sogar zu einem Zeichen der Zuversicht umzuwandeln (vgl. Röm 8,18–39). Die Schöpfung erwartet voll Sehnsucht das Erscheinen Jesu Christi ihres Herrn am Ende der Welt (vgl. 1 Thess 4,13–18; 1 Tim 6,14). Sie lebt aus der Kraft dieser Hoffnung und gibt dem Leben die Gestalt der Hoffnung. So versteht die Kirche Jesus als ihren Herrn (vgl. Röm 10,9) und Gott (vgl. Röm 9,5; Joh 20,28; Tit 3,14; 1 Joh 5,20). „Wer in seinem Herzen glaubt, daß Gott ihn von den Toten auferweckt hat, wird gerettet werden" (Röm 10,9). Der Mensch Christus Jesus ist also der einzige Mittler zwischen dem einen Gott und den Menschen (vgl. 1 Tim 2,5), er ist der Beistand beim Vater; „er ist die Sühne für unsere Sünden, aber nicht nur für unsere Sünden, sondern auch für die der ganzen Welt." (1 Joh 2,1; vgl. Röm 8,34). Er ist der Mittler eines neuen Bundes. Darum hat er nach der Ordnung des Melchisedech ein ewiges und unvergängliches Priestertum (Mittlertum) empfangen. „Darum kann er auch die, die durch ihn vor Gott hintreten, für ihn erretten; denn er lebt allezeit, um für uns einzutreten" (Hebr 7,25; vgl. 4,16). Das

Blut als Zeichen der Bundesgemeinschaft von Gott und Welt, in dem der Neue Bund gestiftet wird und in dem er ewige Gültigkeit erhält, ist das Blut Jesu Christi. Im Zeichen des Blutes ist uns die Selbsthingabe Jesu an den Vater bis in den Tod zu unserem Heil gegenwärtig.

„Christus aber ist gekommen als Hoherpriester der künftigen Güter; und durch das erhabenere und vollkommenere Zelt, das nicht von Menschenhand gemacht, d. h. nicht von dieser Welt ist, ist er ein für allemal in das Heiligtum hineingegangen. Nicht mit dem Blut von Böcken und jungen Stieren, sondern mit seinem eigenen Blut, und so hat er eine ewige Erlösung bewirkt" (Hebr 9,11–12).

Gleichgestaltetwerden mit Christus

Wenn die Kirche sich nun im Bekenntnis, im Lobpreis, im Gebet und in der Feier von Taufe und Herrenmahl auf den verkündigten Christus ausrichtet, so geht es dabei um eine Nachfolge und ein Gleichgestaltetwerden mit Christi Geschick in Kreuz und Auferstehung. Das Lebensgeheimnis seines Daseins für andere, die Liebe, wird zur inneren Form des Jüngers Jesu:

„Ihr sollt euch als Menschen begreifen, die für die Sünde tot sind, aber für Gott leben in Christus Jesus" (Röm 6,10). „Denn keiner von uns lebt sich selber, und keiner stirbt sich selber. Leben wir, so leben wir dem Herrn, sterben wir, so sterben wir dem Herrn, ob wir leben oder sterben, wir gehören dem Herrn" (Röm 14,7 f.).

All dies aber gründet im Für-Sein Jesu am Kreuz und in der Vergegenwärtigung dieser Liebe in der Eucharistie. Ihren Sinn erschließt uns Paulus im Bericht von der Einsetzung der Eucharistie beim Letzten Abendmahl. Paulus hat dabei aber schon auch die Eucharistie im Blick, so wie sie in der nachösterlichen Kirche gefeiert wird. Am Gründonnerstagabend hört die Kirche den Einsetzungsbericht der Eucharistie in der paulinischen Überlieferungsform:

„Brüder, ich habe vom Herrn empfangen, was ich euch dann überliefert habe: Jesus, der Herr, nahm in der Nacht, in der er ausgeliefert wurde, Brot, sprach das Dankgebet, brach das Brot und sagte: Das ist mein Leib für euch. Tut dies zu meinem Gedächtnis! Ebenso nahm er nach dem Mahl den Kelch und sprach: Dieser Kelch ist der

Neue Bund in meinem Blut. Tut dies, sooft ihr daraus trinkt, zu meinem Gedächtnis! Denn sooft ihr von diesem Brot eßt und aus dem Kelch trinkt, verkündet ihr den Tod des Herrn, bis er kommt" (1 Kor 11,23–26).

Paulus gibt eine Darstellung des letzten Mahles Jesu vor seinem Sterben am Kreuz, die im Wortlaut fast übereinstimmt mit der Darstellung bei dem Evangelisten Lukas (Lk 22,15–18). Im Inhalt gleich, aber in Nuancen abweichend, finden wir den Einsetzungsbericht beim Evangelisten Markus (Mk 14,22–25) und ihm folgend beim Evangelisten Matthäus (Mt 26,26–29). Die Unterschiede erklären sich durch den etwas abweichenden Gebrauch dieser Worte in den frühchristlichen Ortskirchen. In der gegenwärtigen lateinischen Liturgie gibt es eine einheitliche Fassung des Einsetzungsberichtes für alle Hochgebete.

Das Letzte Abendmahl findet im Rahmen eines jüdischen Paschamahles statt, dem Jesus einen neuen Sinn gibt und dadurch die Eucharistie stiftet. Die Mahlfeier mit den Jüngern und die neuartigen Segensworte über das Brot und über den Wein stehen am Ende der Sendung Jesu, das Reich Gottes zu verwirklichen. Jesus weiß um den Willen des Vaters, die Sendung des Sohnes im Tod zum Signal der bis zum Letzten sich entäußernden Liebe Gottes zu machen. Darum ist das Abendmahlsgeschehen nur im Bezug zum kommenden Kreuz zu verstehen. Die dort sich ereignende Lebenshingabe bringt das Reich Gottes endgültig und unzerstörbar in die Welt hinein. Bei den synoptischen Evangelien (Matthäus, Markus, Lukas) findet sich ein Wort Jesu, das seine Gewißheit der Rettung aus dem Tod in der Auferstehung ebenso wie die Tatsache bezeugt, daß die nachösterliche Mahlfeier in die Gemeinschaft mit Jesus hineinführt. In Kreuz und Auferstehung hat Jesus das Reich Gottes endzeitlich verwirklicht:

„Amen, ich sage euch: ich werde nicht mehr vom Gewächs des Weinstocks trinken bis zu jenem Tag, an dem ich es neu trinken werde im Reiche Gottes" (Mk 14,25).

Auch Paulus kennt den endzeitlichen Bezug zu Jesu Wiederkunft (vgl. 1 Kor 11,26), wenn der Sohn sein Reich dem Vater übergibt, damit Gott als Vater und Sohn herrscht über alles und in allem (vgl. 1 Kor 15,28). Zu Recht darf man das Letzte Abendmahl als die sakramentale Vorwegnahme des Kreuzesopfers verstehen, während der Kreuzestod Jesu den realen Inhalt des eucharistischen Opfermahles ausmacht, das sich in der rituellen Form an den Stiftungsworten Jesu während bzw. nach dem Letzten Abendmahl orientiert.

Die Eucharistiefeier der Kirche ist keineswegs die szenische Wiederholung des letzen Abendmahls (wie bei einem Passionsspiel), sondern die Erfüllung des Stiftungsgeschehens gemäß dem Befehl Christi, eben diese Bundesstiftung in seinem dahingegebenen Leib und seinem für uns vergossenen Blut zu seinem Realgedächtnis zu tun.

Im Mittelpunkt steht die Person Jesu Christi. Als der Herr der Kirche und einziger Hoherpriester des Neuen und Ewigen Bundes versammelt er die Jüngergemeinschaft um den „Tisch des Herrn" (1 Kor 10,21). Er nimmt die Gaben von Brot und Wein in seine Hände. Er spricht den großen Lobpreis, das eucharistische Gebet des Dankes über die Gaben. Jesus spricht dabei den Vater an, von dem er alles empfangen hat und dessen Liebe darzustellen er, der Sohn, in die Welt gekommen ist. Er vergegenwärtigt damit Gott in seinen großen Heilstaten von der Schöpfung bis zur Erwählung Israels, bis zum Bundesschluß, bis zur Heilsverheißung für alle Völker und zuletzt bis zur Sendung des Sohnes, den die nachösterliche Gemeinde nun als den gekreuzigten und auferstandenen Sohn des Vaters kennt, kraft der Sendung des Heiligen Geistes in unser Herz. In diesem Dankgebet weiß sich die Kirche eins mit dem gegenwärtigen Herrn in der Weggemeinschaft zum Vater. Jesus Christus als der Herr bittet beim Vater für seine Kirche und führt sie so zur ewigen Gemeinschaft mit Gott.

Personale Lebensgemeinschaft

Im Rahmen des großen eucharistischen Gebetes vollzieht sich der Dialog zwischen Vater und Sohn. In diesen darf auch die Kirche eintreten. Sie selber ist ja Frucht der Hingabe Jesu und hat den Auftrag empfangen, in der liturgischen Feier immer wieder neu sich von diesem Dialog her zu definieren. Gerade das gebrochene Brot verweist zeichenhaft auf den am Kreuz für uns hingegebenen Leib Jesu. Zugleich aber enthält dieses von Jesus zu eigen genommene Brot das, was es bezeichnet, nämlich die personale Lebensgemeinschaft mit dem gekreuzigten und auferstandenen Jesus. „Ist das Brot, das wir brechen, nicht Teilhabe am Leib Christi?" (1 Kor 10,16). Der Kelch aber weist hin auf den Tod Jesu am Kreuz, wo er sein Blut vergießt für die vielen zur Vergebung der Sünden (Mt 26,28). Er enthält auch das, was er bezeichnet: „die Teilhabe am Blute Christi" (1 Kor 10,16). Jesus hat die Gaben von Brot und Wein so zu eigen genommen, daß sie ihn in den Dimensionen des Zeichens repräsentieren und vergegenwärtigen. Brot und Wein gelten nicht als Zeichen, die auf einen von ihnen verschiedenen Sachverhalt hinweisen. Sie sind so eng mit ihm verbunden, daß dieser Sachverhalt für uns nur durch diese Zeichen in Raum und Zeit unserer Welterfahrung gegenwärtig ist. Unser innerer Gedanke ist nur durch das äußere Wort gegenwärtig und kommunizierbar. In gleicher Weise hat Jesus sich auch diese Gaben angeeignet. Sie sind das Medium, in dem sein Hingabewille für uns da ist. An seinem Willen zur Ganzhingabe können wir partizipieren, um dadurch in die Gemeinschaft des Sohnes mit dem Vater aufgenommen zu werden. Brot und Wein sind Leib und Blut des Herrn (vgl. 1 Kor 11,27), weil gerade durch sie der gekreuzigte und auferstandene Herr sinnenhaft-leiblich im Raum der an ihn glaubenden Kirche gegenwärtig ist.

Die Lebenshingabe Jesu hat aber auch den Neuen und Ewigen Bund zwischen Gott und Menschen begründet. Hier sind alle Verheißungen Gottes eingelöst, die im Mose-Bund im Zeichen des Bundesblutes von Opfertieren (vgl. Ex 24,8) angedeutet waren. Mose war ja der Mittler zwischen Gott und Israel. Indem er das Blut der Opfertiere über den Altar, der die Gegenwart Gottes repräsentiert, und über das Volk gießt, besiegelt er den Bund in diesem Blut. Das Blut stellt die Endgültigkeit dieses Bundes dar. Das Blut nämlich ist schlechthin das Zeichen für das Leben. Indem das Blut vom Opfertier getrennt wird, zeigt sich die Endgültigkeit des Todes (vgl. Mt 26,28; Hebr 9,12–26). Hier im Neuen Bund gilt es nun, den Ewigen Bund zwischen Gott und Israel und allen Völkern der Erde zu stiften, um die Verheißung wahrzumachen: „Ich werde ihr Gott sein und sie werden mein Volk sein" (Jer 31,33; vgl. Ez 36,25–28; Jes 53,3; 59,21; 61,8; Bar 2,35; 2 Kor 3,6; Röm 11,27; Hebr 8,6–13; 9,15 f.). Auf Jesus bezogen gilt, was vom Gottesknecht gesagt wird:

„Ich, der Herr, habe dich aus Gerechtigkeit gerufen, ich fasse dich an der Hand, ich habe dich geschaffen und dazu bestimmt, der Bund für mein Volk und das Licht der Völker zu sein" (Jes 42,6; vgl. Lk 7,22; Joh 8,12).

Die Abendmahlsworte Jesu wären aber nun um einen wesentlichen Aspekt verkürzt, wenn die innere Wirklichkeit seiner Sendung in die Welt nicht zur Sprache käme als Hingabe „für euch". Für uns also ist das stellvertretende Leiden und Sterben das Geheimnis des Lebens Jesu. Jesus ist gleichsam das wahre Paschalamm, das geopfert wurde (vgl. 1 Kor 5,7) und das mit seinem Blut den Neuen Bund besiegelt (vgl. Ex 24,8). Johannes der Täufer bezeugt Jesus als das Lamm Gottes, das die Sünde der Welt hinwegnimmt (vgl. Joh 1,29; 1 Petr 1,19). In ihm erfüllt sich das stellvertretende Leiden des Gottesknechtes für die vielen:

„Er wurde durchbohrt wegen unserer Sünden, wegen unserer Sünden zermalmt. Zu unserem Heil lag die Strafe auf ihm, durch seine Wunden sind wir geheilt. Wir alle hatten uns verirrt wie Schafe, jeder ging für sich seinen Weg. Doch der Herr lud auf ihn die Schuld von uns allen, er wurde mißhandelt und niedergedrückt, aber er tat seinen Mund nicht auf, wie ein Lamm, das man zum Schlachten führt ... Doch der Herr fand Gefallen an seinem zerschlagenen Knecht, er rettete den, der sein Leben als Sühnopfer hingab. Mein Knecht, der Gerechte, macht die vielen gerecht, er lädt ihre Schuld auf sich" (Jes 53,5–11).

Schließlich verbindet sich mit dem Gedanken des Bundes auch das Bundesvolk. Die Gemeinschaft zwischen Gott und den Menschen ist wie eine hochzeitliche Einigung der Liebe. Sie findet ihren sinnenhaften Ausdruck im Hochzeitsmahl Gottes mit den Menschen aufgrund der Vermittlung Jesu Christi. Er ist die Kommunikation zwischen Gott und den Menschen. Gott ist ja in Christus für die Menschen da. In Christus aber sind auch die Menschen für Gott da und haben in ihm Zutritt zu Gott. Im Genuß der Gaben von Brot und Wein, die Leib und Blut Christi sind, des Lammes, das für uns geschlachtet war, empfangen wir die Gemeinschaft (die Kommunion) mit Gott in der Liebe.

So beschreibt der Seher Johannes die endzeitliche Einigung Gottes und der Menschheit in Christus im Bild der Hochzeit des Lammes mit der Kirche, der Braut Christi: „Selig, die zum Hochzeitsmahl des Lammes geladen sind" (Offb 19,9; vgl. Mt 22,1–3; Mk 2,19; Joh 3,29; 2 Kor 11,2). Im Zeichen der Mahlgemeinschaft steht schon vorösterlich die Ausrufung des Reiches Gottes, das auch die Sünder umfaßt. Indem Jesus mit Zöllnern und Sündern zum Mahl zusammenkommt, spricht er ihnen die Sündenvergebung zu und beruft sie in das Reich Gottes:

„Denn nicht die Gesunden brauchen den Arzt, sondern die Kranken. Ich bin gekommen, um die Sünder zu rufen, nicht die Gerechten" (Mk 2,17).

Christus ist als der Bote des Gottesreiches der Bräutigam, der die Menschen zum Hochzeitsmahl lädt (vgl. Mk 2,19). Jetzt aber gibt es die Gemeinschaft mit Christus – und damit den Eintritt in Gottes Herrschaft – nur im Zeichen der Selbsthingabe Jesu am Kreuz. Denn Christus hat seine Kirche geliebt und sich für sie dahingegeben, um sich wie in einem ehelichen Bund mit ihr in einer Gemeinschaft von Bräutigam und Braut (vgl. 2 Kor 11,2) zu einigen. Bildhaft gesprochen stellt sich auch die Einheit von Christus und seiner Kirche in einem Zueinander von Haupt und Leib (vgl. Eph 5,23–32) dar. In der Kommunikation von Christus und Kirche vollzieht sich dauernd im Zeichen des Herrenmahls dieser Neue und Ewige Bund Gottes mit den Menschen. In diesem Zeichen will Gott das Heil aller Menschen (vgl. 1 Tim 2,4). In der Aufrichtung der Gottesherrschaft durch Jesu Kreuz und Auferstehung wird im Zeichen des Herrenmahles jene große Vision des universalen und endzeitlichen Gastmahls Jahwes mit allen Völkern wahr:

„Der Herr der Heere wird auf jenem Berg für alle Völker ein Gastmahl geben. Er beseitigt den Tod für immer ... an jenem Tag wird man sagen: ‚Seht, das ist unser Gott, auf ihn haben wir unsere Hoffnung gesetzt, er wird uns retten. Das ist der Herr, auf ihn setzen wir unsere Hoffnung. Wir wollen jubeln und uns seiner rettenden Tat freuen'"(Jes 25,6–10; vgl. Mt 22,2–10; Lk 14,14–24; Offb 19,7).

Evangelium – Der verkündigende Jesus

In der Welt der Menschen

Am Ursprung des christlichen Glaubens steht ein lebendiger Mensch aus Fleisch und Blut, gegenständlich in der Welt als historisches Faktum, an einer klar umrissenen Stelle in Raum und Zeit. Jesus ist nicht das Gebilde religiöser Phantasie, eine Gestalt im Schnittpunkt der Träume und Wunschvorstellungen einer anderen Welt. Er ist nicht die mythische Figur einer absichtslos dichtenden Sage (wie bei D. F. Strauß). Christlicher Glaube kann aber auch nicht verstanden werden als ein bloßes Lehrsystem. Er ergibt sich auch nicht aus einer ideologischen Weltdeutung, einem ethischen Programm. Er resultiert auch nicht aus realitätsenthobenen archetypischen Mustern, wo die Metaphern mit sich selber spielen. Christlicher Glaube ist keine (gefährliche oder nützliche) Illusion und Projektion, kein Opium des Volkes und für das Volk wie die Religionskritik eines Hume, Feuerbach, Marx, Nietzsche, Lenin und Freud es behauptete oder gar zu beweisen vorgab. Denn die liberale Religionskritik und die faschistische oder sozialistische Kirchenfeindlichkeit sind nur eine Scheinaufklärung, weil sie ihre Behauptungen und die Unterstellungen von bewußten und unbewußten Motiven mit Beweisen in der Sache verwechselt haben. Indem man die menschliche Grundreligiosität, die transzendentale Verwiesenheit und schließlich den übernatürlichen Glauben, der aus dem Hören des Wortes kommt, interessengesteuert, wissenssoziologisch oder tiefenpsychologisch zu erklären versuchte, hat man die Natur des menschlichen Geistes verkannt. Dieser ist auf Wahrheit und Liebe hin angelegt und bleibt damit a priori offen auf ein mögliches Angesprochenwerden durch den Urheber aller Wirklichkeit. Dessen Nichtexistenz ist mit Hilfe der Vernunft niemals zu beweisen, da die evidente Endlichkeit und Kontingenz der Welt nur mit Annahme der Existenz des inkontigenten absoluten Geistes real möglich und denkbar ist.

Jesus von Nazareth war nicht zu verwechseln mit einem religiösen Genie, der mit meditativen Techniken die Ängste von gequälten Seelen vertrieb und das Gefühl einer ganzheitlichen Einheit mit Kosmos und Natur herbeimanipulierte. Er war keineswegs im romantisch-pantheistischen Sinne des Wortes religiös. Mit Theosophie, Anthroposophie, Esoterik, New Age, pseudowissenschaftlichen Heilslehren und sogenannten transzendentalen Meditationen im Stile pantheistischer Monismen hatte er nicht das mindeste zu tun. Und schon gar nicht kann man Jesus, wie es die atheistischen politischen Ideologien seit der Aufklärung wollten, als den ersten Liberalen, Kommunisten oder Arier reklamieren. Es war nicht seine Absicht, die Sehnsucht nach einem von allen materiellen Bindungen befreiten Leben zu wecken. Jesus versuchte nicht einen Aufstieg von der sinnlichen in die ideale Welt der Gedanken und reinen Gefühle wie in einem schlechten Platonismus. Genausowenig wollte er die Seele in ein inhaltsloses Unendlichkeitsfühlen oder gestaltloses Einheitsverlangen mit dem Kosmos entgrenzen. Religion war für ihn kein spirituelles Mittel zur narzißtischen Selbsterfahrung oder gar eine Droge zum Selbstgenuß. Sie diente ihm nicht zur Entgrenzung des Selbst und zum mystischen Einheitserlebnis mit dem Jenseits allen Seins, worin der Mensch in einem mystischen Einheitsrausch mit der blinden Natur seine intellektuelle und voluntative Verantwortung als Person für andere Personen abgibt. Seine Lehre diente nicht der Selbstfindung, bei der der Mensch nur auf die zähe Langeweile eines Ich stößt, das ohne Liebe zu Gott und zum Nächsten leer und hohl bleiben muß.

Jesus war ein Mann dieser Welt, die Gottes Schöpfung ist. Sie ist dem Menschen übergeben, damit er sie bebaue und bearbeite (vgl. Gen 1,18; 2,15). Religion, wenn wir überhaupt dieses Wort in Bezug auf Jesus benutzen können, war für ihn Gehorsam zum Vater, dessen Willen er sich ganz anheimgab. Darum ist der Christ nicht zuerst „religiös-sentimental", sondern gläubig-gehorsam. Christlicher Glaube ereignet sich als Nachfolge Christi in Wort und Tat. Jesu Anrede an Gott „mein Vater" war nicht die Metapher für eine Seelenstimmung der Geborgenheit. Er richtete sich an den Vater als den, der ihn als den eschatologischen Vermittler der Gottesherrschaft in diese gottentfremdete und Gott widerstehende Welt gesandt hat. Gott ist im Bewußtsein Jesu der personale, geschichtsmächtige Herr, der Schöpfer des Himmels und der Erde.

Jesus war Realist und kein von seinen Ideen benommener religiöser Träumer jenseits der Welt, die sich vom Großartigsten bis zum

Banalen spannt. Keiner hat die Welt in ihrer Realität so angenommen wie er, der sie als Schöpfung von Gott her für den Menschen auffaßte. Er nahm die Welt als den vom Schöpfer dem Menschen zugewiesenen Lebensraum und Lebensrahmen ernst. Er sah den Menschen in seiner materiell-leibhaftigen Lebensbedingung bis in die alltäglichen Mühen hinein, in seinem offenen geistigen Horizont und in seinen sozialen, politischen, familiären Beziehungen, in Krankheit und Lebensfreude, in Sorge und Glück. Er wußte, daß der Mensch die Welt durch Arbeit kultivieren muß, um sie sich als Wohnraum einzurichten. Und darum sah er wie kein anderer, was Welt überhaupt ist. Er reagierte auf die Herausforderung der Welt auf eine ihm gemäße menschliche Weise.
Jesus nimmt die körperliche Not und die Qual der Kranken wahr. Er sieht die verachteten und aussätzigen Menschen, die in ihrer Verzweiflung sich vor sich selber ekeln. Jesus ist innerlich berührt vom Leid der Mutter, die ihren toten Sohn, den Jüngling von Naim, betrauert, und wird im Innersten vom Tod des Lazarus „erregt und erschüttert" (Joh 11,33).
Jesus weiß um die gefährliche Bindung an den Reichtum. Ihn befällt Traurigkeit über den wohlgeratenen, reichen jungen Mann, der aber so an den Reichtum gebunden ist, daß er den letzten Schritt zur Nachfolge nicht wagt. Jesus gerät auch in Zorn über den Unglauben seiner Zeitgenossen. Im Garten des Ölbergs empfindet er sogar die abgründige Angst jeder Kreatur vor dem Tod und die schreckliche Verlassenheit im Sterben. Jesus fühlt die unentrinnbare Not letzten Alleinseins, weil der „Stachel des Todes des Sünders", den er, der Sündlose, an unserer Stelle erlitten hat, nichts anderes ist, als die abgründigste Tiefe der Gottverlassenheit der Kreatur, die ohne Gott nicht sein kann.

Verwiesenheit auf Gott

Jesus war also kein auf Erden dahinwandelnder Göttersohn und strahlender Heroe, den die Vergänglichkeit und die Vergeblichkeit alles Irdischen nicht anfocht. Die Ereignisse um ihn sind Realität. Aber indem Jesus die Welt wahrnimmt, weiß er, daß zur Wirklichkeit des Menschen unbedingt die Verwiesenheit auf Gott hinzugehört. Nicht der ist ein Realist, der die transzendentale Verwiesenheit des Menschen leugnet. Im Gegenteil, gerade derjenige ist ein Realist, der die Weltgebundenheit des Menschen erkennt und gerade von diesem Menschen weiß, daß er als Person seine Hoffnungen auf einen absoluten Grund richtet. Ihm ist dabei aber klar, daß er dem Urgrund aller Wirklichkeit nicht in einem räumlich-zeitlich gedachten Jenseits dieser Welt, also einer Art Hinterwelt und höherem Stockwerk begegnet, sondern daß er sich ihm in dieser Welt als das personale Gegenüber zu erkennen gibt.

„Gott ist mitten in unserm Leben jenseits", schrieb Dietrich Bonhoeffer am 30. April 1944 aus dem Gefängnis (Widerstand und Ergebung). Die Transzendenz Gottes ist dem Menschen in seiner Welt gegenwärtig als das unverfügbare Du, das dem Wahrheit und Liebe suchenden Geist realer Grund und personales Gegenüber ist. Gott läßt sich nicht in der Innerlichkeit des Subjekts einschließen und aufgrund der Äußerlichkeit des Kosmos aus der Welt ausschließen. Gott ist weder der Gefangene der menschlichen Subjektivität, noch der lästige Hausierer, den man vor die Tür setzen kann.

In der sinnlichen Erfahrung finden wir nur den Ausgangspunkt, aber nicht das Kriterium der Erkenntnis der Realität. Eine Reduktion der Erkenntnis auf das, was uns die Empirie anbietet, ist ein Widerspruch in sich selbst. Vielmehr hat es der geschaffene Intellekt im Rückgang auf das erste Prinzip des Seins der Welt und ihrer geistigen Erkenntnis immer und unausweichlich mit Gott zu tun, der sich in seiner ewigen Macht und Gottheit vermittels der Werke seiner Schöpfung offenbar macht (vgl. Röm 1,19 f.). Gott wird durch Welt erkannt kraft der inneren Einheit von geistiger Erkenntnis und sinnlich-welthafter Erfahrung.

Dem entspricht das Grundbekenntnis Israels, das auch das Grundgesetz jedes geschaffenen Geistes, dem Gott sich offenbart, ist:

> *„Höre Israel! Jahwe, unser Gott, Jahwe ist einzig. Darum sollst du den Herrn, deinen Gott, lieben mit ganzem Herzen, mit ganzer Seele und mit ganzer Kraft" (Dtn 6,4 f.).*

So weist Jesus den Menschen auf das Mysterium des Heilswillens Gottes hin. Aber er enthebt den Menschen eben nicht dieser Welt und führt ihn nicht in eine Welt über oder hinter diesem Dasein und seinen Gesetzen. Weder die griechische Metaphysik noch die biblische Offenbarungstheologie behaupten eine jenseitige Welt, eben die Hinterwelt, die ihnen Nietzsche unterstellte. Jesus bezieht vielmehr gerade diese Welt auf den ihr eigenen Ursprung, den sie sich nicht selbst geben kann. Aber dieses Unendliche erscheint nun nicht als ein leerer Horizont, in dem alle Konturen untergehen oder die Nacht, in der alle Katzen schwarz sind. Jesus bezieht die Welt auf den unendlichen Gott, den er als „mein Vater" anspricht und als dessen Sohn im eigentlichen und einzigartigen Sinne er sich präsentiert. Er selbst versteht sich in seinem ganzen Auftreten in Relation zu Gott, seinem Vater. Er ist von ihm gesandt. Er tut das Werk seines Vaters und erfüllt dabei seinen Willen.

„Meine Speise ist es, den Willen dessen zu tun, der mich gesandt hat, und sein Werk zu Ende zu führen" (Joh 4,34).

Jesus verkündet den Heilswillen dieses Gottes, des Schöpfers von Welt und Mensch. Er offenbart den Schöpfer auch als den Erlöser und als den Erfüller aller menschlichen Sehnsucht nach Überwindung von Sünde und Tod. Jesus bringt nicht die Welt hinein in ein jenseitiges Reich Gottes, das man sich zeitlich und räumlich an diese Welt angestückelt zu denken hätte. Er bringt das Reich Gottes mitten in diese Welt hinein. Er verkündet die Herrschaft Gottes auf der Erde. Gott soll von allen als der Herr anerkannt werden, und dies hat das Heil aller Menschen zur Folge. Er entrückt also nicht die Welt in ein imaginäres besseres Jenseits. Er bezieht diese Welt auf das Heilsangebot Gottes mitten in der Geschichte. Er prägt die Welt so um, daß ihre Lebensgesetze den Menschen auch wieder förderlich werden und zu Mitteln der Begegnung mit Gott. Auch im Tode werden wir nicht in eine ferne Welt jenseits des Sternenzeltes entrückt. Wir gehören bleibend zur einen und ganzen Schöpfung, wenn auch im Tod unser Heilsbezug zu Gott vollendet wird und sich in einer neuen leibhaftigen Gestalt ausdrückt. Dietrich Bonhoeffer erklärt im Brief vom 5. Mai 1944 aus dem Gefängnis:

„Nicht um das Jenseits, sondern um diese Welt, wie sie geschaffen, erhalten, in Gesetze gefaßt, versöhnt und erneuert wird, geht es doch. Was über diese Welt hinaus ist, will im Evangelium für diese Welt sein. Ich meine das nicht im anthropozentrischen Sinne der liberalen, mystischen, pietistischen, ethischen Theologie, sondern in dem biblischen Sinne der Schöpfung und der Inkarnation, Kreuzigung und Auferstehung Jesu Christi."

Jesu Reich-Gottes-Verkündigung und Reich-Gottes-Praxis

Jesus tritt also zu einer bestimmten Zeit und an einem bestimmten Ort der Geschichte auf, als er etwa 30 Jahre alt war, in Galiläa zur Zeit der Regierung des römischen Kaisers Tiberius (vgl. Lk 3,1.23; 4,14). Er verkündet in göttlicher Vollmacht die Nähe des Gottesreiches, jetzt in der Fülle der Zeit. Er ruft zur Umkehr auf und zur Abkehr von der alten Lebensgestalt. Er fordert den Glauben an das Evangelium (vgl. Mk 1,15). Reich Gottes bedeutet hier die Durchsetzung des Heilswillens Gottes gegenüber den zerstörerischen Gewalten, die den Menschen belasten und erdrücken.

Die Menschen können sich nicht aus eigener Kraft von dem Verfallensein an den Trieb befreien, andere zu unterdrücken, sie auszubeuten, zu demütigen, gleichgültig und kalt über den Nächsten hinwegzugehen. Menschen sind oft verbohrt im Wollen und Tun des Bösen. Und sie werden zu Opfern bösartiger Krankheiten. Der Tod zerstört die Gemeinschaft der Liebe zwischen Eltern und Kindern, Freunden und Ehepartnern. Und in alldem sind die meisten ratlos, wie sie in der tiefsten Mitte ihrer Existenz mit Gott zu tun haben sollen, wie sie zu ihm beten können, wie sie seinen Willen erfahren und wie sie im Lichte seiner Verheißungen das Kreuz ihres Lebens tragen können, wie sie die Vergebung ihrer Sünden und ihrer Schuld erlangen können.

Zusammengefaßt besteht das Wirken Jesu in der wirkmächtigen Ansage des Reiches Gottes, in der Entmächtigung der gottwidrigen und menschenfeindlichen Kräfte und Strukturen des Bösen (der Dämonen), der Heilung der Kranken, der Befreiung der Unterdrückten und schließlich im Angebot der Liebe Gottes an alle Menschen, besonders an die Armen und Verachteten (vgl. Mt 4,23–25).

Die Lehre eines neuen Verhaltens

Zur Verkündigung des Reiches Gottes gehört auch die neue Lehre Jesu. Lukas in der Apostelgeschichte spricht vom Christentum als dem neuen Weg (vgl. Apg 9,2), denn Jesus ist der Weg Gottes zu uns und unser Weg zu Gott (vgl. Joh 14,6). Jesus, der Lehrer des Neuen Bundes, spricht von der Hinneigung des Herzens zu Gott und zum Nächsten. Entscheidend ist die Selbstlosigkeit der Liebe im Unterschied zum äußeren Gesetzesgehorsam. Daraus entsteht ein neues Verhalten in den großen religiösen und ethischen Fragen, im Gebet, der Offenheit für Gott, im Respekt vor der Ehre und dem Leben des Bruders, in der Achtung von Treue und Ehe, in den Fragen des Schwörens und der Vergeltung, in der Feindesliebe, im Fasten und Almosengeben. In den Seligpreisungen und in den Weherufen der Bergpredigt ist dies alles zusammengefaßt (vgl. Mt 5,3–7,28).

Zur Reich-Gottes-Verkündigung gehören auch die Gleichnisse, in denen Jesus die drängende und unausweichliche Nähe der Gottesherrschaft anschaulich macht und die Hörer in die unmittelbare Entscheidung ruft. Dazu gehört aber auch die Berufung der Zwölf und eines engeren Jüngerkreises, damit sie das Reich Gottes im Namen Jesu verkünden und sein Heilshandeln an verschiedenen Orten und Zeiten gegenwärtig machen. Sie werden in die Nachfolge Jesu gerufen und bilden damit den vorösterlichen Jüngerkreis Jesu:

> *„Er rief die Zwölf zu sich und sandte sie aus, jeweils zu zweit zusammen. Er gab ihnen die Vollmacht, die unreinen Geister auszutreiben … Die Zwölf machten sich auf den Weg und riefen die Menschen zur Umkehr auf. Sie trieben viele Dämonen aus und salbten viele Kranke mit Öl und heilten sie." (Mk 6,7.12 f.).*

Der Ruf in Nachfolge und Entscheidung, die Abkehr von der Sünde und der Ruf in ein Leben nach dem Maß der neuen Gerechtigkeit, zeigen uns, daß das Reich Gottes nicht ein kostenloser Goldregen ist, der sich gleichmäßig über das Land verteilt. Den Menschen wird nicht ein Schlaraffenland verheißen. Sie wissen sich herausgefordert, alles allein von Gott her zu erwarten, alle Sicherungen abzubauen und zuerst in allem das Reich Gottes zu suchen. Darum entsteht auch Widerstand gegen diese totale Herausforderung des Menschen. Es entsteht aber auch Widerstand gegen die Boten des Reiches Gottes. Viele Menschen fürchten um ihre Privilegien in den etablierten religiösen, politischen und sozialen Machtverhältnissen. Anderen widerstrebt es, sich nicht mehr hemmungslos den Affekten der Habgier, der Rache, des Eigennutzes hingeben zu können.

Tödlicher Widerstand der „Welt"

So formiert und organisiert sich der Widerstand gegen das Reich Gottes und seinen Boten zu jenem unüberwindlich erscheinenden Komplex von raffinierter Planung, Aufstachelung der Instinkte, propagandistischer Hetze und dem Zusammenspiel der Machtinteressen. Aber auch die geile Sensationslust der Massen, die das Spektakel einer Ausschaltung und Hinrichtung eines berühmt gewordenen Zeitgenossen genießen wollen, ist am tödlichen Ausgang des Lebens Jesu beteiligt. Die Welt will unter keinen Umständen ihre Herrschaft an Gott abtreten. Der Tod will dem Leben nicht das letzte Wort überlassen. So verschworen sich Sünde, Tod und Teufel gegen „das Wort des Lebens" (1 Joh 1,1).

> *„Die Könige der Erde stehen auf, die Großen haben sich verbündet gegen den Herrn und seinen Gesalbten" (Ps 2,2).*

Angesichts dieses tödlichen Widerstandes wendet sich der anfängliche Siegeslauf der Botschaft Jesu um zu einem Weg, an dessen Ende Verfolgung, Leiden und Hineingestoßenwerden in den Tod zu sehen sind. An dieser dramatischen Kehre im Lebenslauf Jesu steht die Ankündigung der Gottesherrschaft auf dem Spiel. Die Ankunft des Reiches Gottes und sein persönliches Schicksal verknüpfen sich miteinander. An dieser Weichenstellung werden auch seine Jünger gefragt, für wen sie denn Jesus nun eigentlich halten. Ist er nur ein Prophet und ein religiöser Erwecker, oder ist der Mensch Jesus die letztgültige Vergegenwärtigung Gottes selbst in dieser Welt? Petrus bekennt stellvertretend für die ganze Kirche: „Du bist der Messias" (Mk 8,29); „du bist der Christus, der Sohn des lebendigen Gottes" (Mt 16,16). Bei der Verklärung Jesu auf dem Berg Tabor bestätigt der himmlische Vater seinen geliebten Sohn als den endzeitlichen Mittler des Wortes und Willens Gottes, in dem der Mensch Jesu sein messianisches Werk kraft der Salbung seiner Menschheit mit dem Heiligen Geist vollzieht – grundgelegt in der geistgewirkten Empfängnis Mariens, offenbart bei der Jordanstaufe und wirksam im messianischen Wirken Jesu. Wie schon bei der Taufszene im Jordan zu Beginn der öffentlichen Verkündigung des Reiches Gottes offenbart der Vater die Sohnschaft und damit die Sendung Jesu: „Dies ist mein vielgeliebter Sohn, auf ihn sollt ihr hören" (Mk 9,7).

Das heilsgeschichtliche „Muß“ in der Sendung Jesu

Es stehen also die Sendung Jesu zur Verkündigung des Reiches und sein Schicksal auf dem Spiel. Wir können aber die Reich-Gottes-Verkündigung und ihre Bindung an das Geschick Jesu nur verstehen innerhalb der Relation des göttlichen Vaters zu dem göttlichen und menschgewordenen Sohn. Diese Gemeinschaft von Vater und Sohn im Heiligen Geist umgreift das Schicksal des Sohnes auch noch auf dem Weg zum Leiden und zum Verworfensein durch die Adressaten seiner Heilsbotschaft – durch die Menschen. Im Dienste seiner Sendung „muß“ er diesen Weg gehen, um die Offenbarung der vergebenden Liebe des Vaters im gesendeten Sohn zu vollenden. Es handelt sich um ein „Müssen“, das nichts mit naturgesetzlichen Notwendigkeiten oder mit den willkürlichen Entscheidungen totalitärer Herrscher zu tun hat. Dieses „Müssen“ vollzieht sich in der Offenbarungseinheit, Erkenntniseinheit und Lebensgemeinschaft von Vater, Sohn und Heiligem Geist, die sich in der vom Geist Gottes getragenen Annahme der Sendung des Menschen Jesus durch seinen himmlischen Vater manifestiert.

> *„Dann begann er, sie darüber zu belehren, der Menschensohn müsse vieles erleiden und von den Ältesten, den Hohenpriestern und Schriftgelehrten verworfen werden; er werde getötet, aber nach drei Tagen wieder auferstehen“ (Mk 8,31).*

Hier zeigt sich, daß die Übernahme des Leidens und sogar des Todes nicht der Beweis für ein Scheitern der Sendung ist, sondern für das Gelingen auch trotz menschlichen Widerstandes. Nicht die Menschen entscheiden über Gott, sondern Gott bleibt der Handelnde. In der Treue Jesu erweist sich die definitive Entschiedenheit Gottes für uns. Das zeigt sich besonders auch dort, wo Menschen meinen, sie könnten ihn durch Unglauben aus der Welt vertreiben. Manche wollen ihn sogar durch Liebesentzug bestrafen, weil er ihren Plänen nicht zu Diensten war. In der Lebenshingabe Jesu am Kreuz ereignet sich die geschichtliche Durchsetzung des Reiches Gottes. Das Kreuz wird zur Offenbarung der Liebe Gottes zu uns bis in den Tod seines Sohnes Jesus Christus. Im Zeichen der Kreuzeshingabe ist für uns das Reich Gottes realgeschichtlich gegenwärtig. Reich Gottes und Jesu Kreuz sind untrennbar geworden. Das Kreuz ist die Gegenwartsform der Gottesherrschaft.

„Denn da die Welt angesichts der Weisheit Gottes auf dem Weg ihrer Weisheit Gott nicht erkannte, beschloß Gott, alle, die glauben, durch die Torheit der Verkündigung zu retten. Die Juden fordern Zeichen, die Griechen suchen Weisheit. Wir dagegen verkünden Christus als den Gekreuzigten: für Juden ein empörendes Ärgernis, für Heiden eine Torheit, für die Berufenen aber, Juden wie Griechen, Christus, Gottes Kraft und Gottes Weisheit" (1 Kor 1,21–24).

Im Zeichen des Kreuzes seines eigenen Sohnes, den er unseretwegen „nicht verschont, sondern ihn für uns alle dahingegeben hat" (Röm 8,32), vollzieht Gott seine Herrschaft als eine Liebe, die sich bis zum Äußersten hin verschenkt und alles in Christus schenkt. Das Kreuz kündet uns Jesus als den Sohn, in dessen Dahingabe der Vater seine Liebe bis zum Äußersten erwiesen hat. Jesus verkündet nicht nur in Wort und Tat das Reich Gottes. Sein Geschick wird selbst zur Verkündigung und zur Vergegenwärtigung des Reiches Gottes.

Aus dem verkündigenden Jesus ist der verkündigte Christus geworden. In Kreuz und Auferstehung vollendet sich die menschliche Dimension der Gottessohnschaft Jesu, die freilich schon in der ewigen Sohnschaft des Wortes Gottes begründet ist. Aber dieser ewige Sohn des Vaters hat eine wahre Menschheit angenommen und seine Menschheit in seiner Lebensgeschichte ausgelebt, um diese Menschheit an der Relation zum Vater teilhaben zu lassen. So vollendet sich die Gottessohnschaft des Menschen Jesus realgeschichtlich in seinem Schicksal in Kreuz und Auferstehung. So ist der gekreuzigte und auferstandene Jesus von Nazareth die endgültige und definitive Offenbarungsgestalt des ewigen Sohnes des Vaters und damit Gottes selbst.

So wird Paulus zur Verkündigung des Evangeliums von Jesus berufen. Er verkündet von nun an das Evangelium von Jesus dem Gekreuzigten und Auferstandenen, „der dem Geist der Heiligkeit nach eingesetzt ist als Sohn Gottes in Macht seit der Auferstehung von den Toten" (Röm 1,4). Man kann seit Jesu Auftreten von Gott nicht mehr anders reden als von dem Vater, der nur Gott ist in Beziehung auf den Sohn. Man kann von Gott nicht mehr anders reden als vom Sohn, der Mensch wurde, gestorben und auferstanden ist, aber eben als der ewige Sohn des ewigen Vaters. Im sogenannten messianischen Jubelruf wird dieser innere Zusammenhang deutlich:

> *„In dieser Stunde rief Jesus, erfüllt vom Heiligen Geist, voll Freude: Ich preise dich, Vater, Herr des Himmels und der Erde … Mir ist von meinem Vater alles übergeben worden; niemand weiß, wer der Sohn ist, nur der Vater, und niemand weiß, wer der Vater ist, nur der Sohn und der, dem es der Sohn offenbaren will" (Lk 10,21 f.; vgl. Mt 11,25–27).*

Mitgehen mit Jesus

Die Verkündigung des Evangeliums in der heiligen Messe lädt uns ein zu einem Mitgehen mit Jesus auf seinem Weg „im Gehorsam bis zum Tod am Kreuz" (Phil 2,8). Wir werden hineingenommen in das Verhältnis Jesu zum Vater in der Kraft des Heiligen Geistes, wenn wir an Kreuz und Auferstehung teilhaben und so das Leben in der Liebesgemeinschaft des dreifaltigen Gottes gewinnen. Christsein heißt Eintreten in die Form Christi. Das christliche Leben ist eine stete Gleichgestaltung mit Christus. In der Messe am Abend des Gründonnerstags, dem Tag der Einsetzung der Eucharistie, enthüllt uns das Evangelium von der Fußwaschung das innerste Wesen des verkündigenden Jesus aus seiner Sendung vom Vater her.

> *„Es war vor dem Paschafest. Jesus wußte, daß seine Stunde gekommen war, um aus dieser Welt zum Vater hinüberzugehen. Da er die Seinen, die in der Welt waren, liebte, erwies er ihnen seine Liebe bis zur Vollendung. Es fand ein Mahl statt, und der Teufel hatte Judas, dem Sohn des Simon Ischariot schon ins Herz gegeben, ihn zu verraten und auszuliefern. Jesus, der wußte, daß ihm der Vater alles in die Hand gegeben hatte und daß er von Gott gekommen war und zu Gott zurückkehrte, stand vom Mahl auf, legte sein Gewand ab und gürtete sich mit einem Leinentuch. Dann goß er Wasser in eine Schüssel und begann, den Jüngern die Füße zu waschen und mit dem Leinentuch abzutrocknen, mit dem er umgürtet war. Als er zu Simon Petrus kam, sagte dieser zu ihm: Du, Herr, willst mir die Füße waschen? Jesus antwortete ihm: Was ich tue, verstehst du jetzt noch nicht, doch später wirst du es begreifen.*

Doch Petrus entgegnete ihm: Niemals sollst du mir die Füße waschen! Jesus erwiderte ihm: Wenn ich dich nicht wasche, hast du keinen Anteil an mir. Da sagte Simon Petrus zu ihm: Herr, dann nicht nur meine Füße, sondern auch die Hände und das Haupt. Jesus sagte zu ihm: Wer vom Bad kommt, ist ganz rein und braucht sich nur noch die Füße zu waschen. Auch ihr seid rein, aber nicht alle. Er wußte nämlich, wer ihn verraten würde; darum sagte er: Ihr seid nicht alle rein. Als er ihnen die Füße gewaschen, sein Gewand wieder angelegt und Platz genommen hatte, sagte er zu ihnen: Begreift ihr, was ich an euch getan habe? Ihr sagt zu mir Meister und Herr, und ihr nennt mich mit Recht so; denn ich bin es. Wenn nun ich, der Herr und Meister, euch die Füße gewaschen habe, dann müßt auch ihr einander die Füße waschen. Ich habe euch ein Beispiel gegeben, damit auch ihr so handelt, wie ich an euch gehandelt habe" (Joh 13,1–15).

Im Zusammenhang des Paschafestes feiert Jesus das Abschiedsmahl mit seinen Jüngern. Der Evangelist Johannes berichtet im Unterschied zu den Evangelien bei Matthäus, Markus und Lukas nicht von der Einsetzung der Eucharistie. Aber seine Erzählung von der Fußwaschung enthüllt uns den tiefsten Sinn des Lebens Jesu: seine Opferhingabe in den Tod. Diese Erzählung deutet uns auch den tiefsten Sinn des christlichen Lebens als Nachfolge und Nachahmung des Daseins Jesu für andere. In jeder Eucharistiefeier prägt Jesus seiner Jüngergemeinschaft das Für-Sein als das Gesetz des Christlichen ein. In der großen eucharistischen Rede offenbart Jesus, der das ewige Wort des Vaters ist, das Fleisch angenommen hat (vgl. Joh 1,1.14), das Geheimnis seiner Sendung in die Welt:

„Ich bin das lebendige Brot, das vom Himmel herabgekommen ist. Wer von diesem Brot ißt, wird in Ewigkeit leben. Das Brot, das ich euch geben werde, ist mein Fleisch, ich gebe es hin für das Leben der Welt" (Joh 6,51).

Mit anderen Worten findet sich das Geheimnis des Daseins Jesu auch ausgesprochen, wenn Jesus das Zusammenleben der Christen als Dienst füreinander beschreibt:

„Wer bei euch groß sein will, der soll euer Diener sein ... denn auch der Menschensohn ist nicht gekommen, um sich bedienen zu lassen, sondern um zu dienen und sein Leben hinzugeben als Lösegeld für die vielen" (Mk 10,45).

Jesus offenbart sein Leben als Dienst Gottes an den Menschen im Zeichen der demütigen Sklaventätigkeit. Als die Stunde da ist, daß Jesus seinen Vater durch seinen Gehorsam verherrlichen soll, macht er den Tod zum äußersten Ausdruck seiner Liebe zum Vater. Diese äußert sich in der Hingabe für uns: „Eine größere Liebe hat niemand, als wer sein Leben hingibt für seine Freunde" (Joh 15,13). Jesus erweist seinen Jüngern diese Liebe bis zur Vollendung in seinem Tod. Dies kann er aber nur aus der Einheit seiner Liebe als Sohn des Vaters. Er weiß um seine Herkunft und Sendung von Gott und um seine Rückkehr zu Gott. Aber bei seiner Rückkehr zum Vater ist der Sohn nicht mehr allein. Er ist ja vom Vater ausgegangen und in diese Welt gekommen, um durch seine Liebeshingabe am Kreuz die Herrlichkeit Gottes zu offenbaren. Dadurch hat er sich die Gemeinschaft seiner Jünger als sein Eigentum erworben und sie damit in die Einheit des Sohnes mit dem Vater im Heiligen Geist aufgenommen (vgl. Joh 17,23).

Durch den Knechtsdienst des Sohnes allein haben die Jünger Gemeinschaft mit ihm und dem Vater. Gottes Herrlichkeit ist nicht mehr jenseits des Kreuzes und seiner Demut für uns zugänglich. Die Herrlichkeit Gottes begegnet uns im Kreuz Jesu. Zu Recht nennen die Jünger Jesus ihren Herrn, denn er ist der göttliche Sohn des göttlichen Vaters. Aber er ist für sie Gott nur als der Menschgewordene. Der auferstandene Herr und seine Herrlichkeit sind nur zu erkennen, wenn wir Christus als den Gekreuzigten begreifen. Der erhöhte Herr ist nur zugänglich als der erniedrigte Sklave, der Herr nur als der Knecht. Daher ist es die Wahrheit des christlichen Lebens, daß einer Jesu Jünger nur sein kann, wenn er sich selbst verleugnet, sein Kreuz auf sich nimmt und ihm nachfolgt (vgl. Mk 8,34f.). Was ist also der Sinn des Jüngerseins? Jünger kann nur sein, wer die Gesinnung Jesu in sich aufnimmt und in der Nachfolge Jesu seinen Knechtsdienst als Zeichen der Liebe Gottes für uns am Nächsten vollzieht.

„Er war in der Gottgleichgestalt. Er hielt aber nicht daran fest, wie Gott zu sein, sondern entäußerte sich und wurde wie ein Sklave und den Menschen gleich. Sein Leben war das eines Menschen, er erniedrigte sich und war gehorsam bis zum Tod, bis zum Tod am Kreuz. Darum hat Gott ihn über alle erhöht und ihm den Namen verliehen, der größer ist als alle Namen, damit alle im Himmel, auf der

Erde und unter der Erde ihre Knie beugen vor dem Namen Jesu und jede Zunge bekennt: Jesus Christus ist der Herr – zur Ehre Gottes, des Vaters" (Phil 2,6–11).

Predigt – Begegnung mit dem Wort Christi in unserer Gegenwart

An Sonn- und Feiertagen folgt auf die Begegnung mit Christus im Wort der Heiligen Schrift die Predigt (Homilie) als „Teil der liturgischen Handlung" (SC 35). Der Dienst der Predigt kommt dem Priester als dem Vorsteher der Eucharistiefeier zu (oder auch in seinem Namen dem Diakon), weil der Priester „in der Rolle Christi an der Spitze der Gemeinde steht" (SC 33). Der Priester stellt in der Dimension des sakramentalen Zeichens das Handeln Christi, des Hauptes der Kirche, auf den Leib hin, d. h. auf die im Glauben versammelte Gemeinschaft, dar (vgl. 2 Kor 5,20; 1 Petr 5,2). Eine Reduktion des Priesters auf die Rolle des bloßen Konsekrators ist eine theologiegeschichtliche Barbarei. Sie ist geradezu das Gegenteil der wiederentdeckten *Einheit* der Eucharistie als Vergegenwärtigung des Pascha-Mysteriums in Wort- *und* Zeichenhandlung:

> *„Die beiden Teile, aus denen die Messe gewissermaßen besteht, nämlich Wortgottesdienst und Eucharistiefeier, sind so eng miteinander verbunden, daß sie einen einzigen Kultakt ausmachen" (SC 56).*

Die Reformation hatte gerade die Reduktion des geistlichen Amtes auf ein bloßes Opferpriestertum unter Hintanstellung des Predigtdienstes zum Anlaß schwerster Vorwürfe an die Kirche genommen. Hier sprach man gar von einem Rückfall in heidnische Opfervorstellungen. Jetzt erscheint mancherorts diese Reduktion des Priesteramtes wieder – kurioserweise begründet mit der aktiven Beteiligung der Laien als Konsequenz der Liturgiereform! Dieser Rückschritt in die sonst geschmähten „finsteren Zeiten" vor dem Trienter Konzil macht die ökumenische Einsicht in die Einheit des geistlichen Amtes als Dienst am Wort und den Sakramenten wieder zunichte.

Übersehen wird hierbei auch, daß das Zweite Vatikanische Konzil das Bischofs- und Priesteramt zentral vom Dienst an der Wortverkündigung her aufbaut, aus der sich organisch der Dienst an den Sakramenten ergibt. Die aktive Beteiligung der Laien an liturgischen Handlungen, die nicht identisch ist mit der geistlichen Teilnahme im Glauben und in der Liebe, darf nicht mit der Übernahme spezifisch priesterlicher Handlungen verwechselt werden, die das Weihesakrament voraussetzen.

Denn „jeder, sei er Liturge oder Gläubiger, soll in der Ausübung seiner Aufgabe nur das und all das tun, was ihm von der Natur der Sache und gemäß den liturgischen Regeln zukommt" (SC 28).

Die Predigt bei der Meßfeier bildet einen integralen Bestandteil des Dienstes des Priesters als Bischof und Presbyter, die allein die Vollmacht haben, in der Person Christi, des Hauptes der Kirche, Christus als Verkünder, Priester und Hirt darzustellen. Es ist darum keine positivistische Vorschrift, daß Laien (auch im kirchlichen Dienst) das sakramentale Predigtwort – im Unterschied zu einem Glaubenszeugnis – weder im Wortgottesdienst noch in der Eucharistiefeier sagen können. Von der Natur des Weihesakraments und der Eucharistiefeier her kann das sakramentale Handeln in Predigt und Sakramentenspendung keinem Laien übertragen werden.

„Die Presbyter haben zwar nicht die höchste Stufe der priesterlichen Weihe und hängen in der Ausübung ihrer Gewalt von den Bischöfen ab; dennoch sind sie mit ihnen in der priesterlichen Würde verbunden und kraft des Weihesakramentes nach dem Bilde Christi, des höchsten und ewigen Priesters (Hebr 5,1–10; 7,24; 9,11–28), zur Verkündigung der Frohbotschaft, zum Hirtendienst an den Gläubigen und zur Feier des Gottesdienstes geweiht und so wirkliche Priester des Neuen Bundes. Auf der Stufe ihres Dienstamtes haben sie Anteil am Amt des einzigen Mittlers Christus (1 Tim 2,5) und verkünden allen das Wort Gottes. Am meisten üben sie ihr heiliges Amt in der eucharistischen Feier oder Versammlung aus, wobei sie in der Person Christi handeln und sein Mysterium verkünden, die Gebete der Gläubigen mit dem Opfer ihres Hauptes vereinigen und das einzige Opfer des Neuen Bundes, das Opfer Christi nämlich, der sich ein für allemal dem Vater als unbefleckte Gabe dargebracht hat (vgl. Hebr 9,11–28), im Meßopfer bis zur Wiederkunft des Herrn (vgl. 1 Kor 11,26), vergegenwärtigen und zuwenden" (LG 28).

Für den Glauben gewinnen

Es ist eine wesentliche Aufgabe des Apostelamtes und des daraus hervorgegangenen apostolischen Dienstes (Bischof, Presbyter, Diakon), aufgrund der in der Weihe verliehenen sakramentalen Gnade und Vollmacht im Namen Jesu, des auferstandenen und erhöhten Herrn, zu verkündigen und das Evangelium zu predigen (vgl. Mt 28,19). Die Priester sollen durch ihr Wort die Heilstat Gottes an Jesus Christus bezeugen und die Hörer durch die Überzeugungskraft ihrer Auslegung für den Glauben vorbereiten und gewinnen. Der Prediger darf sich jedoch nicht mit einem Lehrer verwechseln, der seine eigene Weltanschauung darbietet und durch seine Rhetorik ästhetisches Gefallen bewirkt. Denn auch er steht mit allen Jüngern in einer brüderlichen Gemeinschaft im Gegenüber zu Jesus Christus, der allein der göttliche Lehrer seiner Kirche ist (vgl. Mt 23,8 f.). Der Prediger bedarf also der persönlichen Sendung und Beauftragung, um Christus zu verkündigen, der als der verkündigende, verkündigte und verheißene Christus selbst in seiner Gemeinde gegenwärtig ist. Der Prediger schöpft aus der Lehre der Apostel, an der die Gemeinde festhält (vgl. Apg 2,42).
Die apostolische Lehre ist präsent im Leben der Kirche, in der Heiligen Schrift, im Glaubensbekenntnis und in der Praxis der Kirche, in ihrem Beten und Dienen. Aber dieser inhaltliche Rückbezug auf die Quellen des Glaubens macht den Glauben nicht zu einem abstrakten Lehrsystem, das auswendig gelernt werden kann. Die Botschaft formiert zwar das Wort des Boten, aber sie erreicht nur durch das persönliche Zeugnis des Boten die Person des Hörers. Denn in der Predigt geht es um eine personale und dialogische Zwiesprache von Christus, der durch den von ihm beauftragten Boten spricht, und den Gläubigen. Paulus erschließt uns diesen Zusammenhang von Boten und Botschaft, von personaler Sendung, Glauben und Heil:

> *„Jeder, der den Namen des Herrn anruft, wird gerettet werden. Wie aber sollen sie den anrufen, an den sie nicht glauben? Wie aber sollen sie an den glauben, von dem sie nichts gehört haben? Wie aber sollen sie hören, wenn niemand verkündigt? Wie aber soll jemand verkündigen, wenn er nicht gesendet ist? … So gründet der Glaube in der Botschaft, die Botschaft im Wort Christi“ (Röm 10,13–17).*

Das Lehramt des Apostels umfaßt den ganzen Umfang christlichen Lebens in Mission, Katechese vor der Taufe, Mahnungen und Weisungen zum geistlichen Leben und zur ethischen Lebensführung. In allen Bereichen soll der Christ dem verkündigenden Christus begegnen, nicht um totalitär bevormundet zu werden, sondern weil Christsein Lebensgemeinschaft mit Jesus Christus ist im Raum der Kirche. Es geht um eine Freundschaft, die aus dem Gegenüber von Wort Gottes und glaubender Antwort des Menschen besteht. Denn die Vollendung des Menschen besteht nicht in einer geistigen Autarkie. Der Mensch als Person ist gerade jenes Wesen, das nur, wenn es aus sich selbst heraustritt, sich in der Begegnung mit einer anderen Person vollziehen kann. Ein personales Geschöpf kann nur es selbst sein, wenn es sich in einer personalen Liebesgemeinschaft auf Gott hin überschreitet.
Wenn nun in der Eucharistie sich christliche Existenz in sakramentaler Weise verdichtet, dann zeigt sich im Wortgottesdienst die personale Begegnung mit dem Wort Gottes. In der Predigt spricht der verkündigende Christus selbst. Schon in der frühen Kirche läßt sich die Predigt innerhalb der Eucharistiefeier als eine besondere Realisierung des Verkündigungsdienstes der Apostel erkennen. So sind z. B. am Sonntag die Gläubigen von Troas zur Eucharistie versammelt, während der Apostel Paulus seine sich allerdings etwas länger hinziehende Predigt hält. Dabei schläft ein junger Mann am offenen Fenster ein und stürzt mit tödlichen Folgen aus dem Fenster. Paulus, der sich zu ihm hinunter begibt, heilt ihn und stellt fest, daß er lebt. Es wird berichtet, daß er danach mit der Verkündigung im Versammlungsraum fortfuhr und dann mit der Gemeinschaft der Gläubigen das Brot bricht (vgl. Apg 20,7–12). Im 2. Jahrhundert berichtet Justin der Märtyrer über den Verlauf der Eucharistiefeier. Am Sonntag versammelt sich die Gemeinde zur Eucharistie:

> *„Dabei werden die Denkwürdigkeiten der Apostel oder die Schriften der Propheten vorgelesen, solange es üblich ist. Hat der Vorleser aufgehört, so hält der Vorsteher eine Ansprache, worin er zur Nachahmung all dieses Guten ermahnt und auffordert“ (Erste Apologie, 67).*

Die Predigt hat das Wort Gottes in einer neuen Sprachgestalt in die jeweilige Glaubenssituation des einzelnen und der Gemeinde in ihr geistiges und kulturelles Umfeld hinein zu sprechen. Das Wort Gottes hat in Jesus Christus ein für allemal menschliche Gestalt angenommen und in der Bibel in der Sprache der apostolischen Urverkündigung ihre definitive literarische Fassung erlangt. Aber die zeitbezogene und zeitbedingte Sprachgestalt kann das Wort Gottes in einer späteren Zeit nicht zu ihrem Gefangenen machen. Gerade der Ansatz bei der zeitbedingten Sprachgestalt ermöglicht die Vermittlung und Übersetzung in eine andere geistige und kulturelle Umwelt. Die biblische Sprachgestalt ist der eine Pfeiler der Brücke, über den der einmalige und für immer gültige Inhalt des Wortes Gottes in Jesus Christus zum anderen Ufer gebracht wird, wenn nur am anderen Ufer der Pfeiler eines gegenwärtigen Verstehensrahmens aufgerichtet wird.

Auf Lebensfragen beziehen

Der Prediger steht im Dienst einer lebendigen Selbstvermittlung des Wortes Gottes an den gegenwärtigen Hörer. Er leistet in der Tat Dolmetscherarbeit. Das kann er aber nur, wenn er in beiden Sprachen zu Hause ist. Den äthiopischen Kämmerer, der interessiert, aber ohne Verständnis das Lied vom leidenden Gottesknecht beim Propheten Jesaja liest, fragt der Evangelist Philippus: „Verstehst du auch, was du liest?“ Und jener antwortet: „Wie könnte ich es, wenn mich niemand anleitet?“ (Apg 8,31).

Predigen heißt darum, eine geistige und geistliche Vermittlung zu leisten zu dem ein für allemal ergangenen Wort Gottes und seiner aktuellen Präsenz für die Grundorientierung des Hörers. Der Prediger versteht sich nicht als ein glänzender Rhetor, als ein sprachgewaltiger Volkstribun, der die Interessen und Stimmungen der Massen schlagkräftig bündelt, oder als der große Kommunikator, der auf allen Klaviaturen der Massenmedien spielen kann. Wichtig sind nicht die Meßlatten der Unterhaltungsindustrie und der aufklärerischen Volkspägagogik (Teamfähigkeit, Vermeidung von Verletzungen durch die Wahrheit, Erzeugung von emotionalen Betroffenheiten). Nur eines zählt für einen guten Priester, wie ein „guter Hausvater zu sein, der Altes und Neues aus seinem Schatz hervorholt“ (Mt 13,52). Paulus ruft seinem Schüler Timotheus und allen Nachfolgern der Apostel zu:

„Ich beschwöre dich bei Gott und bei Christus Jesus, dem kommenden Richter der Lebenden und der Toten, bei seinem Erscheinen und bei seinem Reich: Verkünde das Wort, tritt dafür ein, ob man es hören will oder nicht; weise zurecht, tadle, ermahne, in unermüdlicher und geduldiger Belehrung. Denn es wird eine Zeit kommen, in der man die gesunde Lehre nicht erträgt, sondern sich nach eigenen Wünschen immer neue Lehrer sucht, die den Ohren schmeicheln; und man wird der Wahrheit nicht mehr Gehör schenken, sondern sich Fabeleien zuwenden. Du aber sei in allem nüchtern, ertrage das Leiden, verkünde das Evangelium, erfülle treu deinen Dienst!" (2 Tim 4,1–5).

Der katholische Priester ist der demütige Diener Jesu, der nicht die Menschen für seine Theorien über „Gott und die Welt" gewinnen will, sondern ihnen das Heil zusagt, das im Kreuz Jesu Christi für jeden Menschen bereitet ist. Paulus versteht es so:

„Meine Botschaft war nicht Überredung durch gewandte und kluge Worte, sondern war mit dem Erweis von Geist und Kraft verbunden, damit sich euer Glaube nicht auf Menschenweisheit stützte, sondern auf die Kraft Gottes" (1 Kor 2,4 f.).

Daß das Wort Gottes in der Gestalt der geistigen Vermittlung des Predigers beim Hörer ankommt, hängt freilich letztlich an der Kraft und Gnade Gottes, die aber eben ohne die kirchliche Form und die geistige Bemühung des Predigers in der Welt ohne „Leib", also ohne Kommunikationsmedium, keinen Ort hätte. Deshalb wird der Prediger auch seine menschlichen Fähigkeiten einsetzen, aber die geistliche Wirkung seines Wortes allein von der Gnade Gottes abhängig wissen. Darum ist er mitten in seinem Engagement doch auch entlastet von Gewissensqualen, wenn die Wirkung seiner Predigt nicht handgreiflich gefaßt werden kann. Wer mit besten Kräften sich eingesetzt hat, soll solche Zweifel vertreiben.

Wenn die Predigt nicht ein bloßer Vortrag vor einem interessierten Publikum ist, sondern ein dialogisches Geschehen, dann kann auch der Zuhörer nicht auf der Stufe passiver Zurkenntnisnahme verharren. Der Hörer wird in seiner ganzen Existenz engagiert, weil er die Predigt auf seine unmittelbaren Lebensfragen bezieht, seine Hoffnungen und Nöte, seine Enttäuschungen und seine Leiden wie auch seine familiären und beruflichen Entscheidungen.

Erst in dieser inneren Umsetzung kommt das Wort Gottes tatsächlich beim Menschen an. Die Bewältigung des Lebens im Lichte des Wortes Gottes aber nennen wir den Glauben. Es ist daher durchaus passend, wenn die versammelten Gläubigen das Wort Gottes in der Heiligen Schrift und in der Predigt nun auch mit einem eigenen liturgischen Akt im Glaubensbekenntnis (Credo) beantworten.

Credo – Glaube als Bekenntnis

Bei der Meßfeier an Sonn- und Feiertagen wird das Credo gebetet. Es gibt zwei Formen: Das Apostolische Glaubensbekenntnis und das Große Glaubensbekenntnis, das auf die Konzilien von Nicäa (325) und Konstantinopel (381) zurückgeht. Letzteres ist in der gesamten Christenheit in allen Konfessionen im Gebrauch. Die Glaubensbekenntnisse stammen aus dem Bekenntnis bei der Taufe. Die Täuflinge wurden in der Antike am Ende der Taufkatechesen nach ihrem Glauben an Gott den Vater, den Sohn und den Heiligen Geist gefragt. Der Grund dafür besteht darin, daß man auf den Namen des dreifaltigen Gottes getauft und somit in dessen Lebensgemeinschaft einbezogen wird. Wie die Gnade der Taufe haben wir den Glauben als Geschenk Gottes aus den Händen der Kirche empfangen. Das Glaubensbekenntnis ist mit den Sakramenten und der Anerkennung der vom Heiligen Geist eingesetzten Autorität der Bischöfe als Nachfolger der Apostel ein wesentliches Band, das die Vielheit der Gläubigen zur Einheit der Gemeinschaft zusammenhält. Selbstfabrizierte Bekenntnisformeln anstelle des Credo, die aus religiöser Kreativität stammen, sind fehl am Platz und haben mit dem katholischen Glauben nichts zu tun.
Das Bemühen um eine zeitgemäße Verkündigung und ihre ansprechende Gestaltung ist anzuerkennen, hat allerdings eine Grenze dort, wo der in Schrift und Tradition der Kirche formulierte Glaube in verkürzende Formeln gebracht wird, die subjektiv und zeitbedingt sind. Sie sind eher ein Beleg für das Verständnis der Kirche als Gemächte menschlicher Phantasien und Aktivitäten, statt als Werk Gottes, der uns die Kirche als Mutter geschenkt hat.
Dem Bekenntnis zur Einheit Gottes in seinem Wesen und der Dreifaltigkeit der „Personen“ entspricht der Dank für seine Heils-

tat in der Schöpfung und in der Grundordnung der Welt, in der Berufung des Menschen zum Heil und zum ewigen Leben. Besonders dankt man aber für das Heilsgeschehen in der Menschwerdung des ewigen Sohnes Gottes – kraft des Heiligen Geistes aus der Jungfrau Maria – und im Tod Jesu am Kreuz zur Vergebung der Sünden. Der Glaube an seine Auferstehung von den Toten, seinen Gang zum Vater (Himmelfahrt) und die Hoffnung auf seine Wiederkunft am Ende der Zeit als Richter und Retter der Welt entspricht der zukünftigen Heilserwartung des Gläubigen. Im Bekenntnis zum Heiligen Geist zeigt sich der Glaube an die göttliche Person, die den erhöhten Herrn in der Kirche gegenwärtig macht. Der Heilige Geist vollendet ja dadurch das Werk der Heiligung, trägt das Leben der Kirche im Gebet und in den Sakramenten und bewegt ihre Hoffnung auf die Vollendung im ewigen Leben hin.

Das Große Glaubensbekenntnis stellt eine Explikation – nicht substantielle Erweiterung – der Taufbekenntnisformeln dar, die in den einzelnen Kirchengebieten eine andere sprachliche, aber nicht inhaltlich abweichende Fassung aufwiesen. Insbesondere bekennen sie sich dazu, daß Jesus Christus der ewige Sohn des ewigen Vaters ist, eins mit ihm im göttlichen Leben, aber in der Verschiedenheit von Vater, Sohn und Geist, die in ihrer Bezogenheit aufeinander das eine göttliche Wesen sind und verwirklichen. Der Sohn ist also nicht, wie die den Glauben gefährdende Richtung der Arianer meinte, ein erstes Geschöpf Gottes. Er geht daher, wie die Kirche sagt, durch „Zeugung", nicht aber durch Schöpfung aus dem Vater hervor. Mit dem Begriff Zeugung soll der Hervorgang des Sohnes aus dem Vater betont werden. Er mindert nicht das Gottsein des Sohnes, der gleichen Wesens mit dem Vater ist, sondern verwirklicht dieses als das relative Gegenüber von Vater und Sohn im Geist, durch das Gott Gott ist. Darum ist Jesus schon vor seiner Menschwerdung Gott von Gott. Desgleichen ist der Heilige Geist wahrer Gott, der vom Vater durch den Sohn hervorgeht. Er ist der göttliche Herr und der Lebensspender, der mit dem Vater und dem Sohn als der eine Gott angebetet wird. Da der Sohn und der Geist Gott selbst sind, haben wir es im menschgewordenen Sohn Jesus Christus und im Heiligen Geist, der uns ins Herz gegeben wurde, nicht mit geschaffenen Mitteldingen oder Mittlerwesen zu tun, sondern mit Gott selbst. Jesus als der Mittler des Neuen Bundes steht nicht wie ein Drittes zwischen Gott und den Menschen. In seiner menschlichen Wirklichkeit und Natur vermittelt er uns in die Unmittelbarkeit zu Gott. Man kann auch sagen, Gott vermittelt sich selber in der Menschheit Jesu unmittelbar in die Welt hinein. Im Neuen Bund gibt es darum nicht mehr die geschaffenen Mittlerinstanzen (Mose, die Propheten, Engel), die auf Gott hinweisen. In der Endzeit spricht Gott selbst zu uns in seinem Sohn, der von Gott kommt und der Gott ist, im Verhältnis zum Vater. Einen Mittler – im alttestamentlichen Sinn – gibt es jedoch nicht, wo nur einer handelt: Gott aber ist „der Eine" (Gal 3,20).

Die frühe Christenheit hat für alle Zeiten den Kampf um die wahre Gottheit und Menschheit Jesu und die Gottheit des Heiligen Geistes in der Einheit mit Vater und Sohn ausgefochten. Denn nur dann, wenn dies wahr ist, sind wir erlöst, haben Gemeinschaft mit Gott und sind nicht nur durch geschaffene Instanzen mit Gott in Verbindung. Das Geschaffene kann nämlich niemals die Erfüllung des menschlichen Verlangens sein und das unendliche Glück des Menschen ausmachen. Unendliches Glück des Menschen gibt es nur, wenn der unendliche Gott als die ewige Gemeinschaft der Liebe von Vater, Sohn und Geist selbst – wenn auch auf die menschliche Weise Jesu – sich in die innerste Mitte unseres Existenzvollzuges hineingibt. Diesen Zusammenhang von Erlösung und Menschwerdung Gottes hat der große Kirchenlehrer Athanasius von Alexandrien in das bekannte Wort gefaßt: „Denn der Sohn Gottes wurde Mensch, damit wir vergöttlicht würden" (Über die Menschwerdung des Wortes, 54), d. h. in der Gemeinschaft mit Christus, unserem Bruder, „an Wesen und Gestalt des Sohnes Gottes teilhaben, damit dieser der Erstgeborene von vielen Brüdern sei" (Röm 8,29).

Das Glaubensbekenntnis stellt nicht die beliebige und zeitbedingte Interpretation irgendeiner Form von Christusbezogenheit dar, die man unter anderen geistes- und kulturgeschichtlichen Umständen frei nach eigenem Gusto umformulieren könnte. Das Apostolikum und das Nizäno-Konstantinopolitanum stehen vielmehr für die von der ganzen Kirche rezipierte Einsicht in die Realität der Selbstoffenbarung Gottes. Wer ihre Form verachtet, vergreift sich unweigerlich am Inhalt. So ist das Taufbekenntnis, in der Öffentlichkeit der Kirche gesprochen und im Alltag gelebt, der unfehlbare Prüfstein für das Lebendigsein des Glaubens zum Heil und eines echten „Denkens und Fühlens mit der Kirche“ (*sentire cum ecclesia*).

Der Begriff „Glaube“ will hier mehr besagen als ein Sammelbegriff für verschiedene Inhalte. Das Glaubensbekenntnis beginnt mit dem Wort „Ich glaube“. Das Ich setzt sich also durch die existentielle Tätigkeit des Glaubens in Verbindung mit Gott und seinem Heilswillen. Die Glaubensinhalte sind verwurzelt und gebündelt in diesem Akt des Glaubens. Was aber ist der Grund, in dem die Wurzeln des Glaubens Halt gewinnen? Im Glauben soll das Ich nicht in ein von der Person separiertes intellektuelles Verhältnis zu Sachverhalten gesetzt werden, sondern das Ich soll dem Ich Jesu Christi begegnen. Im Glauben ereignet sich in der Herzmitte des Menschen eine personale Begegnung mit Jesus, freilich in Vernunft und Willen, weil es außerhalb der geist-leiblichen Natur des Menschen keine Realisierung des Personseins und der personalen Relationen geben kann. Eine Alternative zwischen Glauben als Akt und Inhalt ist geradezu widermenschlich.

Jesus spricht den Menschen an. Er sagt ihm das Heil zu. Er verwirklicht das Reich Gottes mit den Gaben der Sündenvergebung, der Heiligung an Leib und Seele, der Neuschöpfung der Gemeinschaft von Gott und Mensch in der Liebe. Der Glaube verwurzelt also das Ich in der Verkündigung Jesu und im Reich Gottes, in dem Gott bei uns ist. Der Glaube „ist ein Feststehen in dem, was man erhofft“ (Hebr 11,1). Aber dieses Verwurzeltsein in der Hoffnung richtet sich auf die Person Jesu. Die beiden Blinden rufen Jesus an: „Hab Erbarmen mit uns, Sohn Davids!“ Er sagt zu ihnen: „Glaubt ihr, daß ich euch helfen kann?“ Sie antworteten ihm: „Ja, Herr.“ Jesus heilt sie mit den Worten: „Wie ihr geglaubt habt, so soll es geschehen“ (Mt 9,29). Es ist also der Glaube an Jesus, der hilft (vgl. Mt 9,22) und der gesund macht (vgl. Mk 5,34). Der Glaube an Jesus, den Messias und Sohn Gottes, vermittelt das ewige Leben – nämlich die Gemeinschaft mit dem Vater und dem Sohn im Heiligen Geist (vgl. Joh 20,31; 17,3; 1 Joh 1,3).

Wenn der Christ also spricht: „Ich glaube“, gibt er sich mit seiner ganzen Existenz an Gott hin. Er verwurzelt sein Leben mit den

Fragen und Sehnsüchten in Gottes Selbstmitteilung an uns im Sohn und Geist. Er lebt allein aus dem Dialog mit Gott, in dem Gott sich uns ganz schenkt, so daß wir antwortend ganz aus der Gegenwart Gottes leben können, der uns innerlicher wird als wir uns selbst begegnen können (vgl. Augustinus, Bekenntnisse, III,6). „Wenn jemand mich liebt, wird er an meinem Wort festhalten; mein Vater wird ihn lieben, und wir werden zu ihm kommen und bei ihm wohnen" (Joh 14,23). Im Glauben findet das Ich in Gott seine wahre Heimat (vgl. Phil 3,20). Der Mensch wird aus der Not seiner Selbstbegründung befreit, aus der Ortlosigkeit in der Welt herausgenommen, aus dem Kosmos seiner Egozentrik befreit. Das Ich greift nicht mehr um sich. Es besteht nun in einem polaren Bezugsfeld auf das Du Jesu Christi, auf den hin es lebt und von dem her es existiert. So kann Paulus sagen:

„Ich lebe für Gott. Ich bin mit Christus gekreuzigt worden; nicht mehr ich lebe, sondern Christus lebt in mir. Soweit ich aber jetzt noch in dieser Welt lebe, lebe ich im Glauben an den Sohn Gottes, der mich geliebt und sich für mich hingegeben hat" (Gal 2,20).

Fürbitten – Gebet für die Welt

Wenn wir Glauben als personale Begegnung und als inneren Lebensaustausch des Menschen mit Gott verstehen, dann können wir das Wesen des Glaubens auch mit dem Wort Liebe erfassen. Der Glaube hat nur in Liebe seine Kraft und Energie (vgl. Gal 5,6). Die Liebe tritt nicht von außerhalb zum Glaubensakt hinzu. Sie geht aus ihm als seine wahre Tiefe und als die Tiefe seiner Wahrheit hervor. Gottesglaube ist Gottesliebe mit ganzem Herzen und ganzer Seele (Mt 22,37). Seit der Menschwerdung Gottes aber läßt sich die Liebe zum Nächsten, für den Jesus sein Leben hingegeben hat, von der Gottesliebe nicht mehr trennen. Darum folgen in der Meßfeier auf das Glaubensbekenntnis sinnvollerweise auch die Fürbitten. Das Gebet für die Anliegen der Kirche und die öffentlichen und privaten Sorgen der Menschen ist nichts anderes als die Verwirklichung des Gottesglaubens in der Form der Nächstenliebe.

„Wir wollen lieben, weil er uns zuerst geliebt hat ... Wer seinen Bruder nicht liebt, den er sieht, kann Gott nicht lieben, den er nicht

sieht. Und dieses Gebot haben wir von ihm: Wer Gott liebt, soll auch seinen Bruder lieben" (1 Joh 4,19–21).

Im Gebet und besonders auch im Gebet für andere soll Gott nicht erst auf unsere Sorgen aufmerksam werden oder gar erst zu einer Initiative bewegt werden. Beten heißt vielmehr, daß wir uns auf Gott hinbewegen lassen, indem wir unseren Willen seinem Willen angleichen, der immer unser Heil will. Im Gebet für andere machen wir uns solidarisch mit den Sorgen unserer Brüder und Schwestern, die mit uns auf dem Weg zum endgültigen Heil sind. Wir wollen sie im Gebet zugleich aufrufen, sich Gottes Heilswillen zu öffnen. In der Fürbitte bekennen wir uns auch zu Gottes Heilswillen, der im Heiligen Geist die Menschen bewegt, sich ihm zu öffnen, um bei ihm allein das Heil zu suchen.

DRITTER TEIL

Das eucharistische Opfer

Das eucharistische Opfer – Gemeinschaft mit dem gekreuzigten und auferstandenen Christus

Hinführung zur Theologie des Meßopfers

Die heilige Messe ist die sakramentale Vergegenwärtigung des Kreuzesopfers, in dem Christus, dem Willen des Vaters gehorsam, die ewige Gemeinschaft der Liebe zwischen Vater und Sohn geschichtlich offenbar machte und durch seine angenommene Menschheit den Zugang zu dieser Gemeinschaft eröffnete. Am Kreuz ist die Liebe Gottes des Vaters in der Dahingabe des Sohnes (vgl. Joh 3,16) und in der Selbsthingabe des Sohnes zugunsten des Sünders (vgl. Mk 14,24) ein für allemal offenbar geworden. Durch die Eucharistiefeier haben wir aktuell Zugang zu dieser Gemeinschaft und vollziehen sie in unserem Glauben und in unserer Liebe mit. Dabei kann die Partizipation aller im Sinne der Einheit des Weihepriestertums von Bischof, Presbyter und Diakon und des gemeinsamen Priestertums aller Gläubigen nicht auf einen rein passiven Empfang der von Christus vermittelten Heilsgabe reduziert werden. Jesus selber hat sich ja aktiv in Willen und Erkennen dem Vater in Liebe hingegeben. Genauso sollen sich auch alle, die zu ihm gehören, in ihm, mit ihm, durch ihn mit Herz, Verstand, Gemüt und allen Kräften des Denkens und Wollens dem Willen des Vaters öffnen und in eine Willensgemeinschaft mit Gott eintreten. Darum ist die heilige Messe immer die sakramentale Vergegenwärtigung des Opfers Christi und seiner Kirche. In der liturgischen Wort- und Zeichenhandlung der Eucharistiefeier wird die Kirche dargestellt, so daß jeder Christ vermittels der gläubigen Mitfeier an der Lebensgemeinschaft mit Christus in der Kirche partizipiert.

Die seit der protestantischen Reformation im 16. Jahrhundert erbittert geführte Debatte über das wahre Wesen der Eucharistiefeier spitzte sich am Begriff des Meßopfers zu. Entscheidend ist die christologische Bestimmung des Begriffs Opfer, insofern in Christus alle Opfer der Vorzeit erfüllt und überboten sind.

Am 16. Sonntag im Jahreskreis spricht der Priester als Gabengebet:

„Herr, du hast die vielen Opfer, die dir je von Menschen dargebracht wurden, in dem einen Opfer des Neuen Bundes vollendet. Nimm die Gaben deiner Gläubigen an und heilige sie, wie du einst das Opfer Abels angenommen hast; und was jeder einzelne zu deiner Ehre darbringt, das werde allen zum Heil. Darum bitten wir durch Christus, unseren Herrn. Amen."

Wo – christologisch nicht radikal neu einsetzend – ein religionsgeschichtlich gewonnener Opferbegriff in die Diskussion gebracht wird, entsteht eine heillose Verwirrung der Gedankenwelt. Der christliche Opferbegriff muß in analoger Weise auf die Selbsthingabe Christi am Kreuz und die unblutige sakramentale Vergegenwärtigung eben dieses Geschehens in seiner Kirche angewendet werden. Diese sakramentale Gedächtnisfeier der Kirche kann ihren genauen Sinn nur auf dem Hintergrund der Gemeinschaft von Vater, Sohn und Heiligem Geist erhalten. In seiner Selbstentäußerung bietet Gott sich selbst im Sohn dar, den er zur Opfergabe für die Menschheit macht. Dabei ist es nicht der Mensch Jesus, der einen erzürnten Gott wieder besänftigt, sondern es ist Gott, der in Christus die Menschheit mit sich versöhnt, d. h. der ihr durch das Handeln Christi die Gemeinschaft mit ihm schenkt, der der Mensch als Kreatur zu seiner Vollendung in Gott allein bedarf. Im Sohn werden auch wir aus unserem Egoismus und unserer Gottentfernung herausgerissen und über uns hinaus in die opfernde Selbsthingabe der Liebe hineinbezogen. Dadurch nehmen wir am Leben des dreifaltigen Gottes teil.

„Wir haben einen Opferaltar, von dem die nicht essen dürfen, die dem Zelte dienen (Bundeszelt: hier für den jüdischen Gottesdienst) … Jesus hat, um durch sein eigenes Blut das Volk zu heiligen, außerhalb des Tores (vgl. Lev 16,27) gelitten. Laßt uns zu ihm vor das Lager hinausziehen und seine Schmach auf uns nehmen. Denn wir haben hier keine Stadt, die bestehenbleibt, sondern wir suchen die künftige. Durch ihn also laßt uns Gott allezeit das Opfer des Lobes darbringen, nämlich die Frucht der Lippen, die seinen Namen preisen. Vergeßt nicht, Gutes zu tun und mit anderen zu teilen; denn an solchen Opfern hat Gott Gefallen" (Hebr 13,10.12–16).

Der Begriff des „Opfers" bedeutet, wenn man die unterschiedlichsten Phänomene auf ihren anthropologischen Ausgangspunkt zurückführt, eine Verhaltensweise des Menschen gegenüber Gott, wie sie uns in den verschiedenen Religionen begegnet. Die Vermittlung des menschlichen Grundbegriffs „Opfer und Hingabe“ zum Opfer Christi und der Kirche bringt nicht die religionsvergleichende Phänomenologie des Opfers zustande, weil diese ihre Begriffe nur durch eine Kumulation von äußeren Merkmalen gewinnt. Eine philosophisch-anthropologische Grundreflexion hingegen entwickelt den Begriff des Opfers aus der Grundrelation des Geschöpfs zum Schöpfer. Darum konnte das Trienter Konzil zu Recht auf das Opfer verweisen, wie es der Natur des Menschen entspricht. Freilich wird dieses naturhafte Opfer erst durch eine geschichtliche Stiftung zum Opfer Christi und der Kirche.

> *„Unser Gott und Herr hat zwar sich selbst ein für allemal auf dem Altar des Kreuzes durch Sterben und Tod Gott, dem Vater, opfern wollen, um für jene (vgl. Hebr 7,29) eine ewige Erlösung zu bewirken; weil jedoch sein Priestertum durch den Tod nicht ausgelöscht werden sollte, hat er beim Letzten Abendmahle, in der Nacht da er verraten wurde, seiner geliebten Braut, der Kirche, ein sichtbares Opfer hinterlassen, wie es der Natur des Menschen entspricht“ (Trienter Konzil, Meßopferdekret, Kap. 1).*

Das Wesen des Opfers ist die personale Grundgesinntheit, worin der Mensch seine Ergebenheit gegenüber der höchsten Macht und dem einzigen Herrscher des Kosmos mittels einer symbolischen Handlung ausdrückt. Diese kreatürliche Grundgesinntheit enthält mehrere Aspekte, die in ihrer integralen Gesamtgestalt vollkommen und rein erst mit dem Opfer Christi geschichtlich gegeben sind. Das Opfer kann Ausdruck von Dank und Lob sein. Es kann die Absicht haben, den verdienten oder auch unverdienten „Zorn“ der Gottheit zu beschwichtigen. Es mag auch die Bitte um Entsündigung und Versöhnung zum Inhalt haben. Im einzelnen hängt aber die inhaltliche Bestimmung der Opfer-Idee von dem ab, was die Menschen sich unter Gott vorstellen. Das Opfer ist eine menschliche Handlung und Ausdrucksform, die nicht das Gottesverständnis determiniert, sondern umgekehrt vom Gottesverständnis bestimmt wird. Da es grundlegend verschiedene Gottesvorstellungen gibt, kann man dementsprechend auch den Opfergedanken inhaltlich nicht eindeutig umreißen. Mehr als eine rein formale Begriffsbestimmung ist kaum möglich. Da dieser Begriff aber in der allgemeinen Grundrelation des Menschen zu Gott seinen Anhaltspunkt hat, haben wir es nicht mit einer willkürlichen Begriffsdefinition – im nominalistischen Sinne – zu tun. Das, was das Opfer Christi mit den Opfern der Vorzeit verbindet, ist freilich nicht ein mehr oder weniger starkes Bündel von phänomenologisch feststellbaren Elementen des äußeren Opfergeschehens, sondern die Grundrelation des Geschöpfs zu Gott in Lob und Dank, Bitte um Vergebung und Heiligung. Das wesentlich und unüberbietbar Neue ist dabei, daß das nur von Jesus in seiner menschlichen, geistleiblichen Natur vollzogen werden konnte.

Opfer – der Dank des Geschöpfs

In der alttestamentlichen und neutestamentlichen Offenbarung weiß der Mensch sich grundlegend als ein Geschöpf des einen und einzigen Gottes. Jahwe ist kein Nationalgott eines Volkes, sondern der Schöpfer des Himmels und der Erde, der alle Menschen nach seinem Bild und Gleichnis geschaffen und der sich Israel als Träger seines universalen Heilswillens erwählt hat, den er mit und durch das Gottesvolk geschichtlich realisieren will. Der Mensch wird zu einem Gemeinschaftsverhältnis personaler Entsprechung zu Gott gerufen. Gott ist der souveräne Schöpfer, der nicht aus Bedürftigkeit die Menschen ins Dasein ruft. Er teilt vielmehr aus seiner unerschöpflichen Fülle sein Leben und Sein mit. Der Mensch ist in seinem Dasein und seiner Verwiesenheit auf Gott Resultat und Adressat der Liebe Gottes. Er beruft die Menschen, denen er ein personales Eigensein geschenkt hat, in ein Verhältnis der Liebe und der Gemeinschaft. Er segnet sie und bietet ihnen seinen Bund an, indem er geschichtlich sein Für-Sein verwirklicht. Er führt sein Volk in der Geschichte zum Heil, das er selber ist. Er teilt sich seinen Geschöpfen in seinem Sohn mit, der Mensch wird und der die Erfüllung des Menschseins darstellt.
Redet man im Rahmen eines solchen Gott-Mensch-Verhältnisses von Opfer, dann gewinnt dieser Begriff ganz unverwechselbare Konturen. Es kann nicht um eine Beschwichtigung höherer Mächte gehen. Es gilt nicht, sich vor Neid, Zorn und Begierde der Götter in acht zu nehmen oder die menschliche Ergebenheit vor

der Macht eines numinosen Schicksals oder der übermächtigen Naturkräfte zu bekunden. Denn was könnte der Mensch Gott anbieten, was er nicht empfangen hat (vgl. 1 Kor 4,7)? Der Mensch braucht auch nicht erst Gottes Aufmerksamkeit zu erregen, um durch Wohlverhalten eine gnädige Gesinnung Gottes ihm gegenüber zu erreichen. Gott ist schon vor jeder menschlichen Aktivität dem Menschen wohlgesonnen. Die Selbstoffenbarung Gottes in seinem Schöpfungshandeln und in seinem an uns gerichteten Wort ist Zeichen seines guten Willens (*bene-volentia, pro-videntia, praedestinatio* zum Heil): Gottes Gottsein ist Wohlgesonnenheit, Liebe und Glück.

Gott ist in sich selbst ewige Mitteilung von Leben und Liebe. Diese Selbstmitteilung Gottes nennen wir den ursprungslosen Ursprung der Gottheit oder Vater. Den vollkommenen Selbstausdruck Gottes bezeichnen wir als Sohn oder Wort. Die ewige Gemeinschaft von Vater und Sohn aber nennen wir Heiligen Geist. Im Akt der Schöpfung teilt Gott darum sich selber mit, indem er in der Schöpfung ein personales und dialogisches Wesen hervorbringt, das am inneren göttlichen Dialog der Liebe teilnehmen kann. Das Verhalten des Geschöpfes einem solchen Gott der Schöpfung und des Bundes gegenüber kann ursprünglich nur die Antwort des Danksagens (*eucharistia*), der personalen Hingabe in der Liebe sein. Dank und Liebe sind bestimmende Elemente des biblischen Opferbegriffs.

Opfer als Dank und Liebe ist genaugenommen ein Mitvollzug der ewig dankenden Selbsthingabe des Sohnes an den Vater, von dem er ewig die Gottheit empfangen hat. Die Welt ist vom Vater im Urbild des Sohnes geschaffen worden. Damit bedeutet sie Selbstmitteilung göttlichen Lebens – wenn auch in der Weise der geschöpflichen Wirklichkeit. Die Bewegung der Welt ist deshalb in sich schon eine abbildliche Teilhabe an dem Urbild der ewigen Dankeshingabe des Sohnes an den Vater für die Mitteilung der Gottheit. In Dank und Liebe vollzieht also das Geschöpf seine Gemeinschaft mit dem Vater im Sohn. Die Zuwendung Gottes zu seinem Geschöpf, die wir die Gnade oder die ursprunghafte Gemeinschaft in Liebe nennen, begründet, trägt und vollendet die Zuwendung des Menschen zu Gott.

Hingabe des begnadeten Geschöpfs

Es ist also die Hingabe des begnadeten Geschöpfes an Gott die Weise, wie es der Liebe Gottes inne wird. Hier erst gewinnen wir nun den christlichen Begriff von Opfer. Das Opfer besteht eben nicht darin, daß das Geschöpf von sich her Gottes Gnade erlangen kann. Denn ursprünglich bedeutet ja schon „Geschöpfsein", in der Gemeinschaft mit Gott und in der Gnade zu stehen. Opfer ist vielmehr die Antwort des begnadeten Geschöpfes auf Gottes Gnade in der Kraft der Gnade. Nur der Mensch in der Gnade – im Heiligen Geist Gottes – kann das Opfer vollziehen. Diesen Vollzug der geistigen und willentlichen Hingabe des Geschöpfes an den gnädigen Gott aufgrund der Gegenwart Gottes im Heiligen Geist bei seinem Geschöpf nennen wir auch Glaube.

Nicht der Sünder also kann das Opfer vollziehen. Da er sich aus der Gnadengemeinschaft mit Gott entfernte, wurde er unfähig, der Liebe Gottes zu antworten. Dies kann einzig und allein der gerechtfertigte, der begnadete, in der Gemeinschaft des Heiligen Geistes lebende, im Glauben gegründete Mensch.

Für ein christliches Verständnis wird nun klar, daß nach dem Verlust der ursprünglichen Gottesgemeinschaft in der „Sünde Adams" nur der von Gott geschaffene und mit ihm in Gemeinschaft lebende, neue Mensch Jesus Christus in Wahrheit das Opfer des Dankes und der liebenden Selbstüberantwortung vollziehen kann. Denn Jesus ist allein der Gerechte, der in seinem Verhältnis zu Gott die vollkommene Antwort des Dankes und der Liebe geben kann. Diese gründet in der Einheit von göttlicher und menschlicher Natur in der Person des ewigen Sohnes des Vaters. Durch die Menschwerdung des ewigen Wortes entsteht der neue Mensch. Nur dieser kann in der Gemeinschaft mit dem Menschen Jesus kraft der Gabe des Heiligen Geistes nun das Opfer des Glaubens und der Selbsthingabe an Gott, den Vater vollziehen. Zutiefst gründet das Opfer Jesu Christi im Kreuz, an dem er sich in Dank und Liebe ganz dem Vater überantwortet. Im ewigen Opfer des ewigen Sohnes an den Vater dankt er für den Empfang der Gottheit und vereint sich mit dem Vater in ewiger Liebe. Durch die Annahme der menschlichen Natur ist dieses Geschehen in die Welt hinein erweitert mit der Möglichkeit, daß der Sünder aus seiner Gottferne umkehrt und kraft der Teilhabe an der Menschheit Jesu, an der ewig dankenden Selbsthingabe des Sohnes in Liebe an den Vater teilnimmt.

Das Opfer des Glaubens zur Gerechtigkeit Gottes

Für diese christliche und christologische Deutung des Opfers ist nun das Opfer Abels wichtig geworden. Es dient als Typus für das Opfer Christi und der Christen. In ähnlicher Weise ist auch das Opfer Melchisedechs und das Opfer Abrahams zum Typus des Opfers Christi geworden. Im Gegensatz zu den dinglichen Opfern im Tempelkult und vor allem im Gegensatz zu den religionsgeschichtlichen Opfervorstellungen knüpft man an diesen Opferbegriff an. Ist Gott ungerecht, weil er Kains Opfer zurückweist und das Opfer Abels annimmt (vgl. Gen 4,1–7)? Muß Gott nicht den guten Willen anerkennen und die guten und bösen Taten des Menschen nach gleichem Maß belohnen oder bestrafen? Wir meinen, daß Gott das doch seiner Gerechtigkeit schuldet. Andernfalls drängt sich die Vorstellung auf, daß Gott nach Willkür und Gutdünken reagiert.

Allzu menschlich klingende Fragen übersehen, was Gerechtigkeit Gottes eigentlich heißt. Die Gerechtigkeit Gottes (und ihr Lohn) meint ja nicht die Antwort Gottes auf ein menschliches Handeln. Umgekehrt ist die menschliche Antwort in Dank und Liebe die Antwort auf die Selbstmitteilung Gottes, durch die er uns gerecht macht, d. h. in ein Entsprechungsverhältnis zu ihm hineinbringt und uns seine Gemeinschaft schenkt (vgl. Röm 1,17). Hier erst zeigt sich das Wesen des christlichen Opfers. Das Geheimnis des Opfers ist der Glaube, der in der Liebe wirksam ist (Gal 5,6). Das Neue Testament gibt uns in dieser Hinsicht die Deutung des Opfers des Abel. „Gott schaute auf Abel und sein Opfer" (Gen 4,4), weil es ein Opfer des Glaubens war.

> *„Aufgrund des Glaubens brachte Abel Gott ein besseres Opfer dar als Kain; durch diesen Glauben erhielt er das Zeugnis, daß er gerecht war, da Gott es bei seinem Opfer bezeugte; und durch den Glauben redet Abel noch, obwohl er tot ist" (Hebr 11,4).*

Am Opfer Abels zeigt sich uns der neue Sinn des Opfers im Rahmen einer Gemeinschaft von Gott und den Menschen, in der die

Gnade und der Glaube einander entsprechen. Ebenso wird auch die Opferung Isaaks zu einem Sinnbild des Opfers des Glaubens, der sich in Jesu Kreuz und Auferstehung als Ursprung der neuen Gottesgemeinschaft erweist.

> *„Aufgrund des Glaubens brachte Abraham den Isaak dar, als er auf die Probe gestellt wurde, und gab den einzigen Sohn dahin, er, der die Verheißungen empfangen hatte und zu dem gesagt worden war: Durch Isaak wirst du Nachkommen haben. Er verließ sich darauf, daß Gott sogar die Macht hat, Tote zum Leben zu erwecken; darum erhielt er auch Isaak zurück. Das ist ein Sinnbild“ (Hebr 11,17–19).*

Es ist also Jesus Christus, der „Urheber und Vollender des Glaubens“, ohne den es unmöglich ist, Gott zu gefallen, d.h. in der Gemeinschaft der Liebe zu leben. Und dieser Gehorsam des Glaubens bewährte sich bis in den Tod hinein, und darum ist er zu Gott erhöht worden (vgl. Hebr 11,6; 12,2). Alle Opfer der Vorzeit laufen darum auf Jesus Christus hin. Er ist allein der Gerechte, der in seinem Glaubensgehorsam das Opfer der Selbsthingabe des Sohnes an den Vater darbringen kann, der sich ihm in der Selbstmitteilung seiner Liebe ganz geschenkt hat. Im Opfer Christi werden alle Opfer der Menschheit überholt. Aber auch hier zerstört die Gnade nicht die Natur, sondern erhebt sie und baut auf ihr auf.

Der anthropologische Grundakt des Dankes und der Liebe, der auch noch durch die krudesten und grausamsten Formen von Tieropfern durchschimmerte, wird durch die Gerechtigkeit des Menschen aufgrund der Gnade Christi befreit und zu seinem Ziel der Liebesgemeinschaft mit Gott hingeführt. Freilich kann die Schlachtung von Menschen vom Anthropologischen her nicht mehr als eine Form des Opfers anerkannt werden, weil es geradezu die Perversion des Verhältnisses der Kreatur zum Schöpfer darstellt. Das Menschenopfer ist Opfer im Modus absoluter Absurdität. Der Hingabewille der Menschheit an Gott in welcher Form auch immer wird transformiert in den wahren Sinn des Opfers, wie er typologisch im Alten Testament schon vorausbedeutet war. Nicht der Mensch kann von sich aus auf Gott einwirken. Der Sinn des Opfers besteht für uns darin, daß wir alles, was wir von Gott empfangen haben, Gott antwortend übergeben. Dadurch überantworten wir uns selbst im Opfer des Glaubens und des

Dankes, der Hingabe und der Liebe an Gott. Wir haben damit Anteil an der Gemeinschaft von Vater und Sohn im Geist der ewigen Liebe.
Auch die Schlacht-, Brand- und Speiseopfer des alttestamentlichen Kultes sind aufgehoben, weil sie uns nicht mit Gott versöhnen können. Zwar sind sie uns geschenkte Möglichkeiten, damit wir durch sie Gemeinschaft mit Gott in Lob, Dank, Bitte und Sühne erlangen. Doch fehlt dem Menschen die innere Kraft, sich mit den Symbolen der Hingabe so zu verbinden, daß sie Ausdruck der Selbsthingabe werden. Hierzu bedarf es der Einheit von Opfersymbol und Opferpriester. Dies ist der Sohn Gottes, der in der Einheit seiner Gottheit und Menschheit der Gebende wie auch der rein Hinnehmende und sich Hingebende ist. Jesus Christus ist der einzige Hohepriester des Neues Bundes, der ein für allemal uns durch sein Opfer geheiligt hat, weil er der Sohn Gottes ist, der unser Fleisch und Blut angenommen hat (vgl. Hebr 2,16; 4,14). Nur weil Christus sich im Heiligen Geist mit dem Glaubenden innerlich verbindet und alle mit Christus „Einer“ (Gal 3,28) sind, kann sich nun auch der Christ durch, mit und in Christus Gott ganz übereignen. Er gibt sich mit dem hin, was er von Gott empfangen hat: Jesus Christus, das fleischgewordene Wort Gottes, das Lamm, das unsere Sünden gesühnt hat.
Da Gott von uns gar nicht versöhnt zu werden braucht oder versöhnt werden kann, bietet er sich selbst in seinem Sohn Jesus Christus als die Versöhnung an. Denn Versöhnung ist Heiligung. Der Mensch, der Gott versöhnen wollte, maßte sich die Möglichkeit an, Gott zu heiligen, so daß das Geschöpf Gott erst zum Schöpfer und Urheber des Heils machen würde. Gott vereinigt uns vielmehr mit seinem ewigen Sohn im vollkommenen Opfer des Gehorsams, da „das Blut Christi, der sich selbst kraft ewigen Geistes Gott als makelloses Opfer dargebracht hat, unser Gewissen von toten Werken reinigen wird, damit wir dem lebendigen Gott dienen“ (Hebr 9,14). So ist Jesus Christus als der Gott-Mensch die innere Einheit von Gnade und Glauben, von Gottes Vergebung und der neuen Geschöpflichkeit des Menschen, der sich aufgrund der Gerechtigkeit Gottes im Glaubensgehorsam ganz auf Gott hin antwortend überschreiten kann. Aus dieser urbildlichen Einheit in Jesus Christus leben wir. In ihm ist Gott bei uns, und in ihm

können wir unser Opfer des Glaubens darbringen und den Glauben und die Liebe zur Grundform unserer äußeren Lebensgestalt machen. Denn nur im Gott-Menschen Jesus Christus vollzieht sich die dauernde Vermittlung in die Unmittelbarkeit Gottes.

„Gerecht gemacht aus Glauben haben wir Frieden mit Gott, durch Jesus Christus, unseren Herrn. Durch ihn haben wir auch Zugang erhalten zu der Gnade, in der wir stehen, und rühmen uns unserer Hoffnung auf die Herrlichkeit Gottes" (Röm 5,1 f.).

Das Opfer Jesu Christi

Alle Schriften des Neuen Testamentes bezeugen die schlechthin alles entscheidende Bedeutung des Kreuzestodes Jesu Christi für unser Gottesverhältnis. Zwar interpretieren sie den Tod Jesu nicht alle ausdrücklich mit der Begrifflichkeit von Opfer und Priestertum. Das tut nur der Verfasser des Hebräerbriefes. Aber sie gebrauchen dennoch alle Begriffe aus diesem gedanklichen und sprachlichen Umfeld. Entscheidend sind nicht die sprachlichen Kategorien, durch die Realität und Bedeutung des Sterbens Jesu erschlossen werden, sondern die Tatsache, daß die freiwillige Hingabe Jesu für uns bis zum Tod am Kreuz alles entscheidend ist für unser Gottesverhältnis. Durch eine bloße Vermeidung der Opferterminologie läßt sich das Ärgernis des Kreuzes, in dem allein Heil und Segen für uns liegt, nicht vermindern.

Jesus gibt sein Leben hin als „Lösegeld für die vielen" (Mk 10,45; Jes 53,10–12; 1 Tim 2,6), durch sein Blut, „das Blut des Bundes, das für viele vergossen wird" (Mk 14,26). „Durch sein Blut haben wir die Erlösung und die Vergebung der Sünden" (Eph 1,6). „Er hat sich aus Liebe hingegeben als Gabe und Opfer, das Gott gefällt" (Eph 5,2). Der Ausdruck „die vielen" ist nicht vom Unterschied zu wenigen her auszulegen. Biblisch ist der Bezug des „einen" als Repräsentant des ganzen Volkes zu der Vielheit der Glieder des Gottesvolkes und der ganzen Menschheit gemeint (vgl. z. B. Jes 53,11).

Von Jesus Christus heißt es aber nicht nur, daß er sich selbst dahingegeben hat, sondern daß er auch als der Sohn vom Vater dahingegeben wurde aus Liebe (vgl. Joh 3,16). Gott gibt seinen Sohn in den Tod dahin, um die Sünden zu verurteilen und zu überwinden. Er begründet ein neues Leben der Gemeinschaft, damit die Menschen „durch Jesus Christus geistige Opfer darbringen, die Gott gefallen“ (1 Petr 2,5; vgl. Röm 12,1). Für die, die in Christus Jesus sind, gilt nicht mehr die alte Wirklichkeit der Gottesferne. Sie stehen nicht nur unter dem Gesetz der Sünde und des Todes und der vergeblichen menschlichen Versuche, sich gottgefällig zu machen. Die alte Existenzweise unter dem „Fleisch“ ist überwunden hin zur neuen Existenzweise „in Geist und Leben“.

> *„Weil das Gesetz, ohnmächtig durch das Fleisch, nichts vermochte, sandte Gott seinen Sohn in der Gestalt des Fleisches, das unter der Macht der Sünde steht, zur Sühne für die Sünde, um an seinem Fleisch die Sünde zu verurteilen; dies tat er, damit die Forderung des Gesetzes durch uns erfüllt werde, die wir nicht mehr nach dem Fleisch, sondern nach dem Geist leben“ (Röm 8,3 f.).*

Dieses neue Bundesverhältnis zwischen Gott und den Menschen aufgrund der Dahingabe des Sohnes durch den Vater und der antwortenden Selbsthingabe des Sohnes an den Vater läßt sich nun auch vor dem Hintergrund des alttestamentlichen Priestertums und des Opfergeschehens im jüdischen Tempel entfalten. Das levitische Priestertum war eingesetzt worden, um mit Schlacht- und Brandopfern für die Sünden des Volkes Sühne zu leisten. Aber die Priester des Tempels waren selber Sünder, und die Opfer, die sie darbrachten, vermochten die Sündenvergebung nicht zu erreichen. Sie waren allenfalls Vorbilder und Schatten des neuen Priestertums und des neuen Opfers, das wirklich die Kraft hat, die Versöhnung zu bewirken.

Zum Mittler des Neuen Bundes kann kein Mensch sich selber einsetzen. Gott setzt seinen Sohn, den er als Mensch in die Welt gesandt hat, zum Hohenpriester des Neuen Bundes ein. Nur der Sohn Gottes kann auf Erden den Dienst des Priesters und Mittlers vollziehen. Er verwirklicht aber diesen Dienst im Gehorsam gegenüber dem Vater bis ins Leiden hinein, in welchem er sich selber opfert. So vollendet der ewige Sohn sein Sohnesverhältnis zum Vater in der für uns angenommenen Menschennatur. Und als der so Vollendete und ewig Lebendige ist der Sohn „zum Urheber des ewigen Heiles geworden“ (Hebr 5,9). Sein Priestertum hört nicht auf durch den Tod, so wie es bei den levitischen Priestern der Fall war. Als der Auferstandene vollzieht er ewig sein Priestertum in ewiger Selbst-

hingabe an den Vater. Das, was einmalig geschichtlich am Kreuz geschehen ist, nämlich die Selbsthingabe des Menschen Jesus an Gott, wird hineingenommen in die ewige Selbsthingabe des Sohnes an den Vater. Es ist Ausdruck dafür, daß die Selbstmitteilung des Vaters an den Sohn in seiner ewigen Gottheit und in der angenommenen Menschheit zugunsten des Menschen für immer in der Welt gegenwärtig ist als Medium der Kommunikation zwischen Gott und den Menschen. So ist der gekreuzigte und auferstandene Christus ein für allemal und für ewig der Zugang des Menschen zu Gott geworden. „Er hat, weil er auf ewig bleibt, ein unvergängliches Priestertum“ (Hebr 7,24).
Gott der Vater hat also den Sohn zum Hohenpriester der Menschheit eingesetzt und ihn, weil er die Selbstaussage der ewigen Liebe Gottes ist, zur Opfergabe, d. h. zur Gestalt der menschgewordenen Liebe gemacht. Aber der Sohn hat auch im Gehorsam sein Leiden und seinen Tod angenommen und sich darin der Liebe des Vaters hingegeben für die Sünder, um mit seiner Lebenshingabe die Liebe Gottes sichtbar zu machen und zugleich den Zutritt zu ihr zu eröffnen. Der Sohn konnte sich dem Vater jedoch nur als makelloses Opfer darbringen „kraft ewigen Geistes“, mit dem er in Ewigkeit die Liebe zum Vater vollzieht (vgl. Hebr 9,14).

Mitteilung der göttlichen Liebe

Wir können die Erlösung durch das stellvertretende Opfer Christi nur verstehen, wenn wir das Kreuzesgeschehen als die heilsgeschichtliche Vollendung der Offenbarung des ewigen Dialogs der Liebe zwischen Vater, Sohn und Heiligem Geist begreifen. Es ist der ewige Dialog der Liebe, der mit dem ewigen Sein und Leben Gottes identisch ist, der in der Schöpfung, im Bundesangebot und schließlich in der Opfergabe der Menschheit des Sohnes für uns geschichtlich verwirklicht wird. Vom Vater geht in Gott die Bewegung der Liebe aus, insofern der Sohn als das ewige Gegenüber aus dem Mitteilungswillen der Gottheit hervorgeht. Im Heiligen Geist, der ewig vom Vater ausgeht, sind Vater und Sohn als ewige Liebe geeint. Indem Gott die Schöpfung hervorbringt, macht er sie zum Abbild seiner dreifaltigen Liebe. Der Vater bringt im Bild des Sohnes die Welt hervor und vollzieht die Einheit mit der im

Sohn auf ihn hingeordneten Schöpfung kraft seines Heiligen Geistes. Wir Menschen haben mit Gott, dem Vater, Gemeinschaft nur dann, wenn wir an der antwortenden Dankeshingabe des Sohnes und der sich darin vollziehenden Einigung der Liebe von Vater und Sohn im Heiligen Geist teilhaben.

Durch die Sünde haben wir uns unfähig gemacht, diese Bewegung der Liebe mitzuvollziehen. Kein Mensch war aus sich heraus in der Lage, sei es in einem religiösen Aufschwung oder in einer hohen sittlichen Leistung, der Liebe Gottes zu antworten. Gott wollte seine Liebe, die er in sich und für uns ist, angesichts der hoffnungslosen Lage des Sünders behaupten. Darum mußte er selbst das Menschsein, das der Sünde unterworfen war, annehmen. Kraft dieser Annahme machte er den Menschen fähig, im Glauben der Gnade zu antworten. Diese Einheit von Gottes Erlösungswillen und adäquater menschlicher Antwort nennen wir ja Jesus Christus, den ewigen Gottessohn, der unser Menschsein angenommen hat.

In Jesus kommen die Bewegung Gottes zum Menschen und die antwortende Bewegung des Menschen zu Gott zusammen. Denn diese beiden Bewegungen gründen in der ewigen Bewegung des Vaters zum Sohn in der antwortenden Bewegung der Liebe des Sohnes zum Vater hin. Im Sohn erweist Gott seine Liebe zu dem Sünder bis zum Äußersten, da er auch noch die Gottlosigkeit, die Schuld und die Sünde in seinem Tod erträgt und in seiner Liebe versenkt. Der Vater gibt den Sohn als Opfergabe seiner Liebe bis in den Tod dahin. Der Sohn realisiert die Selbsthingabe seines angenommenen menschlichen Lebens, indem er seine Antwort als Mensch in die ewige Hingabe der Liebe des Sohnes an den Vater hineinnimmt und sie so zu dessen zeitlicher und geschichtlicher Gestalt macht.

Zugang zum Leben

Im Kreuz treffen wir also auf den geschichtlichen Ernstfall der Liebe zwischen Vater und Sohn zugunsten des Menschen. Der Vater kann den Sohn nur als Opfergabe für uns dahingeben, wenn der Sohn in seiner ewigen göttlichen und in seiner geschichtlich-menschlichen Existenz sich ganz dem Vater verdankt weiß. Die

Mitteilung des göttlichen Lebens darf er aber nicht nur einfach passiv entgegennehmen, sondern muß sie auf die Weise der antwortenden Selbsthingabe annehmen. So gehört das Opfer Jesu Christi mit seiner Selbsthingabe zum Vergebungs- und Selbstmitteilungswillen des Vaters hinzu. Es ist ein konstitutives Moment an ihm. Das Kreuz wird zum Erkennungszeichen der Liebe Gottes zu uns. Es wird auch für uns Zugang zum Leben Gottes, das wir in der Sünde verloren haben (vgl. Joh 3,16).

„Die Liebe Gottes wurde unter uns dadurch offenbart, daß Gott seinen einzigen Sohn in die Welt gesandt hat, damit wir durch ihn leben". Der Vater hat aus Liebe zu uns „den Sohn gesandt als Sühne für unsere Sünden" (1 Joh 4,9 f.).

Aber nur indem wir durch einen Mitvollzug der Selbsthingabe Jesu an den Vater die Vergebung Gottes und das Angebot der neuen Gemeinschaft aktiv aufnehmen, werden wir zu Empfängern seiner Gnade und vollziehen den ewigen Austausch der Liebe des Vaters zum Sohn und des Sohnes zum Vater mit. Diese Interpretation des Kreuzesopfers als geschichtliche Realisierung der ewigen Liebe von Vater und Sohn im Geist zugunsten des Menschen entlarvt jede religionskritische und christentumsfeindliche Unterstellung des Todes Jesu (im Sinne einer Art Menschenopfer oder als Ausdruck des Ödipuskomplexes) als eine Form von Intoleranz gegenüber einem Glauben, den man nicht verstehen will.

Unverständlich bleibt, wie man „die Offenbarung von Gottes Zorn wider alle Gottlosigkeit und Ungerechtigkeit der Menschen, die die Wahrheit durch Ungerechtigkeit niederhalten" (Röm 1,18), mit dem pathologischen Anthropomorphismus eines tobsüchtigen Tyrannen ausmalen kann: Der Rachedurst eines solchen Gottes könne nur gestillt werden, wenn er sich an der Todesqual seines eigenen Sohnes zugleich sadistisch oder masochistisch weide. Im Gegenteil geht es ja darum, daß Gott seine Gerechtigkeit aus dem Glauben an Jesus Christus offenbart (vgl. Röm 3,22). Nicht Gott bestraft die Menschen oder sich selbst, sondern er nimmt die Destruktionskräfte der Gottlosigkeit und Menschenfeindschaft auf sich.

„Jetzt gibt es keine Verurteilung mehr für die, welche in Christus Jesus sind. Denn das Gesetz des Geistes und des Lebens in Christus

Jesus hat dich frei gemacht vom Gesetz der Sünde und des Todes. Weil das Gesetz, ohnmächtig durch das Fleisch, nichts vermochte, sandte Gott seinen Sohn in der Gestalt des Fleisches, das unter der Macht der Sünde steht, zur Sühne für die Sünde, um an seinem Fleisch die Sünde zu verurteilen" (Röm 8,1–3).

Es ist eine äußerst infantile Vorstellung, wenn gefragt wird, wie Gott, der Vater, im Himmel zuschauen kann, wie sein Sohn sich am Kreuz in Todesqualen windet. Dieser Sicht liegt eine völlige Verkennung dessen zugrunde, was mit den Worten Vater und Sohn in Gott gemeint ist. Gott-Vater und Gott-Sohn sind ja nicht zwei verschiedene Individuen, so wie ein menschlicher Vater von seinem leiblichen Sohn als menschliches Wesen völlig verschieden ist. Auch ein menschlicher Vater wird mit seinem Sohn durch Liebe und Mitgefühl verbunden sein. In der Einheit Gottes aber besagen die Worte Vater, Sohn und Geist relative Gegensätzlichkeiten im Selbstverhältnis des einen Gottes. Vater bedeutet Gott, insofern er im ursprünglichen Besitz seines eigenen Wesens ist. Sohn bedeutet Gott, insofern er sich in seiner Selbsterkenntnis vollkommen mit sich selber identifiziert. Heiliger Geist bedeutet Gott schließlich, indem Gott seine Gottheit in dieser Unterschiedenheit von Vater und Sohn als Einheit vollzieht. Weil Gottes Wesen Liebe ist, kann man auch sagen, daß diese unterschiedlichen Selbstverhaltensweisen Gottes sich dialogisch zueinander verhalten.

Jesus ist nichts anderes als die menschgewordene ewige Selbstaussage Gottes, die wir das Wort oder den Sohn nennen. Am Kreuz leidet und stirbt der Mensch Jesus, der aber mit dem ewigen Wort Gottes geeint ist und durch dieses in den inneren Dialog von Vater und Sohn einbezogen ist. Darum ereignet sich im Kreuz auch die Selbsthingabe des Vaters durch den Sohn und die Selbsthingabe des Sohnes an den Vater zugunsten des Menschen. Die paulinischen Bildworte vom Zorn Gottes meinen darum nicht eine Art Gemütserregung eines jenseitigen Vaters „über dem Sternenzelt", der hier auf unsere Erde herunterschaut. Gemeint ist der Tatbestand am Menschen, daß nämlich die Sünde ihn von Gott trennt und daß der Tod als Verlust der Lebensgemeinschaft mit Gott die Folge ist. Gottes Wesen und Heiligkeit ist in sich der unüberwindbare Widerstand, den er der Sünde entgegensetzt. Nur

Gott kann die Versöhnung neu gewähren und den Sünder an seiner Herrlichkeit teilhaben lassen, indem er die Folge der Sünde auf sich nimmt und damit ihren Charakter als Trennung von Gott aufhebt. Der Sohn des Vaters mußte nicht deshalb den Tod des Sünders sterben, um einen fernen Gott zu versöhnen und die Glut seines Zornes zu löschen. Es geht darum, daß der Mensch mit Gott nur durch Gott selbst versöhnt werden kann.

Siegel der Unbesieglichkeit

Warum aber bedingen Erlösung und Versöhnung einen Zusammenhang von Liebe und Tod? Warum fordert die erlösende Selbsthingabe Christi das Opfer seines Lebens? Es war Jesu Sendung, die vergebende Liebe des Vaters zu verkünden und in seinem Schicksal selbst der Beweis dieser Liebe bis zum Äußersten zu sein. Die Menschen versperrten sich seiner Liebe, indem sie ihn dem Verbrechertod überantworteten. Sie bewiesen damit unter einem übergeordneten Gesichtspunkt betrachtet die Gottesfeindschaft der Menschen, die in der Sünde Gott verloren hatten. Jesus bleibt seiner Sendung angesichts dieses todbringenden Widerstandes treu. Er unterwirft seinen menschlichen Willen und sein menschliches Geschick dem Heilswillen des Vaters den Menschen gegenüber (vgl. Mk 14,36). Im Ringen des göttlichen Heilswillens mit dem tödlichen „Widerstand der Sünder“ (Hebr 12,3) setzt er sein ganzes Leben ein.

Zwischen Liebe und Leben besteht ein abgründiger Zusammenhang, dessen letzte Tiefe menschlichem Denken nicht voll erreichbar sind. Wer wirklich liebt, versteht sich ganz vom Geliebten her. Lieben bedeutet, sein Leben als Medium des Daseins für andere zu verstehen. Wer das Heil des Geliebten will, kann auf alles verzichten, nur nicht auf die Liebe selbst. Der Liebende ist bereit, sogar auf seine physische Existenz zu verzichten zugunsten des Geliebten. Er verflüssigt sein Dasein in das Geschehen der Liebe hinein. So deutet Jesus selbst seinen Tod: „Eine größere Liebe hat niemand, als wer sein Leben hingibt für seine Freunde“ (Joh 15,13). Hier ist der Tod verstanden als die äußerste Gestalt der Verendgültigung der Liebe, so daß der Geliebte fortan aus dem hingegebenen Leben des Liebenden lebt. Eine Liebe, die sich in

der Lebenshingabe ausdrückt, ist allem Zweifel und allem Schwanken, aller Vorläufigkeit enthoben.
Oft vergleicht man den stellvertretenden Tod Jesu aus Liebe mit der nicht genug zu bewundernden Lebenshingabe des heiligen Paters Maximilian Kolbe für einen zum Tod verurteilten Häftling im Konzentrationslager Auschwitz. Doch die Bedeutung des Todes Jesu greift noch tiefer. Er hat sein Leben nicht nur für seine Freunde hingegeben, sondern sogar für seine Feinde, die seinen Tod wollten und denen er die Liebe Gottes verkündigte. Jesus entzog sich nicht der Feindschaft gegen ihn, indem er der Sendung von Gott her untreu wurde. Gerade darin beweist er, daß Gottes Liebe nicht erst von unserer Liebe ausgelöst wurde, sondern daß Gott den Sünder liebt und ihn durch seine Liebe, die allein in Gott selbst gründet, gewinnen will. Jesus setzt seine Liebe der härtesten Bewährung aus, indem er aus der Hand der Gottesfeinde den Tod erleidet.
Er prägt seinem Tod das Siegel der Unbesieglichkeit der göttlichen Liebe ein. Jesus wird dabei aber nicht von seinen Henkern Gott geopfert. Jesus zerstört auch nicht etwa selbst sein Leben wie in einer Selbstverbrennung aus Protest gegen politische und soziale Mißstände. Er nimmt freiwillig den ihm zugefügten Tod auf sich, um gerade im äußersten Einsatz sich als das Subjekt seiner Selbsthingabe zu beweisen. Jesus wird am Kreuz nicht von Menschen geopfert, Gott läßt ihn auch nicht durch Menschen opfern, sondern Gott opfert sich selbst für die Menschen hin in seinem Sohn Jesus Christus, der sich als Antwort ganz dem Liebeswillen des Vaters hinschenkt. In dieser Übernahme des Todes, in den er seine Liebe einprägt, überwindet er auch die Ferne des Menschen von Gott, wie sie in Leiden, Sinnlosigkeitserfahrung und der Hoffnungslosigkeit des Todes zum Ausdruck kommt.

„Christus ist schon zu der Zeit, da wir noch schwach und gottlos waren, für uns gestorben. Dabei wird nur schwerlich jemand für einen Gerechten sterben; vielleicht wird er jedoch für einen guten Menschen sein Leben wagen. Gott aber hat seine Liebe zu uns darin erwiesen, daß Christus für uns gestorben ist, als wir noch Sünder waren. Nachdem wir jetzt durch sein Blut gerechtgemacht sind, werden wir durch ihn erst recht vor dem Gericht Gottes gerettet werden. Da wir mit Gott versöhnt wurden durch den Tod seines Sohnes, als

wir noch Gottes Feinde waren, werden wir erst recht, nachdem wir versöhnt sind, gerettet werden durch sein Leben. Mehr noch, wir rühmen uns Gottes durch Jesus Christus, unseren Herrn, durch den wir jetzt schon die Versöhnung empfangen haben" (Röm 5,6–11).

Jesu Tod bedeutet darum nicht das Scheitern seiner Sendung, sondern die äußerste Erfüllung. Es war aber nicht das physische Leiden und Sterben, das die Versöhnung gestiftet und die neue Gemeinschaft mit Gott eröffnet hat. Es war die Selbsthingabe Jesu an den Vater bis in den Tod hinein, die die Einheit der Selbstmitteilung des Vaters an den Sohn und der dankenden Hingabe des Sohnes an den Vater zugunsten des Menschen bewirkt hat. Der leibliche Tod Jesu ist nur die Erscheinung seines Willens, dem Vater bis zum Tod am Kreuz gehorsam zu sein, um darin die Liebe Gottes zu offenbaren.

Verbundenheit mit Gottes Ewigkeit

Das Opfer Christi besteht in dem vollkommenen Gehorsam des Willens Jesu gegenüber dem Heilswillen des Vaters. Indem der menschliche Wille den göttlichen Willen des Sohnes vollzieht, wird in Jesus Christus stellvertretend jeder Mensch mit dem Heilswillen Gottes verbunden. Und darum vollzieht sich unsere Gottesgemeinschaft auch in der willentlichen Hingabe. Denn willentliche Hingabe bedeutet nichts anderes als die Liebe. Darum hat Gott nicht an äußeren Opfergaben und Opferriten Gefallen, sondern nur am Opfer des Willens, Gottes Willen, der ein Heilswille ist, zu erfüllen:

„Darum spricht Christus bei seinem Eintritt in die Welt: Schlacht- und Speiseopfer hast du nicht gefordert, doch einen Leib hast du mir geschaffen; an Brand- und Sündopfern hast du kein Gefallen. Da sagte ich: Ja, ich komme – so steht es über mich in der Schriftrolle –, um deinen Willen, Gott, zu tun. Zunächst sagte er: Schlacht- und Speiseopfer, Brand- und Sündopfer forderst du nicht, du hast daran kein Gefallen, obgleich sie doch nach dem Gesetz dargebracht werden; dann aber hat er gesagt: Ja, ich komme, um deinen Willen zu tun. So hebt Christus das erste auf, um das zweite in Kraft zu setzen. Aufgrund dieses Willens sind wir durch die Opfergabe des Leibes Jesu Christi ein für allemal geheiligt" (Hebr 10,5–10).

Wir verstehen das Opfer Christi als die Verwirklichung der ewigen Selbstmitteilung des Vaters an den Sohn und die dankende und gehorsame Selbsthingabe der Liebe des Sohnes an den Vater. Dieses Opfer vollzieht sich in dem menschlichen Geschick Jesu, in der geschichtlichen Konkretheit des Geschehens von Golgatha. Die Selbsthingabe geschieht zugunsten des Sünders, der kraft des Heiligen Geistes gerechtfertigt wird, indem der Sohn die Gemeinschaft mit dem Vater vollzieht. Was am Kreuz in geschichtlicher Einmaligkeit geschah, ist nun für immer gültig. Es gibt keine Wiederholung dieses Geschehens in der geschichtlichen Dimension, weil dieses begrenzte, kontingente, geschichtliche Ereignis der Ort ist, an dem sich die Ewigkeit der Liebe Gottes inkarnatorisch realisiert hat. Aber genau darum ist auch die Geschichte und die ganze Menschheit durch dieses kontingente geschichtliche Ereignis mit der Ewigkeit Gottes verbunden.

Und dieses Ereignis wird für uns gegenwärtig in der Feier der Eucharistie. Die Eucharistiefeier ist selber getragen von der Einmaligkeit dieses Geschehens, das durch Gottes Wort in dieser heiligen Mahlfeier gegenwärtig wird. In die ewige Bewegung des Vaters zum menschgewordenen Sohn und des menschgewordenen Sohnes zum Vater hin wird der Christ aufgrund seines Glaubens aufgenommen. Diese ewige Hingabe wird sakramental gegenwärtig und darum mitvollziehbar in der Eucharistie. Indem wir die Einigung der Liebe von Vater und Sohn mitvollziehen, empfangen wir auch die Frucht dieser Einigung, nämlich den ganzen Reichtum Jesu Christi, die Versöhnung und das ewige Leben, das uns durch seine Auferstehung eröffnet worden ist.

Das Opfer der Kirche

Die Kirche tut recht daran, wenn sie bedenkt, was wirklich in der Eucharistiefeier geschieht. Welche Perspektiven tun sich hier einer theologischen Analyse auf? Ein 2000jähriger Umgang mit dem Wort Gottes in der Heiligen Schrift und in den gottesdienstlichen Feiern hat gezeigt, was die Eucharistiefeier mit dem Wesen von Kirche und Christsein zu tun hat. Darum fragen wir zu Recht, was das eigene Handeln der Kirche in der Meßfeier bedeutet.

Einbeziehung in die Nachfolge Jesu

Bei vielen ökumenischen Gesprächen mit den reformatorischen Christen ist es kein Streitpunkt, daß wir durch den Empfang des sakramentalen Leibes und Blutes Christi Anteil an seinem hingeopferten Leib und an seinem zu unserem Heil vergossenen Blut erlangen. Für ein katholisches Verständnis aber beschränkt sich die Eucharistie nicht bloß auf den passiven Empfang einer Heilsgabe. In der Eucharistie gedenken wir nicht lediglich einer in historischer Ferne zurückliegenden Heilstat Christi.

Gewiß vollzog sich das Erlösungsopfer in geschichtlicher Einmaligkeit. Es ist unwiederholbar und keiner Ergänzung bedürftig. Aber in seinem Gang zum Vater hat der erhöhte Herr seine Menschheit und seine Geschichte nicht abgelegt. Er nimmt sie für immer und ewig in sein Verhältnis zum Vater auf. Für alle Ewigkeit steht der Sohn dem Vater im Vollzug von Dank und Liebe gegenüber, wie er sie am Kreuz zugunsten des Menschen dargebracht hat.

> *„Er hat, weil er auf ewig bleibt, ein unvergängliches Priestertum. Darum kann er auch die, die durch ihn vor Gott hintreten, für immer retten; denn er lebt allezeit, um für uns einzutreten" (Hebr 7,24 f.).*

Die heilige Messe ist ja ihrem Inhalt nach identisch mit dem Kreuzesopfer und nur insofern von ihm verschieden, als sie seine sakramentale Vergegenwärtigungsform ist. Als dessen sakramentale Vergegenwärtigung repräsentiert sie auch die geschichtliche Einmaligkeit des Kreuzes und seine bleibende Gültigkeit vor Gott. In der heiligen Messe übt damit Jesus sein ewiges Hohepriestertum und sein ewiges Mittleramt aus. Wenn aber die Eucharistie nicht nur ein passives Beschenktwerden mit irgendeiner dinglich fixierten Heilsfrucht ist, sondern Einbeziehung in die Nachfolge Jesu, dann ist sie gerade darin Heilsvermittlung, daß wir in ihr die Bewegung Jesu zum Vater im Zeichen des Kreuzesopfers mitvollziehen. Durch und in Christus haben wir zu Gott, unserem Vater, Zugang. Wir sagen dem Vater durch ihn Dank. Wir gehen ein in das Sohnesverhältnis Jesu zum Vater. Wir bringen das Opfer des Glaubens, des Gehorsams und der Liebeshingabe dar. Jesus selbst konnte Gottes Opfergabe zu unserem Heil nur werden, weil er in der Selbsthingabe den Liebeswillen des Vaters empfangen hat. So kann auch die Kirche nicht dem Erlösungsgeschehen passiv gegenüberstehen und lediglich die Erklärung Gottes, daß wir erlöst sind, als Information entgegennehmen. Glaube bedeutet vielmehr Empfang der Erlösung in der Weise der aktiven Selbsthingabe unseres Willens, damit sich der Dialog der Liebe zwischen Gott und uns auch vollziehen kann. Darin macht der Vater aber auch die Kirche zur Opfergabe, indem sie in Christus zum Zeichen der Heilsgegenwart Gottes in der Welt wird. Wir sprechen in diesem Sinne auch vom Opfer der Kirche, das in der Eucharistie dargebracht wird. Wie verhält sich aber das Opfer Christi, der doch durch seine Selbsthingabe allein der Hohepriester und die Opfergabe an den Vater ist, zu diesem Opfer der Kirche?

Einheit mit dem Opfer Christi

In der Tat gibt es im Neuen Bund kein zusätzliches Opfer zum Opfer Christi. „Denn durch ein einziges Opfer hat er die, die geheiligt werden, für immer zur Vollendung geführt" (Hebr 10,14). Das Opfer der Kirche kann darum kein anderes Opfer neben dem Opfer Christi sein. Es handelt sich vielmehr um eine Dimension am Opfer Christi, die sich einer genaueren Betrachtung erschließt. Die Kirche wäre nicht mehr als ein „privater Religionsverein", würde sie ihre Meßfeier nur als Danksagung aus der historischen Distanz heraus verstehen. Wenn Christus und Kirche wie Haupt und Leib eng miteinander verbunden sind, dann kann es nur darum gehen, daß wir den Dank Jesu an den Vater mitvollziehen. Und nur dieser Mitvollzug der Gemeinschaft von Vater und Sohn im Heiligen Geist bedeutet für uns die Teilhabe am Heil. Erlösung beschränkt sich also nicht nur darauf, daß irgendwo in der Geschichte Gott das Heil wirkt, sondern daß wir befähigt werden, am Leben Gottes selbst teilzunehmen, der das Heil ist.
Diese vollkommene Hineingabe in die ewige Dankesantwort des Sohnes an den Vater bewirkt allerdings nicht erst eine Versöhnung Gottes, sondern sie setzt sie schon voraus. Denn nur in Christus können die Christen die Gemeinschaft des Sohnes mit dem Vater mitvollziehen. In dieser Opferhingabe der Kirche soll darum nicht Sündenvergebung erst erlangt werden. Es wird viel-

mehr die schon geschehene Sündenvergebung gefeiert. Nur der im Glauben gerechtfertigte Mensch, der mit Christus Gemeinschaft hat, kann sich liebend und dankend mit Jesus dem Vater opfernd hingeben. Die Messe ist daher gemäß der Formulierung des Trienter Konzils nicht deshalb ein Sühnopfer, weil Sünder durch ihr Tun Gott zur Vergebung bewegen wollen. Die Glaubenden feiern vielmehr die Versöhnung, indem sie in die eucharistische Antwort Jesu an den Vater eintreten. „Wo aber die Sünden vergeben sind, da gibt es keine Sündopfer" (Hebr 10,18).

Sich-Hineinstellen in die bereits geschehene Versöhnung

Wenn die Kirche also die Eucharistie feiert, will sie Gott nicht erst um die Versöhnung bitten. Sie stellt sich vielmehr in die in Christus geschehene Versöhnung hinein. Dies ist das Opfer der Gerechten, „daß sie sich zu einer heiligen Priesterschaft aufbauen lassen, um durch Christus geistige Opfer darzubringen, die Gott gefallen" (1 Petr 2,5).

> *„Durch ihn also laßt uns Gott allezeit das Opfer des Lobes darbringen, nämlich die Frucht der Lippen, die seinen Namen preisen" (Hebr 13,15).*

Gerade das Bewußtsein, daß Christus der Mittler auch der Opferhingabe seiner Jünger ist, zeigt, daß das Opfer der Kirche nicht äußerlich an das Opfer Christi angehängt wird. Jesus selbst ist ursprünglich auch der Priester des Opfers der Kirche. Denn er ist Haupt, Ursprung und bleibendes Lebensprinzip seiner Kirche. Er hat sie sich durch seine Hingabe an seinen Leib und an seine Braut erworben (vgl. Eph 5,21–33; Offb 19,7). Die Glieder der Kirche, die im Glauben und in der Taufe dem gekreuzigten und auferstandenen Herrn gleichgestaltet wurden (vgl. Röm 6,4), gleichen sich der Hingabe Christi, des Hauptes der Kirche, an den Vater an. Wie Jesus seinen Willen dem Willen des Vaters im Gehorsam unterstellt, so gleichen die Jünger ihren Willen dem Willen Gottes an, der immer Heilswille ist, und darum haben sie Gemeinschaft mit dem Vater und dem Sohn (vgl. 1 Joh 1,3). In der Opferhingabe ihres Glaubens und der Nachfolge vermählt sich Jesus als Haupt mit seiner Kirche. Die Kirche vereinigt sich damit als Leib mit Christus, ihrem Haupt. Die Kirche nimmt durch und in Christus teil an der inneren Wechselseitigkeit der Selbsthingabe des Sohnes an den Vater und an der Dahingabe des Sohnes „für uns".

Die Kirche ergänzt also nicht das – allein genügende – Opfer Jesu Christi, sondern sie verkündet die Herrlichkeit Christi in allen Generationen für ewige Zeiten. Indem die Glaubenden sich in der Liebe in die Bewegung des Sohnes zum Vater hineingeben, wird die Liebe des Vaters zum Sohn „für uns" in Raum und Zeit der Geschichte offenbar und zur Vollendung gebracht (vgl. Eph 3,17 f.). Das geschieht im Hinblick auf das Ende, wenn der Sohn dem Vater das Reich übergibt, damit Gott alles und in allem (vgl. 1 Kor 15,28) und Christus alles und in allen (vgl. Kol 1,11) sein wird. Der Apostel Paulus versteht seine Kämpfe und Leiden, die er für seine Gemeinden erträgt, als eine Art Sichtbarmachung der Leiden Christi für die Kirche (vgl. Kol 1,24). Alle seine Arbeit und Mühen nimmt er „für" die Gemeinden auf sich, „damit immer mehr Menschen aufgrund der überreich gewordenen Gnade den Dank vervielfachen, Gott zur Ehre" (2 Kor 4,15).

Verähnlichung mit Christus

Das Wort vom Opfer der Kirche als einem wichtigen Aspekt am Opfer Christi bedeutet, daß wir nicht nur passive Empfänger der Heilsgaben und Früchte sein können. Das Empfangen bedeutet vielmehr, daß wir aufgrund von Glauben und Taufe mit der ganzen Aktivität unseres geschöpflichen Willens uns Gott überantworten können, so wie Christus sich an den Vater hingegeben hat in der Kraft der uns geschenkten Gnade des Heiligen Geistes. So erweist sich Jesus als das Haupt seiner Kirche und der neuen Menschheit, der Anführer des Heils, der Urheber und Vollender des Glaubens, das Urbild des neuen Menschseins. Alle Not und Last des Lebens, alle Leiden, alle Anstrengungen, Mühen und Arbeiten, können für uns zu einem Mittel der Verähnlichung mit dem Leiden, Sterben und der Auferstehung Jesu Christi werden. Wenn wir nur die innere Gesinnung Christi in uns aufnehmen und ausprägen, wenn wir uns ganz dem Vater in Dank und Liebe hingeben, können wir damit – so wie Christus seine ewige Gottessohnschaft vom Vater empfängt – nun auch die Gottesfreundschaft in Christus aus Gnade empfangen. Das wird möglich mittels unserer Selbsthingabe an Gott, so wie der Sohn sich ewig dem Vater hingibt:

„Alles, was ihr in Worten und Werken tut, geschehe im Namen Jesu, des Herrn. Durch ihn dankt Gott dem Vater" (Kol 3,17).

Die Kirche weiß freilich, daß sie nicht getrennt von Christus Gott Dank sagen und sich ihm darbringen kann, um Versöhnung zu erlangen. Darum heißt es – vielleicht zunächst etwas mißverständlich – in einzelnen Formulierungen der eucharistischen Hochgebete und der kirchlichen Lehre, daß die Kirche Christus als Opfergabe darbringt. Gemeint ist damit, daß Christus in der Eucharistie der Hohepriester des Neuen Bundes in der Einheit und Verschiedenheit von Haupt und Leib ist. Er bringt sich in dieser Weise dem Vater dar, um das Opfer des Glaubens und der Hingabe zu ermöglichen. Dabei ermöglicht er, die Gerechtfertigten in die Gemeinschaft des Sohnes mit dem Vater einzubeziehen. Das Zweite Vatikanische Konzil sagt darum von der tätigen Teilnahme der Gläubigen in der Haltung des Glaubens und der Liebe:

„Sie sollen Gott Dank sagen und die reine Opfergabe darbringen nicht nur durch die Hände des Priesters, sondern auch gemeinsam mit ihm und dadurch sich selber darbringen lernen. So sollen sie durch Christus, den Mittler, von Tag zu Tag zu immer vollerer Einheit mit Gott und untereinander gelangen, damit schließlich Gott alles in allem sei" (SC 48).

Vielleicht hat niemand schöner diese innere Einheit des Opfers Christi und seines Leibes der Kirche, wie sie in der Eucharistie gegeben ist, dargestellt als der heilige Augustinus. Er war durchdrungen von der Idee des einen und ganzen Christus, der als Leib in der Zuordnung von Haupt und Gliedern besteht.

„Folglich ist ein wahres Opfer jegliches Werk, wodurch bewirkt wird, daß wir in heiliger Gemeinschaft Gott anhängen, mit anderen Worten, jedes Werk, das in Beziehung gesetzt ist zu jenem Zielgut, das imstande ist, uns wahrhaft zu beseligen. Es wäre also auch die Barmherzigkeit gegen den Mitmenschen kein Opfer, wenn sie nicht um Gottes willen geübt wird. Denn das Opfer ist, wenngleich es von einem Menschen ausgeht oder dargebracht wird, doch eben etwas auf die Gottheit Bezügliches ... Und es ist demnach der Mensch überhaupt, wenn er durch den Namen Gottes geweiht und

Gott gewidmet ist, ein Opfer, sofern er der Welt abstirbt, um Gott zu leben … Da nun aber die wahren Opfer bestehen in Werken der Barmherzigkeit gegen uns sowohl wie gegen den Nächsten, die auf Gott bezogen werden, Werke der Barmherzigkeit aber stets den Zweck verfolgen, von Unseligkeit zu befreien und demnach weiterhin den Zweck, glückselig zu sein … so ergibt sich ohne weiteres, daß die gesamte erlöste Gemeinde, das ist die Vereinigung und Gemeinschaft der Heiligen, als ein allumfassendes Opfer Gott dargebracht wird durch den Hohenpriester, der seinerseits auch sich für uns, damit wir der Leib eines so erhabenen Hauptes seien, dargebracht hat in seinem Leiden nach seiner Knechtsgestalt. Denn diese hat er dargebracht, in dieser wurde er dargebracht, weil er in ihr Mittler ist, in ihr Priester und Opfer zugleich. Darum fährt der Apostel fort, nachdem er uns ermahnt hat, daß wir unseren Leib zu einer lebendigen, heiligen, gottgefälligen Opfergabe, zu unserer vernünftigen Hingabe machen und nicht dieser Welt gleichgestaltet werden, sondern uns umgestalten sollen in der Erneuerung unseres Sinnes, um zu erproben, was der Wille Gottes sei, was gut und wohlgefällig und vollkommen sei. Im Anschluß also an diese Mahnung fährt der Apostel fort: ‚Denn ich sage allen, die unter euch sind, vermöge der Gnade Gottes, die mir gegeben ist, nicht höher von sich zu denken, als sich geziemt, sondern maßvoll, wie eben Gott jedem das Maß des Glaubens zugeteilt hat. Gleichwie wir nämlich an dem einen Leibe viele Glieder haben, alle Glieder aber nicht dieselbe Verrichtung tun, so sind wir viele ein Leib in Christus, einzelne aber untereinander Glieder, im Besitze verschiedener Gaben gemäß der Gnade, die uns gegeben worden ist‘ (Röm 12,3–6) Das ist das Opfer der Christen: ‚die vielen ein Leib in Christus‘. Dieses Opfer feiert die Kirche auch durch das den Gläubigen bekannte Sakrament des Altares, worin ihr vor Augen gehalten wird, daß sie in dem, was sie darbringt, selbst dargebracht wird“ (Gottesstaat, X,6).

Sakramentales Zeichen des Opfers – das eucharistische Gebetswort

Wegen der Bestreitung des Opfercharakters der Eucharistie seit der Reformation haben viele Theologen nach dem Konzil von Trient versucht, mit verschiedenen Theorien das liturgische Zeichen des Opfers kenntlich zu machen. Manche meinten, das Wesen des Opfers bestehe in einer Destruktion (Zerstörung) der Opfergabe. So wie Christi Leben am Kreuz zerstört wurde durch die Trennung des Blutes vom Leib, so stelle die getrennte Darbietung von Leib und Blut Christi in den Zeichen von Brot und Wein das sakramentale Zeichen des Meßopfers dar (Idee der mystischen Schlachtung). Andere sahen das Wesen des Opfers in einer Übereignung der Opfergabe an Gott, wodurch Brot und Wein in Leib und Blut Christi gewandelt werden. Wieder andere gehen davon aus, daß sich in der himmlischen Liturgie eine ewige Schlachtung des Opfers vollziehe, die sich abbildlich und parallel in der liturgischen Feier der Kirche widerspiegele.

Die Glaubenslehre, wonach sich das Opfer Christi und seiner Kirche in seiner historischen Realität und soteriologischen Qualität in der Liturgie der Eucharistiefeier sakramental vergegenwärtige, ist natürlich nicht abhängig von einer theoretischen Konzeption seitens einzelner Theologen oder Theologenschulen. Klar zeigt der Befehl Christi und die Praxis der Urkirche, die allein authentisch den Willen Christi erfassen und bezeugen konnte, daß das Realgeschehen des Opfers Christi am Kreuz – mit dem das Opfer der Kirche untrennbar verbunden ist – in der Feier dieses Geschehens in der gebotenen Wort- und Zeichenhandlung wirklich gegenwärtig ist. Christus selbst vereinigt sich ja mit den Gläubigen und bezieht sie in seine Hingabehaltung an den Vater ein, von dem wir alles empfangen. Wer am Tisch des Herrn Platz nimmt, hat durch den Kelch, „über den wir den Segen sprechen, Teilhabe am Blut Christi", und durch das Brot, das wir essen, „Teilhabe am Leib Christi", so daß das eine Brot die vielen zu dem einen Leibe Christi macht (vgl. 1 Kor 10,16 f.).

Die Diskussion in Liturgiewissenschaft und Pastoraltheologie im 20. Jahrhundert, ob die Messe ein Opfer oder ein Mahl sei, zeugt nicht von theologischem Tiefgang. Verkündigungspsychologische

Strategien dominieren die Theologie und führen zum Substanzverlust im Glauben. Unbestreitbar ist die Messe der Realität nach die sakramentale Vergegenwärtigung des Kreuzesopfers Christi; dadurch konstituiert er die Kirche als seinen Leib. Und damit ist er das eine Subjekt des Opfers des Hauptes und des Leibes. Aber wie steht es auf der Ebene des Zeichens mit dem Opfercharakter? So wenig man den soteriologischen und sakramentalen Opferbegriff der Kirche dem Inhalt nach von heidnischen Opfern her verstehen kann, so wenig hat auch der Zeichencharakter Ähnlichkeiten mit dinglich faßbaren Opferriten. Völlig abwegig ist daher die These, in den ersten beiden Jahrhunderten habe sich die Eucharistiefeier nur als ein bloßes Essen von Brot und Wein vollzogen, bei dem man an Jesus inklusive seines Todes zurückgedacht habe. Der Tisch, an dem die Eucharistie gefeiert wurde, habe keine Merkmale eines „Altares" und damit die Eucharistie keinen Opfercharakter aufgewiesen.

Aber was macht denn einen Altar aus? Macht eine bestimmte Tisch- und Altarform das Gedächtnis Christi zum Opfer? Ist nicht die *memoria Christi* die vorgegebene Realität, die den Tisch, um den die Gemeinde versammelt ist, zum Altar, d. h. zum Ort der realen Vergegenwärtigung des Opfers Christi und der Einbeziehung der Glaubenden in dieses Geschehen macht? Dadurch haben sie ja erst mit dem gekreuzigten und auferstandenen Herrn eine wirkliche Gemeinschaft und leben durch ihn, aus ihm und für ihn.

Im übrigen weist die Rede vom „Tisch des Herrn" (1 Kor 10,21) keineswegs nur auf das Mahl hin oder kann als Beleg beigebracht werden, daß die Eucharistie nur zur Speise und nicht als sakramentaler Mitvollzug des Opfers Christi und der Kirche eingesetzt worden ist. Denn ein Tisch dient nicht nur zum gemeinsamen Mahl. Am Tisch versammeln sich Menschen außer zum Essen auch zum Gespräch, zum Austausch, zu Verhandlungen, zur geistigen Arbeit etc. In der Urkirche ist der Tisch des Herrn der Mittelpunkt der Versammlung der Kirche Gottes, um das Gedächtnis des Opfers Christi zu feiern, um durch das Segenswort über die Opferzeichen von Brot und Wein und die Proklamation des Heilstodes Christi zur Teilhabe an dem für uns dahingegebenen Leib und dem für uns vergossenen Blut Christi im Neuen und Ewigen Bund zu gelangen (vgl. 1 Kor 10,16; 11,26; Mk 14,23 ff.).

Der Tisch des Herrn wird zum „Altar des Herrn" (vgl. Gen 8,20; Ps 43,4; Hebr 13,10), wenn die Kirche sich als Tempel Gottes versammelt.

> *„Laßt euch als lebendige Steine zu einem geistigen Haus aufbauen, zu einer heiligen Priesterschaft, um durch Jesus Christus geistige Opfer darzubringen, die Gott gefallen" (1 Petr 2,5).*

So kann der Psalmist trunken vor Gottesfreude ausrufen:

> *„Auch der Sperling findet ein Haus und die Schwalbe ein Nest für ihre Jungen – deine Altäre, Herr der Heerscharen, mein Gott und mein König. Wohl denen, die wohnen in deinem Haus, die dich allezeit loben" (Ps 84,4 f.).*

Unser Priester, Opfer-Tempel und Altar ist Jesus Christus (Hebr 13,10; Offb 6,9; 21,22):

> *„Durch ihn haben Juden und Heiden in dem einen Geist Zugang zum Vater. Durch ihn wird der ganze Bau zusammengehalten und wächst zu einem heiligen Tempel im Herrn. Durch ihn werdet auch ihr im Geist zu einer Wohnung Gottes erbaut" (Eph 2,18.21).*

Das Zeichen des Opfers richtet sich nach dem Inhalt des Opfers. Das Opfer des ewigen Wortes im Gehorsam des Willens Jesu und seiner Selbsthingabe im Heiligen Geist besteht in der Proklamation dieses Heilstodes, durch die uns Christus mit sich vereint und in die Hingabe des ganzen Christus – Haupt und Leib – einbezieht. Das Zeichen ist also das Proklamationswort des Hochgebetes, das das Mahl, d. h. die Kommunion mit dem sich selbst geopfert habenden Christus ermöglicht und trägt. Was macht also die eucharistische Handlung zu einem sichtbaren Opfer? Es kann nicht die äußerliche Nachahmung eines heidnischen oder alttestamentlichen Opferritus (Besprengung mit Blut, Ablaufrillen am Altar, eine Mulde zur Verbrennung von Tieropferfleisch oder von Feldfrüchten und dergleichen) sein. Jesus Christus ist der Opferpriester, die Opfergabe und der Altar. Darum ist das trinitarisch gestaltete Hochgebet, das im Namen Christi über Brot und Wein gesprochen wird, das sakramentale Zeichen, durch das Christus im Heiligen Geist sein Opfer in seinem für uns dahingegebenen Leib und Blut mitten unter den Seinen gegenwärtig macht. Die Kommunion seines Leibes und Blutes wird uns dargeboten, damit wir in Christus – unserem Haupt – als die vielen der eine Leib Christi werden, der die Kirche als „Gemeinschaft der Geheiligten" (Apg 20,32) ist.

Jesus selbst nahm in der Nacht, da er verraten wurde, Brot und den Kelch mit Wein in seine Hände. Er selbst spricht die *Eucharistia* (das große Dankgebet an den Vater im Heiligen Geist), bricht das Brot, damit in dem einen Brot die Vielheit der Glieder des Leibes Christi zur Einheit zusammenfügt werde, und gibt es seinen Jüngern zur Speise, damit wir mit ihm eine Gesinnungs- und Handlungseinheit werden. Der Apostel Paulus erklärt die christologische Grundlegung und ekklesiale Auswirkung des Herrenmahls:

> *„Das ist mein Leib für euch. Tut dies zu meinem Gedächtnis ... Dieser Kelch ist der Neue Bund (vgl. Ex 24,8; Jer 31,31; Hebr 8,6–13) in meinem Blut (dem realen Sterben am Kreuz). Tut dies sooft ihr daraus trinkt zu meinem Gedächtnis! Denn sooft ihr das tut, proklamiert ihr den Tod des Herrn, bis er kommt" (1 Kor 11,24–26).*

Das Opfer Christi besteht formell nicht in seinem physischen Tod, sondern in seinem Willensakt, im Gehorsam zu seiner Sendung sich ganz dem Willen des Vaters zu überantworten und darin die Hingabe des Sohnes zum Zeichen und zur Wirklichkeit der radikalen Liebe Gottes zum Sünder zu machen. Die Selbsthingabe Jesu an den Vater bis in den Tod qualifiziert darum erst seinen physischen Tod zur äußersten und unmißverständlichen Ausdrucksgestalt dieser Liebe. Das Sterben Jesu ist also nicht deshalb heilswirksam, weil nur Todesqual und der Tod eines Menschen einen beleidigten und schmollend-zürnenden Gott „versöhnen" würden, wie es Sigmund Freud in seiner gewaltsamen und beleidigenden Übertragung der absurden Ödipuslegende auf das Opfer Christi wollte, sondern weil das Sterben Jesu die realgeschichtliche Verwirklichung des Heilswillens des Vaters im Sohn und der Dahingabe des in das Fleisch dieser Welt gesandten Sohnes ist als Liebe Gottes „für uns" (vgl. Hebr 10,5–10).

Dementsprechend kann in der heiligen Messe nicht der historisch vergangene physische Tod Jesu im Zeichen dargestellt werden. Das blutige Geschehen am Kreuz kann als solches nicht in der heiligen Messe symbolisiert werden, etwa wie in einem Mysterienspiel oder in einer ersatzweisen Zerstörung der Opfergaben oder im rituellen Fließenlassen von Stierblut über den Altar und die Teilnehmer des Kultes. Vergegenwärtigt wird vielmehr der im Zeichen des Kreuzestodes offenbar gewordene Akt der Liebeshingabe

des Sohnes an den Vater für uns. Unter Erinnerung an die geschichtlichen Heilstaten Gottes bis zu ihrem Höhepunkt in Kreuz und Auferstehung seines Sohnes nimmt die Kirche teil an dem ewig bleibenden Hingabeakt des Sohnes an den Vater. Dabei ist daran zu erinnern, daß die menschliche Hingabe nicht erst Gott zur Heilsgabe bewegt hat, sondern daß Jesus durch seine Hingabe das Heil Gottes in die Welt gebracht und jedem im Glauben angeboten hat. Das Opfer Christi am Kreuz ist die geschichtliche Konkretgestalt der ewigen Einheit des Vaters mit dem Sohn im Heiligen Geist, die vermittels der Nachfolge Christi sich als *Communio* zwischen Gott und den Menschen darstellt. Die Kirche wird einbezogen in den Dialog von Vater und Sohn im Geist. Der Sohn aber ist der menschgewordene Sohn, der sein Sohnesverhältnis zum Vater seitdem für immer auch in unserem hinfälligen Leib in der Hoffnung auf die Auferstehung mitvollzieht.
Wir sehen darum das sakramentale Zeichen des Opfers Christi und der Kirche in der vergegenwärtigenden und gedenkenden Verkündigung der Heilstaten Gottes (Anamnese). Gemäß dem Auftrag Jesu Christi vollzieht sich dies in der Worthandlung des heiligen Mahles, wenn wir im Wort über die Gaben (eucharistisches Hochgebet) aktuell in den Dialog der Liebe von Vater und Sohn im Geist eintreten und im Genuß der eucharistischen Speise die Liebe Gottes zu uns empfangen und in ihrer Kraft Gott liebend antworten können.
Die heilige Messe ist also ein Opfer im Wort Christi, der das Wort Gottes an uns ist und unsere Antwort zu Gott hinträgt, indem er Wort und Antwort in seiner Person untrennbar verbindet. Unser Opfer, das sich zeichenhaft darstellt im Hören und Mitvollziehen der eucharistischen Proklamation von Tod und Auferstehung während des Hochgebetes, besteht wie das Opfer Christi im Opfer des Willens, d. h. der Einigung unserer Liebe mit der Bereitschaft, auch die äußere Lebensgestalt und die Lebensgestaltung von diesem Akt der Liebe prägen zu lassen. Die Kirche dankt vereint mit Jesus Christus und durch ihn dem Vater für alles das, was sie von ihm empfangen hat, und zwar letztlich dafür, daß Gott sich selbst uns geschenkt hat in seinem Sohn. Dadurch nimmt sie vermittelt durch die Menschheit Christi am ewigen Opfer des Dankes und der Liebe des Sohnes zum Vater teil. Dies geschieht zu unserem

Heil. Wir werden nämlich von göttlichem Leben erfüllt, das allein alle Sehnsucht des Geschöpfes nach ewiger Liebe ausfüllen kann. Indem die Kirche das eucharistische Gebet über die Gaben spricht, feiert sie den Dialog der Liebe von Vater und Sohn im Heiligen Geist als Ursprung und Ziel der Schöpfung. Diese Feier der Kirche ist gleichzeitig Zeichen und Mittel der Verwirklichung des Neuen Bundes zwischen Gott und den Menschen.

Im folgenden wollen wir betrachtend den inneren Gang des Hochgebetes erschließen. Wir wählen dazu das Dritte Hochgebet der lateinischen Liturgie. Alle eucharistischen Gebete sind ein Mitvollzug des Dialogs von Vater und Sohn im Heiligen Geist, vermittelt durch die Menschheit des Sohnes und seine Geschichte sowie durch den Heiligen Geist, der uns ins Herz gegeben ist. Das eucharistische Gebet ist eine Explikation der heilsgeschichtlichen Selbsterschließung des dreifaltigen Gottes. Der Vater kommt durch den Sohn im Heiligen Geist zu uns, damit wir im Heiligen Geist durch die Vermittlung des Sohnes zum Vater kommen.

> *„Als aber die Zeit erfüllt war, sandte Gott seinen Sohn, geboren von einer Frau und dem Gesetz unterstellt, damit er die freikaufe, die unter dem Gesetz stehen, und damit wir die Sohnschaft erlangen. Weil ihr aber Söhne seid, sandte Gott den Geist seines Sohnes in unser Herz, den Geist, der ruft: Abba, Vater. Daher bist du nicht mehr Sklave, sondern Sohn; bist du aber Sohn, dann auch Erbe, Erbe durch Gott“ (Gal 4,4–7).*

Das eucharistische Opfer – Liturgie des sakramentalen Opfers Christi und der Kirche

Bereitung der Gaben – und der Herzen

In der Mitte der öffentlichen Tätigkeit Jesu steht seine Verkündigung des nahegekommenen Reiches Gottes. Indem die Menschen diese Botschaft annehmen und in Glauben und Nachfolge in die Gemeinschaft mit Jesus eintreten, wird das Reich Gottes in dieser Welt auch wirklich. Jesu Tun besteht darin, daß er durch die Verkündigung das Reich Gottes verwirklicht. Reich und Herrschaft Gottes aber sind nichts anderes als die Gemeinschaft des Menschen mit Gott, so daß Gott selbst definitiv Heil, Erfüllung und Glück der Kreatur ist. Die Gemeinschaft mit Jesus wird nun zum Zeichen der wirklichen Gottesbegegnung. Jesus sammelt in seiner Verkündigung die Jünger, die zum Volk des Neuen Bundes werden. Jesus braucht nicht erst eine neue Religionsgesellschaft zu gründen. Gottes Volk ist schon da. Jesus aber will es aus der Entfremdung von Gott herausführen. Durch die Wendung des Geschicks Jesu wegen der Ablehnung seiner Sendung durch die Repräsentanten des alten Gottesvolkes begründet er in Kreuz und Auferstehung den Bund neu, und er gibt dem alten Bundesvolk eine neue Qualität. Das Volk Gottes wird zu einer Kirche im Zeichen der Hingabe Jesu Christi. Es wird zusammengefügt aus Juden und Heiden. Das neue Gottesverhältnis steht im Zeichen des Leibes Christi, des gekreuzigten und auferstandenen Bundesmittlers. Das neue Gottesvolk ist Kirche Gottes, weil es Kirche Jesu Christi, des Sohnes Gottes ist.

Der vorösterliche Jesus ruft das alte Gottesvolk zur Umkehr und zum Glauben. Indem er die zwölf Jünger beruft, erhebt er unübersehbar den Anspruch auf die zwölf Stämme Israels. Er verkündigt aber auch das Gericht über den Unglauben Israels. Dieses Gericht vollzieht sich dann aber in der stellvertretenden Übernahme der Sünde und des Todes als Strafe für die Sünde. Darum ereignet sich im Tod Jesu die Überwindung von Sünde, Gottesfeindschaft und Tod. Damit ist zugleich die Gabe des ewigen Le-

bens und die endgültige Aufrichtung des Reiches Gottes und die Gründung des neuen Gottesvolkes gegeben, und zwar in der Auferweckung Jesu durch den Vater.
Das Gleichnis von den bösen Winzern (vgl. Mk 12,1–12) beleuchtet die Situation. Der Besitzer des Weinberges schickt vergeblich seine Knechte zu den Pächtern, um die Pacht einzufordern. Zuletzt aber sendet er seinen Sohn. Die Winzer aber konzentrieren ihren Widerstand gegen den Besitzer auf diesen. Um den Vater zu treffen, bringen sie den Sohn um. Die Aussage des Gleichnisses ist, daß der von Gott zu seinem Volk gesandte Sohn von diesem verworfen und ans Kreuz geschlagen wird. Gott als Vater aber erweckt ihn von den Toten. Mächtiger als der Widerstand der Sünder ist Gottes Liebe. Der Stein, den die Bauleute verwarfen, wird nun zum Fundament und Eckstein des neuen Baus des Gottesvolkes im Neuen Bund (vgl. Ps 118,22 f.).
Jesus hat das neue Bundesvolk um sich gesammelt im Zeichen des Mahles. Er beruft sogar Zöllner und Sünder zum endzeitlichen Hochzeitsmahl (vgl. Mk 2,15). Die Erzählung von der wunderbaren Brotvermehrung zeigt uns, wie Jesus die vielen Menschen speist, die zu seiner Predigt zusammengeströmt waren. Jesus hat Mitleid mit ihnen, weil sie wie Schafe sind, die keinen Hirten haben (vgl. Mk 6,34). Er wird sich als der Hirte erweisen, der sogar sein Leben für seine Schafe hingibt (vgl. Joh 10,2.11; Hebr 13,20; 1 Petr 2,25). Angesichts des erschlagenen Hirten werden sich die Schafe zerstreuen. Aber der auferstandene Herr wird sie neu sammeln und bei ihnen bleiben (vgl. Mk 14,27 f.). Die wenigen Brote und Fische, mit denen Jesus die um ihn versammelten Menschen speist, läßt Jesus durch seine Jünger verteilen. „Und alle aßen und wurden satt" (Mk 6,42).
Schließlich versammelte Jesus in der Nacht vor seinem Leiden und Sterben noch einmal seine zwölf Jünger, die Repräsentanten des alten und des neuen Bundesvolkes (vgl. Eph 2,20; Offb 21,14) zum Letzten Abendmahl. Er teilt ihnen Brot und Wein aus, damit sie in diesem Zeichen Anteil haben an seinem für die Kirche am Kreuz hingeopferten Leben. Indem die Kirche nach Ostern gemäß dem Auftrag Jesu dieses heilige Mahl feiert zu seinem Gedächtnis, hat sie Gemeinschaft mit Jesu Fleisch und Blut. In dieser Opferfeier vollzieht die Kirche ihre Einheit mit Gott und erfährt die Gemeinschaft

der Jünger untereinander. Das Mahl stellt also die Einheit der Gottes- und Menschengemeinschaft dar und baut sie je und je neu auf.

Die Mahlgaben – Zeichen und Mittel der Gemeinschaft

Dieses heilige Mahl deutet die Gemeinschaft der Jünger und ihre Einheit mit Christus an und realisiert sie. Es vollzieht sich in den Zeichen der Mahlgaben von Brot und Wein. Ihnen eignet eine natürliche Symbolik. Sie bezeichnen die Einheit des Leibes Christi in den vielen Gliedern, die durch Jesus Christus zusammengefügt wird. Schon Paulus weist auf einen Zusammenhang zwischen dem einen Brot und der Einheit der vielen Jünger hin. „Ein Brot ist es, darum sind wir viele ein Leib; und wir alle haben Teil an dem einen Brot" (1 Kor 10,17). Die Zusammensetzung des Brotes aus vielen Körnern und des Weines aus den vielen Trauben bezeichnet nun die Sammlung und die Zusammenfügung der Jünger zur Kirche durch Jesus. Eine frühchristliche Schrift zu Ende des 1. Jahrhunderts fordert die Gemeinde betreffs der Eucharistie auf, folgendermaßen Dank zu sagen:

> *„Zuerst betreffs des Bechers: ‚Wir danken dir, unser Vater, für den heiligen Weinstock Davids, deines Knechtes, den du uns offenbart hast durch Jesus, deinen Knecht, dir die Herrlichkeit in Ewigkeit.' Betreffs des Brotes: ‚Wir danken dir, unser Vater, für das Leben und die Erkenntnis, die du uns offenbart hast, durch Jesus, deinen Knecht, dir die Herrlichkeit in Ewigkeit. Wie dieses gebrochene Brot auf den Bergen zerstreut war und zusammengebracht ein Brot geworden ist, so soll deine Kirche zusammengebracht werden von den Enden der Erde in dein Reich'" (Didache, 9,1–4).*

Die hier im Zeichen des Brotes und Weines angezeigte Sammlung der vielen Jünger deutet aber auch auf die Wandlung hin. Die Jünger werden aus ihrer Vereinzelung herausgenommen und zur Einheit zusammengefügt. Aus ihnen werden Glieder des Leibes Christi, die in ihrem Miteinander und Füreinander die Kirche Christi aufbauen (vgl. 1 Kor 12,12–31a; Röm 12,1–8). Indem sie aber gewandelt werden, haben sie im Zeichen der verwandelten Gaben Anteil an der Gemeinschaft mit Jesus Christus, der sich für sie an den Vater hingegeben hat „als Gabe und Opfer, das Gott gefällt" (Eph 5,2). Er hat die Kirche geliebt und sich für sie hingegeben. Darum hat er sie sich als seinen Leib erworben. Im Zeichen des dargereichten Brotes und Kelches vereinigt er die Kirche mit sich und nimmt sie hinein in sein ewiges Dankesopfer und seine ewige Liebeshingabe als Sohn an den Vater in der Einheit von Vater und Sohn im Heiligen Geist. Die Kirche wird zusammen mit ihm zu einer Opfergabe zum Lob der Herrlichkeit des Vaters (vgl. Eph 1,14). In und mit Christus bringt sich die Kirche als lebendiges und heiliges Opfer dar, „das Gott gefällt“ (Röm 12,1).

Wenn Christus also durch den Dienst des Priesters die Mahlgaben Brot und Wein bereitet, erinnert er an die Sammlung der Kirche durch Jesus. Der Priester bereitet auch die Herzen der Jünger, da sie durch die Gemeinschaft mit Christus im Empfang des Leibes und Blutes Christi Kirche werden können und in ihm an der Gemeinschaft des Sohnes mit dem Vater teilhaben.

Die Symbolik von Brot und Wein

Zu Beginn der Gabenbereitung bringen die Gläubigen in einer Prozession Brot und Wein zum Altar und legen sie in die Hände des Priesters. Sie bringen damit ihre Bereitschaft zum Ausdruck, sich ganz in das Opfer Christi hineinzubegeben. Mit Jesus werden sie aufgrund ihres Glaubens und der Taufe zu einer Schicksalsgemeinschaft mit seinem Leiden und seiner Auferstehung. Sie erwarten die Anteilgabe an Jesu Gemeinschaft mit dem Vater im Empfang der eucharistischen Gaben. Die Kirche wird dadurch als Leib Christi auferbaut und wächst ihrem Haupt entgegen.

> *Denn „durch ihn wird der ganze Leib zusammengefügt und gefestigt in jedem einzelnen Gelenk. Jedes trägt mit der Kraft, die ihm zugemessen ist. So wächst der Leib und wird in Liebe aufgebaut“ (Eph 4,16).*

Der Priester, der in der Person des Hauptes der Kirche handelt, nimmt die Gaben entgegen und betet mit den Worten des Dritten Hochgebets:

> *„Gepriesen bist du, Herr unser Gott, Schöpfer der Welt. Du schenkst uns das Brot, die Frucht der Erde und der menschlichen Arbeit. Wir bringen dieses Brot vor dein Angesicht, damit es uns das Brot des Lebens werde. Gepriesen bist du, Herr unser Gott, Schöpfer der Welt. Du schenkst uns den Wein, die Frucht des Weinstocks und*

der menschlichen Arbeit. Wir bringen diesen Kelch vor dein Angesicht, damit er uns zum Kelch des Heiles werde."

Daß nun gerade Brot und Wein die Mahlgaben sind und nicht andere Speisen, wird zunächst positiv in der Stiftung Jesu beim Letzten Abendmahl begründet. Aber auch schon die natürliche Symbolkraft spricht für Brot und Wein. Brot und Wein sind Inbegriff fester und flüssiger Nahrung. Der Mensch bedarf des täglichen Brotes (vgl. Mt 6,11), um zu leben. Wenn der Christ im Vaterunser um das tägliche Brot betet, weiß er zugleich auch, daß er Gottes Geschöpf ist. Er lebt nicht einfach durch sich selbst, sondern durch die Kommunikation mit der Welt und den Früchten der Erde. Vom Schöpfer ist ihm die Erde gegeben, die ihre Früchte für den Menschen hervorbringt. Die Früchte der Erde sind beständige Zeichen dafür, daß Gott für seine Geschöpfe sorgt. Dies führt sie zum Nachdenken und zum Dank an Gott, so daß der Mensch gerade im Essen seines täglichen Brotes sich zur Erinnerung seiner Verwiesenheit auf Gott und zum Dank an ihn aufgerufen fühlt.

Der Mensch lebt dabei nicht allein vom physischen Brot, sondern auch von Gott und von seinem Wort. Gott gibt ihm Nahrung für das biologisch-physische und noch mehr für das geistige und geistliche Leben (vgl. Mt 4,4). Aber das Brot ist nicht einfach nur schon eine fertig bereitete Gabe von Gott her an den Menschen, so wie man in einem Schlaraffenland nur den Mund aufzumachen braucht, damit einem die gebratenen Tauben in den Mund fliegen. Das Brot wirft noch ein weiteres bezeichnendes Licht auf das Leben des Menschen in dieser Welt als Geschöpf Gottes. Der Mensch ist vom Ackerboden der Erde genommen. Ihm ist aber auch der Ackerboden zur Arbeit anvertraut (vgl. Gen 2,15). Gaben, die Gott dem Menschen schenkt, sind dann nicht nur die Früchte der Erde, sondern noch vielmehr alle die Fähigkeiten, die zur Daseinsfürsorge notwendig sind, zur sozialen Gestaltung des Zusammenlebens und zum Aufbau einer geistigen und kulturellen Welt. Der Mensch ist schon als Geschöpf Kulturwesen.

Im Hinblick auf das Brot zeigt sich nun die Einheit von Natur und Kultur. Gott ist der Schöpfer der Welt und des Menschen, indem er die Schöpfung als Einheit von Natur und Kultur hervorbringt. In seiner Arbeit und kulturellen Gestaltung seines Schaffens manipuliert der Mensch also nicht eine in sich autarke und sakrosankte

Natur. Er veredelt auch nicht vorgegebene Halbprodukte, sondern er verwirklicht Schöpfung in seinem eigenen schöpferischen Handeln. Was ist also die Wirklichkeit und die Substanz des Brotes? Es versteht sich von selbst, daß die Antwort nicht aus einer chemischen Analyse resultieren kann. Substanz meint hier auch nicht einen homogenen Bauteil oder ein Strukturganzes physikalischer Teile. Auch die Substanz von Fleisch und Blut Christi sind nicht die biologisch-chemisch wahrnehmbaren empirischen Vollzüge, sondern seine menschliche Natur, die eben nur durch den Intellekt als die Wesensnatur erkannt werden kann, die in einer Person subsistiert. Das wahre Wesen des Brotes besteht darin, die geschöpfliche und gottoffene Wirklichkeit des Menschen als Kultur-, Gesellschafts-, Geschichts- und Naturwesen anzuzeigen. Das Brot als Frucht der Erde und der menschlichen Arbeit ermöglicht das biologische Leben des Menschen und verweist ihn zugleich (eben symbolisch) auf seine Herkunft vom Schöpfergott, der auch seine Zukunft ist. Das tägliche Brot ruft zum Dank auf, aber auch zur Bitte an Gott, der unser Leben erhält. So macht Israel in der Wüste jene wunderbare Erfahrung, daß das Brot von Gott kommt, der es vom Himmel regnen läßt, zur Sättigung bei Hungersnot (vgl. Ex 16,4.8).

Dieses Brot der Engel (vgl. Ps 77,25) wird nun zum Vorbild für das neue Brot vom Himmel, das Gott seinem Volk zu essen gibt, nämlich die Gemeinschaft mit Christus, der das lebendige Brot ist, das vom Himmel herabgekommen ist (vgl. Joh 6,51.59). Das Brot erhält das Leben und bewirkt die Stärke des Herzens (vgl. Ps 103,15). Es hält im Genuß „Leib und Seele zusammen" und weist den Menschen hin auf seinen Schöpfer. Es weist den Menschen aber auch als ein Kulturwesen aus und damit auf seine Verantwortung für die Weltgestaltung, für den Aufbau eines gemeinschaftlichen Lebens und auch die eigene Beteiligung am Zustandekommen der Kirche als der neuen Gemeinschaft des Heils. Der Anteil des Menschen am Zustandekommen der Gottes- und Menschengemeinschaft in der Eucharistie besteht im Glauben und in der inneren Umwandlung der Herzen, wodurch der Mensch am Für-Sein Jesu Christi für die anderen teilhat. Darum gehört zum Zeichen des Brotes auch der Verweis auf die Nächstenliebe: „Brich dem Hungrigen dein Brot!" (Jes 58,7).

Zum Genuß des Brotes gehört auch der Wein. Nicht das Wasser als eines der Grundelemente kommt hier in Frage. Wein aber ist Frucht der Erde und der menschlichen Arbeit und kann die Einheit des Menschen als Natur- und Kulturwesen symbolisieren. Der Wein weist auch hin auf die Freude dieses Mahles als eines Hochzeitsmahles (vgl. Joh 2,1–10). „Der Wein erfreut des Menschen Herz“ (Ps 103,15). Zwar warnt die Heilige Schrift auch vor dem Mißbrauch des Weines, wenn der übermäßige Genuß das vernunftgemäße Verhalten des Menschen außer Kraft setzt. Der Wein aber hat seinen Platz in der Ordnung der Schöpfung.

> *„Wie ein Lebenswasser ist der Wein für den Menschen, wenn man ihn mäßig trinkt. Was ist das für ein Leben, wenn man keinen Wein hat, der doch von Anfang an zur Freude geschaffen wurde? Frohsinn, Wonne und Lust bringt der Wein, zur rechten Zeit und genügsam getrunken“ (Sir 31,27 f.).*

Der Wein macht den Geist beweglich. Er nimmt den Menschen aus dem alltäglichen Ärger heraus und führt ihn zur unbeschwerten Freude. Freude ist aber jene Erregung des Herzens, in der der Mensch über sich hinausgeht, die Nähe des anderen sucht und seine Gemeinschaft genießt. Das Reich Gottes ist Freude im Heiligen Geist (Röm 14,17). Brot und Wein weisen damit symbolisch auf das hin, was die Gemeinschaft mit Jesu Leib und Blut ausmacht: Freude der Gemeinschaft mit Gott, Stärkung und Ermunterung auf unserem Lebensweg, Überwindung der Verengungen auf den Egoismus und die Selbstbezogenheit, das Glück der Erlösung, „daß Gott bei denen, die ihn lieben, alles zum Guten führt, bei denen, die nach seinem ewigen Plan berufen sind“ (Röm 8,28).

Von den ersten Christen heißt es: „Sie brachen in ihren Häusern das Brot und hielten untereinander Mahl in Freude und Einfalt des Herzens“ (Apg 2,46). Es läßt sich damit kaum zweifeln an dem Sinn und an der Notwendigkeit von Brot und Wein als der Mahlgaben, in denen sich das eucharistische Mahl vollzieht. Man braucht nur seinen Blick zu richten auf den Stiftungswillen Jesu, aber auch auf die natürliche Symbolik von Brot und Wein.

Eucharistisches Hochgebet – Anrede Gottes des Vaters durch den Sohn im Heiligen Geist

Einleitungsdialog – Präfation und Sanctus

Priester: Der Herr sei mit euch!
Alle: Und mit deinem Geiste!
Pr: Erhebet die Herzen!
A: Wir haben sie beim Herrn!
Pr: Lasset uns danken, dem Herrn, unsren Gott!
A: Das ist würdig und recht.
Pr: In Wahrheit ist es würdig und recht, dir, Herr, heiliger Vater, allmächtiger, ewiger Gott, immer und überall zu danken durch unsern Herrn Jesus Christus. Als der wahre und ewige Hohepriester hat er die Feier eines immerwährenden Opfers gestiftet. Er hat sich selbst als Opfergabe dargebracht für das Heil der Welt und uns geboten, daß auch wir diese Gabe darbringen zu seinem Gedächtnis. Er stärkt uns, wenn wir seinen Leib empfangen, den er für uns geopfert hat. Er heiligt uns, wenn wir sein Blut trinken, das er für uns vergossen hat. Darum singen wir mit den Engeln und Erzengeln, den Thronen und Mächten und mit all den Scharen des himmlischen Heeres den Hochgesang von deiner göttlichen Herrlichkeit:
A: Heilig, heilig, heilig, Gott, Herr aller Mächte und Gewalten. Erfüllt sind Himmel und Erde von deiner Herrlichkeit. Hosanna in der Höhe. Hochgelobt sei, der da kommt im Namen des Herrn. Hosanna in der Höhe (Präfation des Hochgebetes von der heiligen Eucharistie I).

Im einleitenden Dialog spricht der Priester die Gegenwart des Herrn den Gläubigen zu. Nur durch ihn vermögen wir unsere Herzen zu Gott zu erheben und unseren Willen mit der Willensrichtung Christi zum Vater zu verbinden, um so das Opfer des Glaubens darzubringen. So vermag die Kirche, vereint mit ihrem Haupt, Gott dem Vater den ewigen Dank des Sohnes entgegenzubringen. Sie darf Gott als ihren liebenden Vater ansprechen, der der Ursprung der innergöttlichen Bewegung mit dem Hervorgang des Sohnes und des Geistes ist. Er ist auch der Ursprung ihrer liebenden Einheit und der geschichtlichen Mitteilung in seinem Sohn und im gesendeten Heiligen Geist. Nicht von sich her, sondern allein im Priestertum des Sohnes, der an der Spitze des Menschengeschlechtes steht, kann die Kirche in der Eucharistie das immerwährende Opfer seines Dankes und seiner Liebe an den Vater mit darbringen. Christus wird uns zur Kraft auf unserem Weg zum Vater, indem er uns seine Gemeinschaft anbietet im Zeichen seines Leibes und Blutes, worin er sich für uns geopfert hat. Die Gläubigen gehen in die Hinbewegung der ganzen Schöpfung zum dreifaltigen Gott der Liebe ein und bekennen mit der ganzen geistigen und personalen Welt die Heiligkeit und die Herrlichkeit des ewigen Gottes, der die ganze Schöpfung mit der Heilsgegenwart Gottes durchdringen will (vgl. Jes 6,3). Gott aber verdient alles Lob, weil er uns seinen Sohn sendet, um seinem Volk das Heil zu bringen, ein Licht zu sein zur Erleuchtung der Heiden und Herrlichkeit für sein Volk Israel (vgl. Lk 2,29–32). Er bringt die Hilfe Jahwes (Hosanna), denn er kommt im Namen des Herrn zu seinem Volk und zu seiner Kirche (vgl. Mt 21,9; Lk 19,38).

Lobpreis Gottes des Vaters

> *Pr: Ja, du bist heilig, großer Gott, und alle deine Werke verkünden dein Lob. Denn durch deinen Sohn, unseren Herrn Jesus Christus, und in der Kraft des Heiligen Geistes erfüllst du die ganze Schöpfung mit Leben und Gnade. Bis ans Ende der Zeiten versammelst du dir ein Volk, damit deinem Namen das reine Opfer dargebracht werde vom Aufgang der Sonne bis zum Untergang.*

In diesem Lobgebet bezieht sich die Gemeinde, die in der Person des ewigen Hohenpriesters den ewigen Vater anspricht, noch einmal auf das Bekenntnis zur Heiligkeit Gottes, dem das Lob aus der ganzen Schöpfung entgegenklingt. Denn im Akt der Schöpfung bringt Gott die Welt hervor als Ausdruck seiner Macht und noch mehr als ein Gleichnis, das auf seine sich mitteilende Liebe verweist. Doch die geschaffene Welt wird im Menschen auch zum Adressaten göttlicher Ansprache. Gott ist in sich schon lebendige Zwiesprache der Liebe.

Zwischen Gott und Welt kommt es zu einem Austausch personaler Gemeinschaft, indem Gott seine innere Gemeinschaft von Vater und Sohn im Heiligen Geist auf die Welt ausweitet. Durch den menschgewordenen Sohn und den ins Herz gesandten Heiligen Geist findet die Welt Anteil am innergöttlichen Geschehen der Liebe, indem sie mit dem Leben und der Gnade des dreifaltigen Gottes erfüllt wird. Darum hat Gott sich auch ein Volk versammelt, um in Christus das reine Opfer des Dankes und der Liebe darzubringen, das ihm der Sohn zugunsten des Menschen im Kreuz und im Leiden für uns dargebracht hat. Er bietet es uns in dieser liturgischen und sakramentalen Gedächtnisfeier an als das Medium der Selbsthingabe der ganzen Menschheit an Gott zu allen Zeiten bis zur Vollendung der Welt.

Bitte um den Heiligen Geist, den Geber und die Gabe der Liebe

Pr: Darum kommen wir vor dein Angesicht und feiern in Gemeinschaft mit der ganzen Kirche den ersten Tag der Woche als den Tag, an dem Christus von den Toten erstanden ist. Durch ihn, den du zu deiner Rechten erhöht hast, bitten wir dich, allmächtiger Gott: Heilige unsere Gaben durch deinen Geist, damit sie uns werden Leib und Blut deines Sohnes, unseres Herrn Jesus Christus, der uns aufgetragen hat, dieses Geheimnis zu feiern.

Durch den erhöhten Herrn, das Haupt seines Leibes, darf die Kirche um die Heiligung ihrer Gaben von Brot und Wein bitten. Der Vater vergegenwärtigt den Heilsdienst Christi durch den Heiligen Geist. Dieser ist das wirksame Lebensprinzip allen kirchlichen Handelns in Gebet, Liturgie, Verkündigung und im Dienst am Nächsten.

Die heilige Wandlung – Vermittlung der Gottesgemeinschaft durch den Sohn im Heiligen Geist

Pr: Denn in der Nacht, da er verraten wurde, nahm er das Brot und sagte Dank, brach es, reichte es seinen Jüngern und sprach: Nehmet und esset alle davon: Das ist mein Leib, der für euch hingegeben wird. Ebenso nahm er nach dem Mahl den Kelch, dankte wiederum, reichte ihn seinen Jüngern und sprach: Nehmet und trinket alle daraus: Das ist der Kelch des Neuen und Ewigen Bundes, mein Blut, das für euch und für alle vergossen wird zur Vergebung der Sünden. Tut dies zu meinem Gedächtnis.
Pr: Geheimnis des Glaubens.

A: Deinen Tod, o Herr, verkünden wir, und deine Auferstehung preisen wir, bis du kommst in Herrlichkeit.

Das bisherige eucharistische Gebet mit der Anrede des Vaters durch den Sohn und die Bitte um den Heiligen Geist bildet eine innere Einheit. Es zielt auf einen Höhepunkt: die Proklamation der Stiftung dieses Gedächtnisses im Zeichen des am Kreuz sich für unser Heil hingebenden Jesus. Im Akte des Gebetes werden die Gaben von Brot und Wein in die Selbsthingabe des Sohnes an den Vater im Geist einbezogen und verwandelt. Sie werden zu Zeichen der Gegenwart des dreifaltigen Gottes im menschgewordenen Christus selbst. Diese Zeichen enthalten die Realität in sich, die sie anzeigen und wirksam vermitteln. Die Kirche erhält von Gott, dem Vater, unter diesen Zeichen den Sohn zurück, der im Kreuz die versöhnende Liebe Gottes zu uns und in seiner Auferstehung die Gabe des ewigen Lebens Gottes für uns geworden ist (vgl. Röm 4,25). Die Kirche empfängt mit der Gabe des sakramentalen Leibes und Blutes Christi die ewige Selbsthingabe des Vaters an den Sohn, durch die sie lebt, und durch den Sohn wird sie dieser Selbstmitteilung der sich entäußernden Liebe teilhaftig, indem sie die Dankesgabe des Sohnes an den Vater mitvollziehen darf.

Das Geschehen der Konsekration

Dieses Geschehen der Wandlung der Gaben von Brot und Wein in Leib und Blut Jesu Christi bedeutet also nicht irgendeinen mysteriösen Vorgang oder eine chemische Verwandlung der einen in eine andere Stoffverbindung. Dennoch ereignet sich hier etwas: Wir bleiben nicht auf der Ebene eines rein historischen Gedenkens stehen. Es geht nicht nur um einen ethischen Appell, es Jesus gleichzutun oder gar nur um ein Zeichenspiel, in dem man so tut, als ob Brot und Wein Fleisch und Blut Christi wären. Was hier geschieht, ist ein wirkliches Ereignis. Aber man kann den Ereignischarakter nur begreifen, wenn man die Welt und den Menschen im Horizont Gottes, des absoluten Bezugspunktes der Schöpfung, sieht.

Schon die Schöpfung bedeutet mehr als ein bloß kosmologisches Vorkommnis an irgendeinem zeitlichen Anfang. Schöpfung bedeutet ursprünglich Selbstmitteilung und Erschließung Gottes an eine nichtgöttliche Wirklichkeit. Gott teilt sich dem Menschen im personalen Dialog durch der Welt angehörende Dinge mit. Sie werden zu Zeichen seiner Sorge und Liebe. Schon das tägliche Brot, das wir mit Dank an Gott genießen, ist ein solches hinweisendes Zeichen, daß wir durch Gott und seine Liebesgabe leben. Schon hier wandelt sich ein Element, das Gegenstand einer neutralen Betrachtung sein kann, zu einem Medium, das uns den Lebenszusammenhang des Menschen mit Gott zeigt. Die Naturwissenschaften – Physik, Chemie, Biologie – haben in ihrer Erklärung der funktionalen Zusammenhänge der Welt ihr Recht. Aber die ganze Bedeutung der Weltdinge erkennen wir erst, wenn wir sie in einem anthropologischen, letztlich theologischen Zusammenhang bedenken. Wir empfinden zu Recht achtlos zertretenes Brot als Ausdruck des Undankes und der Rücksichtslosigkeit gegenüber dem Schöpfer und eine Lieblosigkeit gegenüber den Menschen, denen die tägliche Nahrung fehlt. Dabei zeigt sich schon, daß wir die Welt nie rein neutral – wissenschaftlich und gegenständlich – erfassen, sondern immer in einem menschlichen Zusammenhang, der tiefer an den eigentlichen Grund der Wirklichkeit heranführt, als es die ausschnittsweise Betrachtung vom Standpunkt einer gegenständlich-empirischen Wissenschaft sein kann.

Die Gegenwart Christi in den Gaben

Gott hat sich uns nun aber über diesen natürlichen Zusammenhang von Schöpfer und Geschöpf hinaus geschichtlich als Heil mitgeteilt. In der Menschheit Jesu und im Schicksal dieses Menschen ist der Vater selbst in seinem ewigen Wort bei uns. Als Gott und Mensch, als gekreuzigter und auferstandener Herr, als der beim Vater Erhöhte will Christus aber bleibend gegenwärtig sein als der „Gott bei uns". „Leib" ist dabei das Symbol, in dem eine geistige und personale Wirklichkeit (Gemeinschaft, Liebe, Dialog) für die welthafte und leibliche Erfahrungsweise des Menschen „da" ist. Darum bietet sich der erhöhte Herr in den Mahlgaben auf eine sinnlich erfahrbare Weise dar. Er eignet sich diese Gaben durch seinen Stiftungswillen so unzertrennlich an, daß sie von nun an in der absoluten Perspektive Gottes des Schöpfers und Erlösers nichts mehr anderes sind als Mittel, die seine Gegenwart anzeigen. Dem Glaubenden vermitteln sie nämlich real die Gegenwart Jesu, indem sie ihn in die Lebensgemeinschaft mit Christus und dem Vater einbeziehen. Der Glaubende, der an dieser Gegenwartsweise Christi partizipiert, lebt im Sohn nun auf den Vater hin. Er wird vom Vater mit all dem beschenkt, was der Vater dem Sohn zugunsten des Menschen mitgeteilt hat.

Die Kirche bekennt darum, „daß im Sakrament der heiligsten Eucharistie wahrhaft und wesentlich der Leib und das Blut Christi zugleich mit der Seele und mit der Gottheit unseres Herrn Jesus Christus und folglich der ganze Christus enthalten ist" (Trienter Konzil, Dekret über das Sakrament der Eucharistie, Can. 1).

Die Wesensverwandlung der Gaben

Nun ergaben sich an dem Begriff „Leib und Blut" Mißverständnisse, wenn man meinte, Fleisch und Blut stünden hier für die physischen und biologischen Bestandteile des historischen Menschen Jesus. Es ist auch nicht einfach der verklärte Leib des auferstandenen Herrn gemeint, wenn man hier unter Leib einfach die materielle Dimension am Menschsein meint. In die Irre führt hier eine zu naive Anwendung der gewöhnlichen Redeweise, wenn wir sagen, ein Mensch bestehe aus Seele und Leib, aus Fleisch und Blut, aus Haut und Knochen. Dies war schon das Unverständnis mancher Zeitgenossen gegenüber der Rede Jesu, der sich als das lebendige Brot vom Himmel bezeichnet und der sein Fleisch hingibt für das Leben der Welt. „Wenn ihr das Fleisch des Menschensohnes nicht eßt und sein Blut nicht trinkt, habt ihr das Leben nicht in euch" (Joh 6,53). Sie faßten es so auf, als ob das Essen des physischen Leibes Jesu wie eine Art Zaubermittel gegen den natürlichen Tod wirke.

In Wirklichkeit bedeuten Leib und Blut Christi nicht die materiellen Bestandteile des Menschen Jesus während seiner Lebenszeit oder in der verklärten Leiblichkeit. Leib und Blut bedeuten hier vielmehr Gegenwart Christi im Zeichen des Mediums von Brot und Wein, die im Hier und Jetzt sinnengebundener menschlicher Wahrnehmung kommunizierbar wird. So wie die Jünger vor Ostern mit Jesus wahrnehmbar zusammen waren, indem sie seine Worte hörten und ihn in seiner sinnlichen Gestalt auf eine menschengemäße Weise wahrnahmen, so haben wir jetzt Gemeinschaft mit Jesus Christus, vermittelt durch das Essen und Trinken des Brotes und des Weines. Schon allein im zwischenmenschlichen Bereich vermag etwa ein Brief die Freundschaft zwischen Menschen darzustellen und beim Empfänger sozusagen die Zuneigung des Adressaten zu veranschaulichen und zu verleiblichen.

Aber in absoluter Weise kann Gott seine bleibende geschichtliche Heilsgegenwart in Jesus Christus durch die Inanspruchnahme von Brot und Wein verwirklichen, indem er diese Gaben zu Zeichen seiner Heilsgegenwart macht. Es handelt sich hier um eine Wesensverwandlung der Gaben von Brot und Wein. Das natürliche Wesen dieser Gaben besteht nicht in dem, was naturwissenschaftlich als letzter Baustein ausfindig gemacht werden kann. Das Wesen dieser Gaben kann man nur in ihrem Bezug zum Menschen verdeutlichen. Die Wesensbestimmung von Brot und Wein muß also anthropologisch ansetzen. Das natürliche Wesen dieser Gaben als Frucht der Erde und der menschlichen Arbeit, als die Einheit eines Natur- und Kulturproduktes besteht darin, Nahrung und Stärkung des Menschen und die Gemeinschaft der Menschen im Zeichen des gemeinsamen Mahles zu verdeutlichen. Natürlicherweise sind diese Gaben auch ein Hinweis darauf, daß unser Leben und die Erhaltung unseres Daseins von Gott abhängt, dem wir uns deshalb zu Dank verpflichtet fühlen. Dieses natürliche Wesen von Brot und Wein wird von Gott verwandelt in diesem Sinn, daß das Wesen von Brot und Wein nun darin besteht, die Heilsgemeinschaft mit Gott anzuzeigen und zu realisieren, die in Menschwerdung, Kreuz und Auferstehung des Sohnes Gottes und in der Sendung des Heiligen Geistes gegeben ist.

So haben wir im Genuß dieser Gaben Gemeinschaft mit dem Vater und dem Sohn, wir haben Gemeinschaft miteinander, indem wir als der kirchliche Leib Christi aufgebaut werden. Wir erfahren persönlich, daß wir durch die Liebe Gottes leben, die er uns in Jesus Christus erwiesen hat und aus der wir in Ewigkeit leben werden. Diese Wesensverwandlung unterscheidet sich von der Verwandlung des Wassers in Wein bei der Hochzeit zu Kana, bei der die Gabe in eine neue, aber natürliche Materie gewandelt wurde, zum Zeichen der Offenbarung der Herrlichkeit Christi als

Bringer des Heils. Die Wesensverswandlung in der Eucharistiefeier unterscheidet sich aber auch von der Annahme der menschlichen Natur durch den ewigen Sohn Gottes. Denn dabei wird nicht das natürliche Wesen eines Menschen etwa in das Wesen der Gottheit verwandelt. Hier eignet sich der Sohn eine vollständige und unverwandelte menschliche Natur an, um durch sie in der menschlichen Geschichte gegenwärtig zu sein und durch sie zu handeln.

In der Wesensverwandlung geht es also darum, daß Brot und Wein aus natürlichen Medien der Kommunikation zum neuen Weg einer übernatürlichen Kommunikation werden zwischen Gott und der Menschheit, mit dem Ziel der Vermittlung des Heils, das in Jesus Christus sich real-geschichtlich ereignet hat. Christus ist also real gegenwärtig in einem objektiven Sinn, weil Gott allein den absoluten Horizont setzt, vor dem die Weltwirklichkeit und die Geschichte und die Weise seiner Selbstvermittlung betrachtet werden kann. Aber nur dem Glaubenden geht dieses Geheimnis der sich entäußernden Liebe Gottes auf, und nur der Glaubende empfängt nun real die Freundschaft mit Christus. Er empfängt im Glauben die Gemeinschaft mit ihm und wird seinem Willen gleichgestaltet, damit er sein Leben mit Christus als Opfer des Dankes und der Liebe auf den Vater ausrichtet. Es ist Gott selber, der sich objektiv zur Gemeinschaft anbietet. Aber es ist der Glaube, der real diese Gemeinschaft empfängt. Und in diesem Sinn verstehen wir Jesus, wenn er sagt:

> *„Wer mein Fleisch ißt und mein Blut trinkt, der bleibt in mir und ich bleibe in ihm. Wie mich der lebendige Vater gesandt hat und wie ich durch den Vater lebe, so wird jeder, der mich ißt, durch mich leben“ (Joh 6,56 f.).*

Der Zeitpunkt der Wandlung

Zu klären bleibt noch eine in der Theologiegeschichte entstandene Frage nach dem genauen Zeitpunkt dieser heiligen Wandlung von Brot und Wein zu realen Zeichen der Heilskommunikation mit Gott in Jesus Christus. Ist es die Herabrufung des Heiligen Geistes, die in der ostkirchlichen Liturgie meist nach den Einsetzungsberichten geschieht, oder ist es die Rezitation der Einsetzungsworte Jesu selber, die die Wandlung bewirken? Man wird die Frage weder in diesem noch in jenem Sinne beantworten müssen, weil die Frage theologisch keinen richtigen Sinn ergibt. Die Wandlung, die zum Grundbestand des katholischen Glaubens in der Ost- und Westkirche gehört, geschieht durch die Einbeziehung der Opfergaben in den Dialog von Vater, Sohn und Geist. Dies ist der Inhalt der drei Gebetsabschnitte, die auf die Präfation folgen, wo der Vater angesprochen wird in der Vermittlung des Sohnes und des Heiligen Geistes. Indem die Gaben von Brot und Wein in dieses Geschehen der dreifaltigen Liebe, die sich in der Heilsgeschichte zu unseren Gunsten verwirklicht hat, einbezogen werden, werden sie für uns zu Leib und Blut Jesu Christi. Ohne Zweifel hat dieser heilsgeschichtlich sich offenbarende Dialog Gottes im Menschen Jesus und in seiner Geschichte ihren Höhepunkt. Jesus Christus ist das Zentrum der Offenbarung und der Selbstmitteilung Gottes. Der Heilige Geist hebt Christus als Mittelpunkt der Offenbarung (Christozentrik) nicht auf. Er führt uns zu Christus hin, und in ihm führt er uns zum Vater. Er vergegenwärtigt nach Ostern das Werk Jesu Christi. Deshalb geschieht die Verwandlung der Gaben in den Worten Christi nur in der Kraft des Heiligen Geistes.

Liturgisch kann es darum sinnvoll sein, die Herabrufung des Heiligen Geistes auf die Stiftungsworte Jesu folgen zu lassen, wenn man diese beiden Aspekte auch nicht gegeneinander ausspielen darf, sondern sie als die Momente der einen Bewegung der Selbstvermittlung des dreifaltigen Gottes, des Vaters in Jesus Christus und in der Kraft des Heiligen Geistes erkennt. Heilsgeschichtlich gesehen trägt der Heilige Geist das messianische Wirken des Sohnes Gottes als Mensch und zugleich ist es der erhöhte Christus als Gott und Mensch, der den Heiligen Geist auf die Kirche herabsendet. Das Wirken des Sohnes und des Geistes verhalten sich zueinander nicht in einem Nacheinander, sondern erschließen sich in der Wechselseitigkeit der personalen innergöttlichen und heilsgeschichtlichen Relation der göttlichen Personen.

Aber auch die Gebetsweise der westlichen Riten, die die Herabrufung des Heiligen Geistes oft vor die Stiftungsworte Jesu Christi stellen, hat ein biblisch begründetes Recht. Heilsgeschichtlich tritt der Heilige Geist nicht erst nach Ostern auf. Schon vorösterlich vermittelt der Heilige Geist die heilsgeschichtliche Einheit von Gott und Jesus, dem Sohn des Vaters. Er bewirkt die Menschwerdung des Sohnes Gottes aus der Jungfrau Maria (vgl. Mt 1,23; Lk 1,35), und er bezeugt sie, indem er bei der Proklamation des Messias als des Sohnes Gottes bei der Taufe auf ihn herabkommt. Der Heilige Geist trägt auch die Selbsthingabe Jesu an den Vater beim Kreuzesopfer (vgl. Hebr 9,14). Der Heilige Geist ist es, der den Sohn in seiner Kraft zur Rechten Gottes erhöht (vgl. Röm 1,3; 8,11). So erscheint der Heilige Geist nicht nur als derjenige, der die Vergegenwärtigung des erhöhten Herrn in den verwandelten Gaben verwirklicht. Er ist auch der Geist Gottes, der geschichtlich die Selbsthingabe des Sohnes an den Vater ermöglichte, durch die dieser in den eucharistischen Gaben für immer bei seiner Kirche ist.

Im letzten macht es im Glauben keinen Unterschied, ob die Kirche also zum Vater im Heiligen Geist durch den Sohn betet (vgl. Röm 8,14; Gal 4,4) oder zum Vater durch den Sohn im Heiligen Geist (vgl. Röm 1,8; 8,34). Dieses Geschehen der sich auf uns hin entäußernden dreifaltigen Liebe Gottes bekennen wir als ein nicht auszulotendes Geheimnis des Glaubens. Die Kirche Jesu Christi kann seinen Tod und seine Auferstehung nur im Hinblick auf die Vollendung der Geschichte des Kommens Gottes bei der Wiederkunft Christi verkünden und damit zum dankbaren Lobpreis ansetzen. Im neuen Jerusalem, wo es keinen Tempel mehr gibt, bedarf es nicht mehr der zeichenhaften Vergegenwärtigung, da die Wirklichkeit im Vollsinn ewige Gegenwart ist: „Denn der Herr, ihr Gott, der Herrscher über die ganze Schöpfung, ist ihr Tempel, er und das Lamm" (Offb 21,22).

Erinnerung der Heilstaten Gottes

> *Pr: Darum, gütiger Vater, feiern wir das Gedächtnis deines Sohnes. Wir verkünden sein heilbringendes Leiden, seine glorreiche Auferstehung und Himmelfahrt und erwarten seine Wiederkunft. So bringen wir dir mit Lob und Dank dieses heilige und lebendige Opfer dar.*

Die Kirche als Wir (in der Einheit von Priester und allen Gläubigen) spricht nun wieder ihren ewigen Vater an. Sie gedenkt seiner

Heilstaten für die Menschen, besonders für das, was er durch den menschgewordenen Gottessohn in dessen Leiden, Auferstehung und Erhöhung zum Vater getan hat. So kann sie sich in das heilige Opfer Christi hineinbergen und in Christus dem Vater ewig das Opfer des Lobes und Dankes darbringen. Darin empfängt sie selbst die ewige Gemeinschaft des Sohnes mit dem Vater in der Liebe des Heiligen Geistes.

Darbringungsgebet – Selbstüberantwortung der Kirche Christi an den Vater

> *Pr: Schau gütig auf die Gabe deiner Kirche. Denn sie stellt dir das Lamm vor Augen, das geopfert wurde und uns nach deinem Willen mit dir versöhnt hat. Stärke uns durch den Leib und das Blut deines Sohnes, und erfülle uns mit seinem Heiligen Geist, damit wir ein Leib und ein Geist werden in Christus.*

Die Kirche weiß Gott nichts anderes anzubieten als Jesus Christus, der die Versöhnung ein für allemal erwirkt hat. Die Kirche bringt sich in ihm, mit ihm und durch ihn dem Vater im Gehorsam des Glaubens als lebendiges und heiliges Opfer dar, das Gott gefällt (vgl. Röm 12,1). Die Kirche wird nicht zu einem unabhängigen Subjekt, das Jesus wie eine dingliche Gabe Gott anbietet, sondern die Kirche kann sich nur in dem Gott darbieten, was sie von Gott empfangen hat. Die Gabe Gottes ist Christus, in dem Gott sich den Menschen schenkt, damit die Glaubenden in Christus Gott und die Menschen mit der Liebe beschenken können, die sie im Geist der Liebe Gottes empfangen haben.

> *„Ich aber bin durch das Gesetz dem Gesetz gestorben, damit ich für Gott lebe. Ich bin mit Christus gekreuzigt worden; nicht mehr ich lebe, sondern Christus lebt in mir. Soweit ich aber jetzt noch in dieser Welt lebe, lebe ich im Glauben an den Sohn Gottes, der mich geliebt und sich für mich dahingegeben hat"* (Gal 2,19 f.).

Das Opfer ihres Glaubens und ihres Gehorsams kann nur Jesus Christus selber sein: Quelle und Prinzip des neuen Menschseins. Darum können wir unsere Hingabe an den Vater nur verstehen als ein Gleichförmigwerden mit dem Willen Jesu Christi, der sich ganz dem Heilswillen des Vaters geöffnet hat. So macht er die Kirche fähig, sich Gott in der Liebe hinzugeben. Ohne diese Gemeinschaft mit Christus wären wir unfähig, in dieser Ekstatik der Liebe über uns hinauszuschreiten. Zur Gabe Christi gehört aber auch das innere Beschenktwerden mit dem Heiligen Geist.

„Er hat uns von seinem Geist gegeben. Wir haben gesehen und bezeugen, daß der Vater den Sohn gesandt hat als Retter der Welt" (1 Joh 4,13 f.).

So wird die äußere und sichtbare Gestalt der Kirche Christi innerlich aufgebaut durch Glauben und Liebe. Sie wird zum geisterfüllten Leib Christi, damit „ein Gott und Vater aller ist, über alles und durch alles und in allem" (Eph 4,6).

Bitte um die Annahme dieser Selbsthingabe

Pr: Er mache uns auf immer zu einer Gabe, die dir wohlgefällt, damit wir das verheißene Erbe erlangen mit deinen Auserwählten, mit der seligen Jungfrau und Gottesmutter Maria, mit deinen Aposteln und Märtyrern und mit allen Heiligen, auf deren Fürsprache wir vertrauen.

Nur durch Christus können wir geistige Opfer darbringen und Gott gefallen (vgl. 1 Petr 2,5). Und darum bitten wir durch ihn Gott den Vater, daß er uns fähig mache, uns selbst als eine lebendige und heilige Opfergabe darzubringen, die Gott gefällt (vgl. Röm 12,1). Wer sich dem Vater als Opfer in Christus darbietet, kann dies nur durch Christus tun, der uns in seine personale Gemeinschaft ruft. Jesus ist das Haupt der Kirche, und er vermittelt so jedes Glied des Leibes zu Gott hin. Aber es gibt auch eine Gemeinschaft im Zueinander, Miteinander und Füreinander der Glieder des Leibes Christi. Die Kirche steht in einer Heilsgemeinschaft mit allen Gläubigen der Vorzeit, besonders mit der Jungfrau Maria, der „Mutter des Herrn" (Lk 1,43), den Aposteln, den Märtyrern und mit allen im ewigen Leben schon vollendeten Heiligen. Die Kirche fleht um ihre Fürsprache, weil sie weiß, daß im Himmel „die Gebete der Heiligen vor Gott gebracht werden" (Offb 8,3), die in den Heilsplan Gottes eingefügt sind.

Denn die Liebe ist das Band, das die einzelnen Glieder des Leibes Christi miteinander verbindet. Der Tod und das Ende der irdischen Lebenszeit beeinträchtigen das Wirken Christi für seine Kirche nicht. Ebenso wird die Fürbitte des einen für den anderen, worin sich die Liebe realisiert, nicht durch den Tod aufgehoben. Die Kirche weiß hier in besonderer Weise um die soziale und universalgeschichtliche Dimension des Heils (vgl. Eph 4,19). Es gibt eine den Alten und den Neuen Bund und die Kirche zu allen Zeiten umfassende Einheit im Glauben, in der Nachfolge, im Füreinander-Dasein, die in Jesus Christus ihren Mittelpunkt hat:

„Ihr seid vielmehr zum Berg Zion hingetreten, zur Stadt des lebendigen Gottes, dem himmlischen Jerusalem, zu Tausenden von Engeln, zu einer festlichen Versammlung und zur Gemeinschaft der Erstgeborenen, die im Himmel verzeichnet sind; zu Gott, dem Richter aller, zu den Geistern der schon vollendeten Gerechten, zum Mittler eines neuen Bundes, zu Jesus und zum Blut der Besprengung, das mächtiger ruft als das Blut Abels" (Hebr 12,22–24).

Fürbitte für die Welt, die Kirche und ihre Hirten

Pr: Barmherziger Gott, wir bitten dich: Dieses Opfer unserer Versöhnung bringe der ganzen Welt Frieden und Heil. Beschütze deine Kirche auf ihrem Weg durch die Zeit und stärke sie im Glauben und in der Liebe: deinen Diener, unseren Papst, unseren Bischof und die Gemeinschaft der Bischöfe, unsere Priester und Diakone, alle, die zum Dienst in der Kirche bestellt sind, und das ganze Volk deiner Erlösten. Erhöre, gütiger Vater, die Gebete der hier versammelten Gemeinde und führe zu dir auch alle deine Söhne und Töchter, die noch fern sind von dir.

Die Kirche kann sich selbst nur verstehen als Zeichen und Mittel der Verwirklichung des Heilswillens Gottes in dieser Welt. Sie betet darum für das Heil aller Menschen. Sie betet aber auch für ihre innere Einheit, durch die sie als Sakrament des Heils der Welt glaubwürdig wird. Sie bittet um die Einheit im Glauben und in der Liebe in den Ortskirchen unter der Leitung ihres Bischofs und der Weltkirche unter der Leitung des römischen Bischofs in der Gemeinschaft aller Bischöfe mit ihren Priestern und Diakonen. Dieses Gebet macht deutlich, daß jede Eucharistie eine Feier der Kirche und keineswegs ein privates Erlebnis der gerade Anwesenden ist.

Gedenken der Verstorbenen

Pr: Erbarme dich unserer verstorbenen Brüder und Schwestern und aller, die in deiner Gnade aus dieser Welt geschieden sind. Nimm sie auf in deine Herrlichkeit. Und mit ihnen laß auch uns, wie du verheißen hast, zu Tische sitzen in deinem Reich. Darum bitten wir dich durch unseren Herrn Jesus Christus, denn durch ihn schenkst du der Welt alle guten Gaben.

Weil die Kirche um die universale Heilsgemeinschaft weiß, weiß sie auch, daß der Tod nicht die letzte Trennung all derer ist, die im Zeichen des auferstandenen Herrn in der Liebe verbunden sind.

„Keiner von uns lebt sich selber und keiner stirbt sich selber: Leben wir, so leben wir dem Herrn, sterben wir, so sterben wir dem Herrn. Ob wir leben oder ob wir sterben, wir gehören dem Herrn. Denn Christus ist gestorben und lebendig geworden, um Herr zu sein über Tote und Lebende" (Röm 14,7–9).

Deshalb weiß sich die Kirche in der einen Heilsgemeinschaft auch mit den Verstorbenen der Vorzeit verbunden. Durch ihr Gebet realisiert sie ihre liebende Verbundenheit mit ihnen. Sie wünscht ihnen im Gebet das Heil, das Christus für uns alle erworben hat.

„Aus der tiefen Anerkennung dieser Gemeinschaft des ganzen mystischen Leibes Jesu Christi hat die pilgernde Kirche seit den Anfängen der christlichen Religion das Gedächtnis der Verstorbenen mit großer Ehrfurcht gepflegt und hat auch Fürbitten für sie dargebracht, ‚weil es ein heiliger und heilsamer Gedanke ist, für die Verstorbenen zu beten, damit sie von ihren Sünden erlöst werden' (2 Makk 12,46)" (LG 50).

Lobpreis des dreifaltigen Gottes (Doxologie)

Pr: Durch ihn und mit ihm und in ihm ist dir, Gott, allmächtiger Vater, in der Einheit des Heiligen Geistes alle Herrlichkeit und Ehre jetzt und in Ewigkeit.
A: Amen.

Wie das ganze eucharistische Gebet ein Lobpreis des dreifaltigen Gottes ist, so schließt es auch mit einer Verherrlichung des Vaters ab, durch die Vermittlung des Sohnes, des ganzen Christus als

Haupt und Leib, in der Kraft des Heiligen Geistes, der als der in uns gegenwärtige Gott unser Gebet zu Gott trägt:

„So nimmt sich auch der Geist unserer Schwachheit an. Denn wir wissen nicht, worum wir in rechter Weise beten sollen; der Geist selber tritt jedoch für uns ein mit Seufzen, das wir nicht in Worte fassen können. Und Gott, der die Herzen erforscht, weiß, was die Absicht des Geistes ist: Er tritt so, wie Gott es will, für die Heiligen ein" (Röm 8,26 f.).

Das Amen der Gläubigen ist nicht eine leere Gebetsfloskel, sondern das Glaubens-Jawort, die innere Einheit von realem Opfer Christi und der Kirche, von Glaubens- und Opfergesinnung der Christen und der Feier dieses Gesamtgeschehens in der zeichenhaft-realen Liturgie der Kirche. Das erklärte schon im 2. Jahrhundert Justin der Märtyrer:

„Dann wird dem Vorsteher der Brüder Brot und ein Becher mit Wasser und Wein gebracht. Er nimmt das und sendet Lob und Preis zum Vater aller Dinge durch den Namen des Sohnes und des Heiligen Geistes empor und spricht eine lange Danksagung dafür, daß wir dieser Gaben von ihm gewürdigt worden sind. Hat er die Fürbitten und das feierliche Dankgebet beendet, so stimmt das ganze Volk ein mit dem Worte ‚Amen'. Dieses Amen bedeutet in der hebräischen Sprache: Es geschehe!" (Erste Apologie, 65).

Im 4. Jahrhundert beschreibt zusammenfassend der heilige Cyrill von Jerusalem die christliche Eucharistiefeier so:

„Nachdem wir uns durch diese geistigen Lobgesänge geheiligt haben, rufen wir die Barmherzigkeit Gottes an, daß sie den Heiligen Geist auf die Opfergaben herabsende, um das Brot zum Leib Christi, den Wein zum Blut Christi zu machen. Denn was der Heilige Geist berührt, ist völlig geheiligt und verwandelt. Nach Vollendung des geistigen Opfers, des unblutigen Gottesdienstes, rufen wir über jenes Opfer der Versöhnung Gott an um den allgemeinen Frieden der Kirche, um Ruhe und Ordnung im politischen Leben, für die Kaiser, für das Heer und die Bundesgenossen, für die Kranken und die Bedrückten. Kurz, wir alle beten überhaupt für alle, die der Hilfe bedürfen, und bringen für sie dieses Opfer dar. Alsdann gedenken wir derer, die bereits entschlafen sind, vor allem der Patriarchen, Propheten, Apostel, Märtyrer, damit Gott durch deren Gebete und Fürbitten unser Flehen erhöre. Dann beten wir für die bereits entschlafenen heiligen

Väter und Bischöfe und überhaupt für alle unsere Verstorbenen. Wir glauben ja, daß die Seelen, für die während des heiligen, erhabensten Opfers gebetet wird, sehr großen Nutzen davon haben ... Wir bringen Gott für die Verstorbenen, obwohl sie Sünder waren, unsere Gebete dar. Wir winden keinen Kranz, sondern bringen den für unsere Sünden hingeopferten Christus dar. Dadurch versöhnen wir den barmherzigen Gott mit ihnen und mit uns. Nach jener Fürbitte sprechen wir das Gebet, das der Heiland seine eigenen Jünger gelehrt hat: das Vaterunser ... Hierauf spricht der Priester: ‚Das Heilige den Heiligen!' Heilig ist das aufliegende Opfer, weil der Heilige Geist darauf herabgekommen ist. Heilig seid andererseits ihr, weil ihr des Heiligen Geistes gewürdigt wurdet. Das Heilige gehört also den Heiligen" (Mystagogische Katechesen, V, 7–11; 19).

Kommunion – Vereinigung mit dem auferstandenen Herrn

Im eucharistischen Gebet ist die Kirche in den Dialog der Liebe von Vater und Sohn aufgenommen worden. Im Zeichen der Gaben des Leibes und Blutes Jesu Christi können wir auf sinnlich erfahrbare Weise an der heilsgeschichtlich realen Gemeinschaft von Vater und Sohn im Zeichen des Kreuzes Anteil gewinnen. Die Selbsthingabe des Sohnes an den Vater im Zeichen des Kreuzes wird vom Vater vollendet, wenn er sie in die ewige Liebesgemeinschaft des dreifaltigen Gottes aufnimmt und das Kreuz Jesu zum Zeichen der geschichtlich vollendeten Selbstmitteilung des Vaters im menschgewordenen Sohn macht. Und das nennen wir die Auferstehung Jesu Christi.

Kreuz und Auferstehung Jesu sind also innerlich eine Einheit, so wie die wechselseitige Selbsthingabe der Liebe von Vater und Sohn und der Vollzug ihrer Einheit als Liebe im Heiligen Geist: „Wegen unserer Verfehlungen wurde er dahingegeben; wegen unserer Rechtfertigung wurde er auferweckt" (Röm 4,25). Der Empfang des sakramentalen Leibes und Blutes Jesu Christi wird uns also zu einer Begegnung mit dem dreifaltigen Gott im Zeichen des auferstandenen Herrn. Auf die Proklamation des Opfers folgt die Teilhabe an ihm durch die Inkorporation in Leib und Blut Christi durch Essen und Trinken des sakramentalen Leibes und Blutes Christi.

Vorbereitung auf die Kommunion

Nachdem die Gläubigen das eucharistische Gebet beendet haben, bereiten sie sich unmittelbar für den Empfang von Leib und Blut Christi vor. Sie beten das Gebet des Herrn und bitten noch einmal um die Gabe des Friedens und der Einheit mit Gott und untereinander. Während des *Agnus Dei* bricht der Priester das eine Brot, um den Leib und das Blut Christi den Gläubigen in ihrer Vielzahl darzureichen. Er zeigt ihnen die konsekrierten Mahlgaben, die unter beiden Gestalten von Brot und Wein die Wirklichkeit (Substanz) des Leibes und Blutes Christi sind, und er spricht mit den Worten Johannes des Täufers:

„Seht das Lamm Gottes, das hinwegnimmt die Sünde der Welt" (Joh 1,29).

Die Gläubigen antworten, in Abwandlung eines Wortes des gläubigen Hauptmanns von Kapharnaum:

„Herr, ich bin nicht würdig, daß du eingehst unter mein Dach (in das Haus meiner Seele); aber sprich nur ein Wort, dann wird meine Seele gesund" (vgl. Mt 8,8).

Der Priester kann mit diesem oder einem anderen Schriftwort nun noch einmal die Gläubigen zu einem ehrfürchtigen Empfang dieser heiligen Speise aufrufen:

„Ich bin das lebendige Brot, das vom Himmel herabgekommen ist. Wer von diesem Brot ißt, wird in Ewigkeit leben (Joh 6,51), so spricht der Herr".

Diese kurzen Riten haben nur vorbereitenden Charakter für den Empfang der heiligen Kommunion. Das Wesen des Kommunionteils besteht tatsächlich im Empfangen des Leibes und Blutes Christi, damit wir mit der Auferstehungsgestalt Jesu Christi vereinigt werden.

Empfang der heiligen Kommunion

Der heilige Cyrill von Jerusalem berichtet uns, in welcher Gesinnung und äußeren Haltung die Christen zu seiner Zeit die Gabe der heiligen Kommunion empfangen haben:

„Urteilt nicht nach dem Gaumen, sondern nach dem festen Glauben! Denn wer zum Mahl kommt, der wird nicht eingeladen, Brot

und Wein zu kosten, sondern das Abbild des Leibes und Blutes Christi. Trittst du hervor, dann darfst du nicht die Hände flach ausstrecken und nicht die Finger spreizen, da die rechte Hand den König in Empfang nehmen soll, so mache die linke zum Thron für ihn! Nimm den Leib Christi mit hohler Hand entgegen und erwidere Amen! ... Dann genieße ihn, doch habe acht, daß dir nichts davon auf den Boden falle! ... Solltest du nicht darauf bedacht sein, daß dir kein Brosamen von dem verlorengehe, was kostbarer ist als Gold und Edelstein? Nach der Kommunion des Leibes Christi gehe auch zum Kelch des Blutes, nicht jedoch mit ausgestreckten Händen! Verbeuge dich, sprich zur Anbetung und Verehrung das Amen und genieße, um dich zu heiligen, auch vom Blute Christi ... Dann warte das Schlußgebet ab, um Gott zu danken, da er dich zu solchen Geheimnissen berufen hat" (Mystagogische Katechesen, V, 20–22).

Schon zu Ende des 1. Jahrhunderts beteten die frühchristlichen Gläubigen als Dank nach dem Empfang der eucharistischen Gaben:

„Wir danken dir, heiliger Vater, für deinen heiligen Namen, den du in unseren Herzen hast Wohnung nehmen lassen, und für die Erkenntnis, Glaube und Unsterblichkeit, die du offenbart hast, durch Jesus, deinen Knecht, dir die Herrlichkeit in Ewigkeit. Du, Herrscher, Allmächtiger, hast alles geschaffen, um deines Namens willen, Speise und Trank den Menschen zum Genuß gegeben, damit sie dir danken; uns aber hast du geistliche Speise und Trank geschenkt und ewiges Leben durch Jesus, deinen Knecht" (Didache, 10,2–3).

Und ein Jahrhundert später bestätigt der große Kirchenlehrer Irenäus von Lyon gegen die Sekten der Gnostiker, die eine leibliche Auferstehung leugneten, den inneren Zusammenhang der heiligen Kommunion mit der Gabe des ewigen Lebens Gottes an uns, das für uns in der Auferstehung Jesu offenbart worden ist:

„Wenn nun aber der gemischte Kelch und das zubereitete Brot das Wort Gottes aufnimmt und die Eucharistie zum Leibe Christi wird, woraus die Substanz unseres Fleisches Erhebung und Bestand erhält, wie können sie dann sagen, das Fleisch könne die Gabe Gottes nicht aufnehmen, die im ewigen Leben besteht, da es doch vom Blut und Fleisch des Herrn genährt wird und sein Glied ist?" (Gegen die Häresien, 5,2).

Zwar sind wir schon im eucharistischen Hochgebet in das ganze Geschick Jesu mit Kreuz und Auferstehung einbezogen worden, aber mit dem Ziel, daß Jesus, der als Gott-Mensch die geschichtliche Vergegenwärtigung Gottes ist, nun sinnlich faßbar wird, damit wir an seinem Schicksal kommunizieren können. Denn darin besteht ja der Sinn der Einsetzung der heiligen Zeichen, daß die Eucharistie uns eine geistliche Speise wird, die sinnlich genossen unseren Glauben anregt, bestätigt und in unsere ganze leiblich-geistige Existenz umsetzt.

Einbezogensein in Jesu Tod und Auferstehung

In der Auferweckung seines Sohnes von den Toten bestätigt Gott nicht nur äußerlich Jesus, indem er sich auf seine Seite stellt, gegen seine Verfolger. Die Auferstehung Jesu ist nichts weniger als der Höhepunkt der Selbstmitteilung des dreifaltigen Gottes, der sich in der menschlichen Geschichte des ewigen Sohnes Gottes dem Menschen als ewiges Leben schenkt.

> *So verkündete Paulus „das Evangelium Gottes und seines Sohnes, der dem Fleisch nach geboren ist als Nachkomme Davids, der dem Geist der Heiligkeit nach eingesetzt ist als Sohn Gottes in Macht seit der Auferstehung von den Toten" (Röm 1,3 f.).*

Der Sinn der Botschaft von Jesu Auferstehung wäre jedoch völlig verkannt, dächte man an eine Sensationsnachricht, daß irgendein Verstorbener plötzlich aus dem Reich des Todes wieder in unsere Lebensverhältnisse zurückgekehrt sei. Viele Zeitgenossen haschen nur nach solchen Berichten, weil sie der Härte des Todes entkommen wollen. Sie möchten, daß es „irgendwie weitergeht" und daß man „irgendwo und irgendwann seine Freunde einmal wiedersieht". Man spürt den Widerspruch im menschlichen Dasein, das in sich unendliches Verlangen nach Liebe und Erkenntnis des letzten Sinnes der Welt ist, und das dennoch unerbittlich dem biologischen Gesetz des Werdens und Vergehens unterworfen bleibt. Aber kann der Mensch auf kosmische Kräfte bauen, die auf myteriöse Weise wirken, oder sich an phantastisch ausgemalte himmlische Wesen klammern, die den Menschen über seine zeitlichen und räumlichen Daseinsbegrenzungen hinausheben?

Wahre Hoffnung kann nur von dem herkommen, der der Schöpfer des Menschen ist. In der Schöpfung hat Gott schon den Menschen bei aller Weltgebundenheit mit einem unendlichen Verlangen ausgestattet. Und dieses unruhige Herz kann nur Ruhe finden, wenn es Gott als Ziel erreicht (vgl. Augustinus, Bekenntnisse, I,1). Gottes Allmacht verschafft jedoch dem Menschen nicht ein zweites Leben „nach" dem Tod und im „Jenseits" dieser Welt. Gott selber ist das ewige Leben des Menschen. Der Mensch kommuniziert in personaler Gemeinschaft mit Gottes Leben. Gottes Liebeswillen kommt ihm entgegen. Gottes Liebe erreicht den Menschen als Heil dann, wenn der Mensch ihm mit dem ganzen Willen seiner Liebe antwortet. Und so ist das Leben des Menschen in Christus Selbstvollzug der Liebe in einer ekstatischen Selbstüberschreitung in Gott hinein, dieses „unendliche Meer von Leben und Liebe" (Johannes von Damaskus, Über den rechten Glauben, Kap. 9). Zugleich schafft Gott als der Urheber alles geistigen und materiellen Seins die äußeren Bedingungen, in denen sich dieses Leben als sich stets neu hingebende Liebe vollzieht, nämlich im Medium einer neuen Leiblichkeit, die dem geistigen Leib des auferstandenen Christus entspricht.

> *„Wie wir nach dem Bild des Irdischen gestaltet wurden, so werden wir auch nach dem Bild des Himmlischen gestaltet werden ... Denn dieses Vergängliche muß sich mit Unvergänglichkeit bekleiden, und dieses Sterbliche mit Unsterblichkeit ... Der Stachel des Todes aber ist die Sünde, die Kraft der Sünde ist das Gesetz. Gott aber sei Dank, der uns den Sieg geschenkt hat durch Jesus Christus unseren Herrn" (1 Kor 15,49–57).*

So wird der Mensch in seinem geistleiblichen Dasein und in seinem unendlichen Verlangen nach Sinn, Liebe und Glück in Gott allein vollendet. Es gibt also nach dem Tod nicht einfach eine Wiederholung dieser Lebenszeit in einem zweiten oder dritten Leben. Im Tod ereignet sich der letzte Durchbruch unserer ganzen Lebensbewegung zum Ziel hin. Wir prägen in unserem Sterben unserem Dasein die letzte und endgültige Form der Liebe ein, wenn wir unseren Hingabewillen ganz auf Gott hin ausrichten. Der Tod bedeutet den Durchbruch aus aller Vorläufigkeit des Suchens und Versagens, des Hoffens und Zweifelns in das Finden und in die Erfüllung. Der Wanderer kommt aus der Fremde in seine wahre Heimat (vgl. Hebr 11,14 f.). Im Tod ereignet sich die Vollendung dieses einen Lebens. Denn es gibt den Menschen, der von Gott geschaffen ist und der in Gott sein Ziel hat, nur einmalig als Person und mit einer einmaligen Lebensgeschichte, sei es unter den Bedingungen des Weges oder unter dem letztgültigen Bedingungsrahmen des erreichten oder verfehlten Zieles.

Ewiges Leben

So war auch der Tod des Gottessohnes in seiner Menschheit am Kreuz der Durchbruch zur Vollendung. Im Tode wird der lebensgeschichtlich sich bewährende Gehorsam zur Sendung des Vaters endgültig und unumkehrbar. Endgültig wird aber auch die Bewegung des Vaters zur Welt hin, der die Welt so sehr geliebt hat, daß er seinen einzigen Sohn für sie dahingab (Joh 3,16). Die Auferstehung Jesu ist also das Ereignis der geschichtlichen Vollendung der Selbsthingabe des Sohnes an den Vater und der liebenden Dahingabe des Sohnes des Vaters für die Welt, für die der Sohn Mensch wurde, litt und starb.

Den Akt der wechselseitigen, heilsgeschichtlich sich realisierenden Hingabe von Vater und Sohn nennen wir das Kreuz Jesu. Die gegenseitige Durchdringung der Selbsthingabe von Vater und Sohn nennen wir das ewige Leben Gottes oder, unter dem Gesichtspunkt seiner heilsgeschichtlichen Selbstmitteilung, die Offenbarung Gottes als Leben für die Menschen in der Auferwekkung und Erhöhung seines Sohnes in dessen angenommener Menschheit. In der Auferstehung Jesu also haben wir den Höhepunkt der heilsgeschichtlichen Selbstmitteilung Gottes als vergebende und lebensspendende Liebe zugunsten des Menschen erfahren.

> *„Der Glaube soll uns angerechnet werden, die wir an den glauben, der Jesus, unseren Herrn von den Toten auferweckt hat. Wegen unserer Verfehlungen wurde er hingegeben, wegen unserer Gerechtmachung wurde er auferweckt. Gerecht gemacht aus Glauben, haben wir Frieden mit Gott durch Jesus Christus, unseren Herrn. Durch ihn haben wir auch den Zugang zu der Gnade erhalten, in der wir stehen, und rühmen uns unserer Hoffnung auf die Herrlichkeit Gottes“ (Röm 4,24–5,2).*

Wer mit dem Gekreuzigten Gemeinschaft hat, indem er sein Leben und Sterben als Opferhingabe an den Vater lebt, der hat auch Gemeinschaft mit dem auferstandenen Christus und lebt mit ihm in der ewigen Liebe des Vaters und des Sohnes im Geist. Der Christ lebt für Gott in einem lebendigen Mitvollzug der Hingabe Jesu und der Vollendung dieser Gemeinschaft in der Auferweckung, die uns zum Ursprung des Lebens wurde. „Obwohl er der Sohn war, hat er durch Leiden den Gehorsam gelernt; zur Vollendung gelangt, ist er für alle, die ihm gehorchen, der Urheber des ewigen Heils" (Hebr 5,9) und „Urheber des Lebens" (Apg 3,15) geworden. Die Gemeinschaft mit dem Sohn Gottes ist Lebensgemeinschaft mit Gott. „Wer den Sohn hat, hat das Leben; wer den Sohn Gottes nicht hat, hat das Leben nicht" (1 Joh 5,12).

Ewiges Leben beginnt also nicht erst zeitlich nach unserem Tod. Ewiges Leben ist Gott selbst, der bei uns angekommen ist und den wir im Glauben und in der Liebe aufgenommen haben. Es ist der Gott, der sich uns in Jesus Christus als Vergebung, Rechtfertigung, Versöhnung und Erfüllung, als Frieden und neuer Bund und als Gemeinschaft des Lebens und der Liebe geschenkt hat. Gewiß gehen wir noch auf das endgültige Offenbarwerden der Herrlichkeit und der Freiheit der Kinder Gottes zu (vgl. Röm 8,21). Aber wir sind schon Erben Gottes und Miterben Christi geworden. So bedeutet christliches Leben eine stete Gleichgestaltung mit dem Gekreuzigten, um an seiner ewigen Gemeinschaft mit dem Vater teilzuhaben. Und weil wir aus der Gabe des ewigen Lebens leben, können wir auch Leiden, Krankheiten, Ängste, Enttäuschungen dieses Lebens, die Erfahrung der Vergänglichkeit alles Irdischen und den Schmerz des Abschiednehmens in den Vollzug unserer Liebe an den Vater aufnehmen, uns seiner Führung überlassen und in seinem Heilswillen uns geborgen wissen. Nur wer in Glaube und Liebe schon das ewige Leben empfangen hat, kann auch am Jüngsten Tag auferweckt werden. Nur für ihn kann der physische Tod, in dem das Opfer unseres Glaubens und unserer Liebe endgültig wird, zur Offenbarung der Vollendung aller geistigen Kreatur in Gott werden.

„Amen, amen, ich sage euch: Wer mein Wort hört und dem glaubt, der mich gesandt hat, hat das ewige Leben; er kommt nicht ins Gericht, sondern ist aus dem Tod ins Leben hinübergegangen. Amen,

amen, ich sage euch: Die Stunde kommt und sie ist schon da, in der die Toten die Stimme des Sohnes Gottes hören werden; und alle, die sie hören, werden leben. Denn wie der Vater das Leben in sich hat, so hat er auch dem Sohn gegeben, das Leben in sich zu haben" (Joh 5,24–26). „Ich bin die Auferstehung und das Leben. Wer an mich glaubt, wird leben, auch wenn er stirbt, und jeder, der lebt und an mich glaubt, wird auf ewig nicht sterben" (Joh 11,25 f.).

Diese Lebensgemeinschaft mit dem gekreuzigten und auferstandenen Herrn ist der innere Kompaß unserer Lebensgestaltung. Wir können aber über die Gabe des ewigen Lebens nicht einfach gegenständlich verfügen. Wir haben sie nicht fest in der Tasche. Es ist der Akt des Glaubens, der den Menschen stets über sich hinausführt und der ihn den Halt in Jesus Christus suchen läßt und nicht in einem handgreiflichen Beweis, den ein naiver Realismus verlangt, dem der Spatz in der Hand immer noch lieber ist als die Taube auf dem Kirchendach. Denn hier scheint nur das sinnlich und empirisch Verifizierbare, das man schwarz auf weiß nach Hause tragen kann, verläßlicher zu sein als die Wahrheiten des Geistes. Glaube aber beruht auf einem höheren Realismus, der weiß, daß die Wirklichkeit aus dem Wort Gottes kommt, und daß wir uns deshalb mehr auf das Wort Gottes verlassen können als auf die Weltdinge, mit denen wir tagtäglich umgehen. Denn die Wirklichkeit dieser Welt geht aus der größeren Wirklichkeit des Wortes Gottes hervor.

Glaube ist darum höchstes Engagement der geistigen Existenz im Hinblick auf die Selbstverheißung Gottes als Heil in seinem Wort, in dem er uns anspricht und das in Jesus Christus in geschichtlich-menschlicher Realität uns begegnet. So bedeutet Glauben ein „Feststehen in dem, was man erhofft, ein Überzeugtsein von Dingen, die man nicht sieht" (Hebr 11,1). Der Glaubende setzt auf das Wort Gottes in seiner geschichtlichen Realität im gekreuzigten und auferstandenen Gottessohn. Christus ist im Glaubenden der Horizont, der ihm alle Erkenntnis erschließt. Dessen Macht traut er auch zu, die Verheißungen gegen alle Selbstbeschränkungen unseres Geistes einzulösen, der sich nur an untergeistigen Evidenzen orientieren will. Der Glaube an das Wort Gottes, den Sohn vom Vater, ist schon das ewige Leben. Der Glaube ist ewiges Leben. „Wer glaubt, hat das ewige Leben" (Joh 6,47).

Aber eben dieser wahre Glaube bedarf wegen der leibhaftigen menschlichen Natur der Zeichen, in denen er sich zu sich selbst und damit auch zur Gemeinschaft mit Christus vermittelt. Der Glaube vollzieht die Gemeinschaft mit Christus in den sinnlichen Zeichen des hörbaren Wortes und der erfahrbaren Mahlgemeinschaft. Das Sakrament des Leibes und Blutes Christi wird im Empfang nicht zu einem physischen Lebenselixier, das den biologischen Alterungsprozeß aufhalten oder überwinden kann. Es ist keine Art Unsterblichkeitsmedizin. Aber es ist Jesus Christus selber, der hier empfangen wird und der uns mit Gottes Gegenwart, die ewiges Leben bedeutet, erfüllt – hier in dieser Weltzeit und in der Endgültigkeit unserer Vollendung.

In diesem übertragenen und symbolischen Sinne verstand Ignatius von Antiochien zu Beginn des 2. Jahrhunderts die Eucharistie als Gabe des ewigen Lebens und Heilmittel gegen die Sterblichkeit (weil Gott das Leben ist, ist der Verlust Gottes der Tod) des Menschen:

> *„Kommt ihr nun alle, Mann für Mann, jeder einzelne gemeinsam in Gnaden zusammen in einem Glauben und in Jesus Christus, der dem Fleisch nach aus Davids Geschlecht stammt, der Menschensohn und Gottessohn, um dem Bischof und dem Presbyterium zu gehorchen, mit ungeteiltem Herzen, ein Brot brechend, das ist die Arznei zur Unsterblichkeit, die Medizin, die den Tod verhindert, vielmehr ermöglicht, fort und fort in Christus zu leben" (Ignatius von Antiochien, Brief an die Epheser, 20,2).*

Die eucharistischen Gaben heben den Glauben nicht auf, indem sie ihn in eine physisch-empirische Augenscheinlichkeit umsetzen wollen. Es sind Zeichen des Glaubens, und Medien, durch die der Glaube sich vollzieht und sich in der Liebe vollendet.

> *„Die Sakramente sind hingeordnet auf die Heiligung der Menschen, den Aufbau des Leibes Christi und schließlich auf die Gott geschuldete Verehrung; als Zeichen haben sie auch die Aufgabe der Unterweisung. Den Glauben setzen sie nicht nur voraus, sondern durch Wort und sinnliches Element nähren sie ihn auch, stärken ihn und zeigen ihn an; deshalb heißen sie Sakramente des Glaubens. Sie verleihen Gnade, aber ihre Feier befähigt auch die Gläubigen in hohem Maße, diese Gnade mit Frucht zu empfangen, Gott recht zu verehren und die Liebe zu üben" (SC 59).*

Deshalb gibt Jesus den Juden das verlangte Zeichen, indem er sich als das wahre Brot vom Himmel vorstellt, das der Vater ihnen gibt. Das Zeichen ist nicht irgendein Sachverhalt oder eine logische Formel, auf die man verweisen kann, sondern die Gabe des Sohnes Gottes an uns. Jesus ist gekommen, um den Willen des Vaters zu erfüllen bis hin zum Kreuz und in der Auferstehung die Herrlichkeit des Sohnes zu offenbaren, damit der Sohn alle, die der Vater ihm gegeben hat, zum ewigen Leben hinführt:

> *„Vater, die Stunde ist da. Verherrliche deinen Sohn, damit der Sohn dich verherrlicht. Du hast ihm Macht gegeben über alle Menschen, damit er allen, die du ihm gegeben hast, ewiges Leben schenkt" (Joh 17,1–2).*

Die Gemeinschaft mit Jesus in seinem Kreuz und in seiner Auferstehung, die uns im Glauben zugänglich wird, stillt unseren Hunger und Durst nach Liebe, nach Leben und Gerechtigkeit. So kann Jesus sagen:

> *„Ich bin das Brot des Lebens; wer zu mir kommt, wird nie mehr hungern, und wer an mich glaubt, wird nie mehr Durst haben" (Joh 6,35).*

Sakrament der Einheit und Liebe

In der Teilnahme am eucharistischen Mahl und im Empfang des sakramentalen Leibes und Blutes Jesu Christi erfährt der Glaubende also seine Gemeinschaft mit Jesus Christus in sinnenfälligen Zeichen, und der Glaube wird darin wirklich und wirksam:

> *„Wer mein Fleisch ißt und mein Blut trinkt, hat das ewige Leben, und ich werde ihn auferwecken am Jüngsten Tag. Denn mein Fleisch ist wirklich eine Speise, und mein Blut ist wirklich ein Trank. Wer mein Fleisch ißt und mein Blut trinkt, der bleibt in mir und ich bleibe in ihm. Wie mich der lebendige Vater gesandt hat und wie ich durch den Vater lebe, so wird jeder, der mich ißt, durch mich leben. Dies ist das Brot, das vom Himmel herabgekommen ist. Mit ihm ist es nicht wie mit dem Brot, das die Väter (in der Wüste) gegessen haben. Sie sind gestorben. Wer aber dieses Brot ißt, wird leben in Ewigkeit" (Joh 6,54–58).*

Wie Jesus im Gehorsam seines Willens Gott dem Vater sein Leben als Urbild des Glaubens hingab und in der Auferstehung sich in der Liebe mit dem Vater vereint, so kommt auch der Christ in der Eucharistie zur Gemeinschaft mit der Todeshingabe Jesu Christi im Opfer seines Glaubens. Im Empfang des sakramentalen Leibes und Blutes Christi gewinnt er Anteil an der Liebesgemeinschaft von Vater und Sohn, die ewiges Leben ist, an dem wir durch die Gemeinschaft mit der Auferstehungsgestalt des menschgewordenen Sohnes Gottes Anteil erlangen. Die Eucharistie darf also mit der ganzen christlichen Überlieferung als das große Sakrament der Einheit und der Liebe zwischen Gott und den Menschen verstanden werden. Zugleich begründet die Eucharistie auch die Lebensgemeinschaft der Kirche, die durch das Band der Liebe verbunden ist und dadurch als Leib Christi aufgebaut wird, der Christus, dem Haupt, entgegenwächst (vgl. Kol 3,14).

„Durch den Glauben wohne Christus in eurem Herzen. In der Liebe verwurzelt und auf sie gegründet sollt ihr zusammen mit allen Heiligen dazu fähig sein, die Länge und Breite, die Höhe und Tiefe zu ermessen und die Liebe Christi zu verstehen, die alle Erkenntnis übersteigt. So werdet ihr mehr und mehr von der ganzen Fülle Gottes erfüllt. Er aber, der durch die Macht, die in uns wirkt, unendlich viel mehr tun kann, als wir erbitten oder uns ausdenken können, er werde verherrlicht durch die Kirche und durch Christus Jesus in allen Generationen, für ewige Zeiten" (Eph 3,17–21).

Schlußgebet

Nach dem Empfang der heiligen Gaben wird der Gläubige sich im persönlichen Gebet mit Jesus unmittelbar verbunden wissen. Im Staunen über die Geheimnisse der Liebe Gottes mögen ihm die entscheidenden Gesichtspunkte der Eucharistie vor Augen treten, wie sie in der Antiphon des Fronleichnamsfestes zusammengefügt sind:

„O heiliges Gastmahl, in dem wir Christus genießen, das Gedächtnis seines Leidens feiern, das Herz mit Gnaden erfüllt wird und wir das Unterpfand der künftigen Herrlichkeit empfangen" (Gotteslob, Nr. 372,1).

Der Priester faßt nun in einem Schlußgebet die persönlichen Dankgebete der Gläubigen zusammen in den gemeinschaftlichen Dank der versammelten Gläubigen für die Teilnahme am Kreuz und an der Auferstehung Jesu in der Gestalt dieses heiligen Mahles.

In der Messe am Ostersonntag betet der Priester:

> *„Allmächtiger Gott, du hast deiner Kirche durch die österlichen Geheimnisse neues Leben geschenkt. Bewahre und beschütze uns in deiner Liebe und führe uns zur Herrlichkeit der Auferstehung. Darum bitten wir durch Christus, unseren Herrn. Amen."*

Vierter Teil

Entlassung – Weg mit Christus in die Welt

Entlassung – Weg mit Christus in die Welt

Der Priester beschließt nun die Versammlung der Gläubigen, die im Namen des dreifaltigen Gottes zur Feier des Opfers Christi zusammengekommen waren. Er spricht ihnen fürbittend den Segen des Vaters, des Sohnes und des Heiligen Geistes zu. Die Versammlung, die im Namen des dreifaltigen Gottes zusammengekommen war, wird im Zeichen des Kreuzes, dem Inbegriff der Lebenshingabe Jesu Christi, gesegnet und nimmt im Brauch der Bekreuzigung den Segen entgegen.

Abschließend ruft der Diakon ihnen zu: „Gehet hin in Frieden". Der Friede Christi (*schalom*) ist die endzeitliche Heilsgabe des Neuen Bundes. „Denn Christus ist unser Friede" (Eph 2,14). Die Jünger werden in eine Welt gesandt, die teils auf das Evangelium wartet und teils sich ihm feindselig entgegenstemmt: „Seht, ich sende euch wie Schafe mitten unter die Wölfe ..." (Mt 10,16).

> *„Sorgt euch um nichts, sondern bringt in jeder Lage betend und flehend eure Bitten mit Dank vor Gott. Und der Friede Gottes, der alles Verstehen übersteigt, wird eure Herzen und eure Gedanken in der Gemeinschaft mit Christus Jesus bewahren" (Phil 4,6).*

Die Versammlung antwortet: „Dank sei Gott, dem Herrn". Sie bekennt sich zu Christus, dem zu unserem Heil in diese Welt gesandten, ewigen Sohn Gottes.

> *„Gott aber sei Dank, der uns den Sieg geschenkt hat durch Jesus Christus unseren Herrn. Daher, geliebte Brüder und Schwestern, seid standhaft und unerschütterlich, nehmt immer eifriger am Werk des Herrn teil, und denkt daran, daß im Herrn eure Mühe nicht vergeblich ist" (1 Kor 15,57).*

Heilsgeschichtliche Vollendung

Diese schlichten Entlassungsriten bilden gewiß keine wesentlichen Bestandteile der Eucharistiefeier. Aber sie deuten doch eine wesentliche Dimension an, die in der Eucharistie enthalten ist, und heben sie ins Bewußtsein. Denn in der Eucharistie feiert die

Kirche ja auch ihre Begegnung mit Christus, der am Ende der Zeit wiederkommt; nicht als Opfer für die Sünden, wie bei seinem ersten Erscheinen, „sondern um die zu retten, die ihn erwarten" (Hebr 9,28).

Da die Kirche in diesem heiligen Gastmahl den Tod des Herrn verkündet, bis er wiederkommt (1 Kor 11,26), weiß sie um die Eucharistie als „das Unterpfand der künftigen Herrlichkeit". Die Kirche feiert die Eucharistie, bis dieses „Mahl seine Erfüllung findet im Reiche Gottes" (Lk 22,16), beim Hochzeitsmahl des Lammes, für das sich die Kirche – die Braut des Lammes – schön gemacht hat (vgl. Offb 19,7). Christliches Leben, das uns in konzentrierter Weise in allen seinen Dimensionen als Heilsgabe in der Eucharistie zugänglich ist, ist undenkbar ohne die hoffnungsvolle Ausrichtung auf den kommenden Herrn. Er schließt am Ende der Geschichte seine Heilssendung ab und übergibt das Reich dem Vater, damit die Menschheit an der heilsgeschichtlichen Vollendung von Vater und Sohn teilnehme. In der Vollendung sollen die Gläubigen mit dem Vater durch den Sohn Gemeinschaft haben und im Sohn die Liebe des Vaters ewig empfangen (vgl. 1 Kor 15,28). Voll Freude vernimmt die Kirche die Verheißung Christi: „Ja, ich komme bald", und sie ruft ihm entgegen: „Marana tha – Unser Herr, komm!" (1 Kor 16,22; Offb 22,20). Sie wartet auf die Herabkunft des neuen Jerusalems, der heiligen Stadt Gottes, der Wohnung Gottes unter den Menschen.

> *„Er wird in ihrer Mitte wohnen, und sie werden sein Volk sein; und Gott wird bei ihnen sein. Er wird alle Tränen von ihren Augen wischen. Der Tod wird nicht mehr sein, nicht Trauer, noch Klage, noch Mühsal. Denn was früher war, ist vergangen. Er, der auf dem Thron saß, sprach: ‚Seht, ich mache alles neu'" (Offb 21,3–5).*

Diese Ausrichtung auf den kommenden Christus hat freilich mit einer Vertröstung auf ein besseres Jenseits nichts zu tun. So wollte es die marxistische Religionskritik aus dem vergangenen Jahrhundert verstehen, ohne sich darüber im klaren zu sein, daß sie damit nur die Karikatur ihres Mißverständnisses zum besten gab. Kein Glaube ist weltbezogener als der christliche. Der Christ weiß sich nicht von der Welt weg in das Phantasiereich einer Ideologie oder eines erdachten Schlaraffenlandes erlöst. Er weiß sich vielmehr zur Schöpfung Gottes befreit. Der Erlöser dieser Welt ist auch der

Schöpfer des Menschen. Die Welt wird ihm zu einem Mittel der Begegnung mit Gott und der Kommunikation mit seiner personalen Mitwelt. Seine Hoffnung bezieht den Glaubenden nicht auf ein jenseitiges Paradies, das ihn für die Entbehrungen und Erniedrigungen in dieser Welt entschädigt.

Der Himmel ist kein jenseitiger Aufenthaltsort, an dem uns alle Wünsche im Handumdrehen erfüllt werden, zu deren Realisierung in diesem Leben uns die nötigen Mittel gefehlt haben. Der Himmel ist vielmehr Gott selbst in uns als Hoffnung für Zeit und Ewigkeit, als die Erfüllung all unserer Sehnsucht nach Liebe. Der Himmel darf also nicht mit der Fata Morgana eines späteren Freizeitparadieses ausgemalt werden. Nein, das ewige Leben Gottes ist schon in uns. Christus, der uns als Ziel gesetzt ist, lebt in uns als Speise für den Weg zum Ziel. In der Gegenwart des Zieles gehen wir mit Christus. Er, mit dem wir Gemeinschaft haben, ist Ziel und Weg zugleich: „Ich bin der Weg, die Wahrheit und das Leben" (Joh 14,6).

Die pilgernde Kirche weiß sich mit Christus als ihrem Haupt geeint und in ihm mit den schon vollendeten Gliedern der Kirche der Vorzeit. Die vollendeten Glieder der Kirche heißen in besonderer Weise die Heiligen. Sie sind der pilgernden Kirche Vorbild, weil sie in den vielfältigen Lebenssituationen den Geist Jesu Christi verdeutlicht und damit verleiblicht haben. Die Kirche als pilgernde und schon vollendete weiß sich im Gebet Christi an den Vater geeint. Ihre Hoffnung richtet sich auf eine künftige Gemeinschaft aller Heiligen, wenn Gott in der Fülle der Zeiten „in Christus alles vereint, was im Himmel und auf Erden ist" (Eph 1,10), und wenn die Kirche mit ihrem Haupt in Liebe geeint „Christus in seiner vollkommenen Gestalt darstellen wird" (Eph 4,13).

Die Eucharistiefeier verbindet also die gegenwärtige Kirche mit der Vergangenheit und mit der Zukunft, und sie stellt sie hinein in den einen Kreis der Gemeinschaft der Heiligen, die der Sohn mit seiner ewigen Hingabe an den Vater stiftet und in deren Kreis die ewige Liebe des Vaters und des Sohnes und des Heiligen Geistes in alle Ewigkeit verherrlicht wird, Gott zum Lob und der Schöpfung als Heil und Seligkeit.

Weltauftrag der Christen

Wer in der Eucharistie also aufgrund seiner Hoffnung dem kommenden Herrn begegnet, wird auf den Weg des christlichen Lebens verwiesen. Diese Hoffnung wird zum Impuls zur Weltgestaltung im Geiste Christi. Die Kirche weiß sich vom kommenden Herrn nicht zu Träumereien und Utopien aufgerufen, sondern zur Arbeit an der bestehenden Welt, zur Übernahme von Verantwortung in seinem familiären, politischen und kirchlichen Lebenskreis.
Der Christ, der die heilige Messe feiert, kapselt sich nicht ab in einem Kreis von Auserwählten, die sich von der Welt absondern, damit die Guten unter sich sind. Hier versammelt sich kein esoterischer Zirkel eines letzten, vom Geist der säkularisierten Welt unberührten „heiligen Restes", der in einer gottlosen Welt Gott noch die Stange hält. Eucharistie bezieht vielmehr den Christen auf den gekreuzigten und auferstandenen Christus, den Mittelpunkt der Weltgeschichte und den Scheitelpunkt der ganzen Schöpfung. Wie Christus zur Verkündigung des Reiches Gottes in Wort und Zeugnis gesendet war und seine Sendung in der Hingabe seines Lebens besiegelt hat, so ist auch die eucharistische Versammlung von Christus zum Zeugnis „bis an die Grenzen der Erde" (Apg 1,8) gesendet.
Gewiß ist die Eucharistiefeier der Höhepunkt allen Tuns der Kirche. Aber die Eucharistie ist zugleich auch die Quelle, aus der die Kirche alle Kraft für die Erfüllung ihrer Sendung schöpft. Darum erschöpft sich in der Liturgie nicht das ganze Tun der Kirche. Es verwirklicht sich von der Eucharistie her auch in der Katechese und im Zeugnis (vgl. SC 9–10; LG 11). Die Kirche kann ihrem kommenden Herrn nur entgegengehen und ihre Hoffnung auf ihn setzen, wenn sie zum Zeugnis seines Daseins für andere wird. Die Liebe Christi drängt sie zur Erkenntnis ihres tiefsten Daseinszwecks:

> *„Denn einer ist für alle gestorben, also sind alle gestorben. Er ist aber für alle gestorben, damit die Lebenden nicht mehr für sich leben, sondern für den, der für sie starb und auferweckt wurde" (2 Kor 5,14 f.).*

Kirchliches Leben wird von der Eucharistie her Einsatz in der Verkündigung, damit durch die Kraft Gottes das Evangelium allen zur

Rettung werde, die glauben (vgl. Röm 1,16). Wer in der Nachfolge Christi sein Leben führt, sorgt sich auch für das leibliche und geistliche Wohl seines Nächsten. Er sorgt für ein menschenwürdiges Leben seiner Mitmenschen mit Nahrung, Wohnung, Kleidung, Bildung in einem Lebenskontext öffentlicher und sozialer Gerechtigkeit (vgl. Mt 25,31–46). Er interessiert sich für alle Menschen, nicht nur für seine Glaubensgenossen (vgl. Gal 6,10). Christlicher Glaube hat durchaus eine politische und soziale Dimension, wenn er auch nicht eine Funktion an der Politik ist, die sich zum Selbstzweck macht. Aber eben nur im Tun des Guten erlangt der Christ mit Blick auf den zum Gericht kommenden Herrn die Gerechtigkeit, die endgültige Liebesgemeinschaft mit Christus und dem Vater, die ewiges Leben schenkt (vgl. Mt 25,46). Nur das Tun des Guten richtet den im Glauben gerechtfertigten Christen auf den kommenden Christus aus und vereint ihn mit ihm in der Gabe des ewigen Lebens. Nur in der Liebe kommt der Glaube zur Bewährung und zur Vollendung. „Denen, die beharrlich Gutes tun und Herrlichkeit, Ehre und Unvergänglichkeit erstreben, gibt er ewiges Leben“ (Röm 2,7).

Der Glaube hält also nicht von der Weltgestaltung ab. Er sieht die Welt im Lichte seiner familiären, sozialen und politischen Verantwortung nicht als ein provisorisches Gebilde, das ohnehin nicht der Beachtung wert ist und für das sich ein Einsatz nicht lohnt, weil Christus die Welt ohnehin bald wie Abfall im Feuer verbrennt. Die Werke der Liebe sind Bausteine der neuen Welt. Das Tun des Guten und die Übernahme der Verantwortung sind eine Verleiblichung der Liebe, ohne die die Liebe kein Medium hätte, in dem sich die Glieder des Leibes Christi mit ihrem Haupt verbinden. Den Gerechtfertigten, den im Glauben gerechtfertigten Heiligen, die die Gebote Gottes bewahren und sich in Standhaftigkeit bewähren, ruft die Stimme vom Himmel her zu:

> *„Selig die Toten, die im Herrn sterben, von jetzt an; ja, so spricht der Geist, sie sollen ausruhen von ihren Mühen, denn ihre Werke folgen ihnen nach“ (Offb 14,13).*

Es führt also die endzeitliche Ausrichtung des Glaubens auf den kommenden Christus, der in der Eucharistie verehrt wird, hinein in die Verantwortung für den Menschen und in die Gestaltung der Zukunft in einer Welt, die von Fortschritt und Niedergang, von Hoffnung und Verzweiflung geprägt ist. Und eben in dieser Welt, die die einzige Welt ist, mit ihrer konkreten und unumkehrbaren Geschichte, tritt Jesus Christus ein. Sein Weg in die Welt war kein launischer Spaziergang, sondern der Ausdruck einer einmaligen geschichtlichen Tat, durch die er die Geschichte der Menschheit in die letztgültige Richtung auf Gott hin gelenkt hat. So ist der Weg des Christen auch vergleichbar mit einem geistlichen Wettkampf im Glauben (vgl. Eph 6,10), womit er in Glaube, Hoffnung und Liebe den destruktiven Mächten entgegentritt und die gute Nachricht des Evangeliums zu seinem und der Welt Heil verkündet. Das ist also der Weg der Kirche in der Welt im Blick auf den kommenden Herrn: „Die Kirche schreitet zwischen den Verfolgungen der Welt und den Tröstungen Gottes auf ihrem Pilgerweg dahin" (Augustinus, Gottesstaat, XVIII,51). Sie verkündet so das Kreuz und „den Tod des Herrn bis er kommt" (1 Kor 11,26).

„Von der Kraft des auferstandenen Herrn aber wird sie gestärkt, um ihre Trübsale und Mühen, innere gleichermaßen wie äußere, durch Geduld und Liebe zu besiegen, und sein Mysterium, wenn auch schattenhaft, so doch getreu in der Welt zu enthüllen, bis es am Ende im vollen Lichte offenbar werden wird" (LG 8).

Danksagung

Eucharistie ist also Danksagung der Kirche für das Heilswirken Gottes in Jesus Christus. Eucharistie ist Mitvollzug des Dankes des menschgewordenen, gekreuzigten und auferstandenen ewigen Gottessohnes an den ewigen Vater im Heiligen Geist. Das Kreuz ist der Ernstfall der Dankeshingabe an den Vater. Und die Kirche geht in die Dankeshaltung des Sohnes zum Vater so ein, wie diese in der Eucharistie konzentriert ist:

„Alles, was ihr in Worten und Werken tut, geschehe im Namen Jesu, des Herrn. Durch ihn dankt Gott, dem Vater" (Kol 3,17).

Je mehr Menschen zum Glauben kommen und in der Gemeinschaft der Kirche Eucharistie feiern, desto mehr wird die Selbstmitteilung Gottes des Vaters im Sohn als Liebe im Geist offenbar, indem die Glaubenden „aufgrund der Gnade den Dank Christi an den Vater vervielfachen, Gott zur Ehre" (2 Kor 4,15). Eucharistie ist also nichts anderes als der sakramental verdichtete Mitvollzug unserer Gotteskindschaft aufgrund der Gnade Christi. In ihr gehen wir in die Lebensbewegung des dreifaltigen Gottes ein. Sie ermöglicht uns die Teilnahme an Kreuz und Auferstehung des menschgewordenen Sohnes und an der Gabe des Heiligen Geistes in unsere Herzen.

„Weil ihr Söhne seid, sandte Gott den Geist seines Sohnes in unser Herz, den Geist, der ruft: Abba Vater" (Gal 4,6).

Am Ende einer Mitfeier der Eucharistie und des meditierenden Mitvollzuges ihrer inneren geistigen Linie müssen wir uns je neu zur tätigen und bewußten Mitfeier einladen. Wir sind aufgerufen zu einem immer neuen Mitgehen des Weges Jesu Christi in der Welt, der zu Gott dem Vater und in Jesus Christus zur Gemeinschaft mit dem Vater, dem Sohn und dem Heiligem Geist hinführt (vgl. 1 Joh 4,7–21).

In der Eucharistie feiern wir das Sakrament der dreifaltigen Liebe Gottes, der in seinem menschgewordenen Sohn sein Leben für uns hingegeben und als Liebe geoffenbart hat (1 Joh 4,10), und der uns den Geist der göttlichen Liebe ins Herz eingegossen hat (1 Joh 4,13; Röm 5,5). In der Eucharistie erfährt der Glaubende je neu die Wahrheit über sich selbst, es eröffnet sich ihm der innerste Sinn der Weltgeschichte, und er erhält den Beweis, daß bei all ihren gegensätzlichen Kräften, Richtungen und Kämpfen am Ende nur eine Macht siegreich sich behauptet: die Liebe.

„Denn ich bin gewiß: Weder Tod noch Leben, weder Engel noch Mächte, weder Gegenwärtiges noch Zukünftiges, weder Gewalten der Höhe oder Tiefe noch irgendeine andere Kreatur können uns scheiden von der Liebe Gottes, die da ist in Christus Jesus, unserem Herrn" (Röm 8,38 f.).

ANHANG

Zur Theologie der heiligen Messe – die neuere Entwicklung

Zur Theologie der heiligen Messe – die neuere Entwicklung[1]

Das Konzil – Wegweisung für heute

In Zeiten des Internet ist es nicht schwer, sich einen ersten Eindruck über die aktuelle theologische Diskussion zum Thema Eucharistie bzw. heilige Messe zu verschaffen. Eine Internet-Suchmaschine findet in wenigen Sekunden zig-, ja hunderttausende von Seiten mit den entsprechenden Stichwörtern. Doch selbst in einer traditionellen Bibliothek stellt sich die Frage nach Qualität und Ertrag der einzelnen liturgiewissenschaftlichen Beiträge. Wie sieht man vor lauter Bäumen den Wald in seiner Tiefe, mit seinem ganzen Reichtum und seiner Schönheit?

Der beste Ansatzpunkt dafür dürfte ohne Zweifel die Liturgiekonstitution des Zweiten Vatikanischen Konzils „Sacrosanctum concilium" (1963) sein. Dazu kommen natürlich weitere Äußerungen des Konzils zur Liturgie im allgemeinen und zur Eucharistie im besonderen, sowie die kirchlichen Dokumente zur Theologie und Liturgie der Eucharistie, die nach dem Konzil entstanden sind und von Geist und Thematik des Konzils bestimmt werden. Diese Liturgiekonstitution aus der Mitte des 20. Jahrhunderts markiert nicht nur eine tiefe Zäsur in der Entwicklung der Eucharistie-Theologie, sie bietet als Ergebnis einer allgemeinen Kirchenversammlung auch Orientierung für Theologie und Praxis von heute.

In der Liturgiekonstitution sammeln sich zum einen all die Linien der biblischen, patristischen[2] und liturgiehistorischen Forschung,[3] der pastoral-liturgischen und dogmatisch-systematischen[4] Erneuerung. Mit Beginn des 20. Jahrhunderts hatten die Dekrete Pius' X. zur Frühkommunion der Kinder und zur Kommunionhäufigkeit zu einer vertieften Beschäftigung mit der Eucharistie beigetragen. Die Liturgische Bewegung weckte das Bewußtsein für die *Participatio actuosa* (wörtlich: „tätige Teilnahme") an der Feier des Pascha-Mysteriums unserer Erlösung.[5] In diesem Sinne konnten auch die Beiträge der Mysterientheologie eines Odo Casel fruchtbar gemacht werden.[6] Weichenstellend waren auch die Versuche, Sprache und Denken der Schultheologie zu erweitern. Die Neuscholastik hatte die Tendenz, das liturgische Geschehen so zu beschreiben, daß es zumindest dinglich klang, und es nach dem Modell von Ursache und Wirkung, also kausal zu verstehen. Diese „technisch" formulierte Theologie wollte man übersetzen in eine neue Zeit mit neuen geistigen Herausforderungen. Und so begann man, das liturgische Geschehen als ein Geschehen zwischen Personen, als ein dialogisches Geschehen zu entdecken.[7] Der entscheidend neue Gedanke gegenüber einer klassisch neuscholastischen Sakramententheologie ist die reale Mitfeier und damit der Mitvollzug des Priestertums der Kirche mit dem Priestertum Christi, des Hauptes der Kirche. Die Gläubigen empfangen nicht nur die Wirkung *(effectus)* des vom Priester für sie dargebrachten Opfers und sie empfangen nicht nur die von ihm konsekrierten eucharistischen Gaben, „sondern sie bringen auch zusammen mit ihm das Opfer dar, so daß aufgrund dieser Teilnahme auch das Opfer des Volkes zum liturgischen Kult selbst gehört". So betonte Papst Pius XII. in der für die liturgische Erneuerung so wichtigen Enzyklika „Mystici corporis" von 1943 das Zusammenwirken der Glieder des mystischen Leibes mit Christus, dem Haupt (DH 3805), wie er auch in „Mediator Dei" von 1947 (DH 3852), unbeschadet des eigenständigen Handelns des geweihten Priesters in der Person Christi, des Hauptes der Kirche, die Bedeutung des Priestertums aller Gläubigen herausgestellt hat (vgl. LG 11; 21; PO 2).

Zum andern ist die Liturgiekonstitution gewiß die Magna Charta der nachkonziliaren Liturgiereform gewesen. Im Licht der erneuerten Liturgie sowie auch dogmengeschichtlicher und theologiegeschichtlicher Einzelforschung haben die klassischen Kontroversfragen zwischen den reformatorischen Gemeinschaften und dem tridentinischen Katholizismus eine Neubewertung erfahren. Man kann die traditionellen Themen des Opfercharakters der Messe mit der Frage nach dem Verhältnis des Opfers Christi und des Opfers der Kirche, die Problematik der Realpräsenz (Transsubstantiation), der Kommunion unter einer Gestalt, die eucharistische Verehrung auch außerhalb der heiligen Messe und die Frage, ob nur der gültig geweihte Priester die Konsekrationsworte sprechen kann, d. h. wie sich das Taufpriestertum aller Gläubigen zum priesterlichen Dienst des apostolischen Amtes verhält, nicht mehr ohne Rücksicht auf ihre ekklesiologische und liturgietheologische Einbettung behandeln. In diesem Sinn verzeichnen die zahlreichen bilateralen und multilateralen ökumenischen Dialoge ganz beachtenswerte Fortschritte hin auf einen größeren Konsens, als ehedem überhaupt denkbar war.

Den Beitrag der liturgischen Bewegung zur Erneuerung der Ekklesiologie und der Sakramentenfrömmigkeit hat zuletzt Papst Johannes Paul II. im Apostolischen Schreiben zum Abschluß des Heiligen Jahres 2000 „Novo millennio ineunte" gewürdigt:

> *„Im 20. Jahrhundert, besonders seit dem Konzil, ist die christliche Gemeinde in der Feier der Sakramente, vor allem der Eucharistie, gewachsen. Man muß diese Richtung weiterverfolgen durch besondere Hervorhebung der sonntäglichen Eucharistiefeier und des Sonntags selbst, der als besonderer Tag des Glaubens, als Tag des auferstandenen Herrn und des Geschenkes des Geistes, als wöchentliches Ostern wahrgenommen wird … Dadurch, daß die Kirche nicht nur einmal im Jahr, sondern an jedem Sonntag Ostern feiert, wird sie weiterhin jede Generation hinweisen ‚auf die tragende Achse der Geschichte, auf die sich das Geheimnis des Anfangs der Welt wie das ihrer endgültigen Bestimmung zurückführen lassen'"* (Art. 35).

Der Rahmen, in dem sich die Liturgie in Verständnis und Praxis auszulegen hat, kann darum nur die Selbstmitteilung des dreifaltigen Gottes als Wahrheit und Gnade für alle Menschen sein. Die Liturgie hat aufgrund der Inkarnation einen deutlich christologischen Schwerpunkt und wegen der Sendung des Geistes Gottes in die Herzen der Gläubigen, in die Kirche und in die ganze Welt eine unverzichtbar pneumatologische Komponente. Die Liturgie ist Handeln des erhöhten Herrn in vielfältigen Gegenwartsweisen im Geist an und in seiner Kirche. Zentral in der Liturgie und durch sie vermittelt er die Gemeinschaft mit dem Gott der dreifaltigen Liebe allen Christus-Gläubigen und mittels ihres bevollmächtigten Zeugnisses allen Menschen. Die Liturgie hat eine deutliche kosmisch-universale und eschatologische Dimension. Sie ist nicht eine von der Welt abgeschottete Selbstinszenierung einer privaten Religionsgruppierung. Liturgie ist vielmehr Gottes Dienst am Heil der Welt, den die Kirche in der Sendungsautorität Christi sakramental ausübt. In Liturgie, Verkündigung *(Martyria)*

und Diakonie ist die Kirche ganz „Kirche für die Welt", weil sie der Leib dessen ist, der gekommen war, nicht um bedient zu werden, sondern um als der eine Mittler zu dienen und sein Leben als Lösegeld hinzugeben für die Vielheit der Menschen (vgl. Mk 10,45; 1 Tim 2,4 f.). Gerade weil die Kirche in Christus Zeichen und Werkzeug der innigsten Gemeinschaft der Menschen mit Gott und der Menschen untereinander ist (LG 1), dient sie als „Sakrament des Heils der Welt" der ganzen Menschheit durch die Liturgie, „die der Höhepunkt ist, dem das Tun der Kirche zustrebt, und zugleich die Quelle, aus der all ihre Kraft strömt" (SC 10).
Weil der Mensch nicht nur Empfänger des Heils ist, sondern auch Vermittler, und weil das Heil sich inkarnatorisch und ekklesial darstellt, darum bedarf es grundlegender anthropologischer Überlegungen zur symbolischen Natur des Menschen, die ihm als Basis für die Kommunikation mit Gott und den Mitmenschen dient. Nur wenn er sich als personales, soziales und leibhaftes Wesen begreift, kann ihm auch aufgehen, warum Gott das Heil, das Gott in seinem dreifaltigen Leben der Liebe selber ist, auf sakramentale, d. h. realsymbolische Weise vergegenwärtigt und vermittelt.

> *„Mit Recht gilt also die Liturgie als Vollzug des Priesteramtes Jesu Christi: durch sinnenfällige Zeichen wird in ihr die Heiligung des Menschen bezeichnet und in je eigener Weise bewirkt und vom mystischen Leib Jesu Christi, d. h. dem Haupt und den Gliedern, der gesamte öffentliche Kult vollzogen. Infolgedessen ist jede liturgische Feier als Werk Christi, des Priesters, und seines Leibes, der die Kirche ist, in vorzüglichem Sinn, heilige Handlung, deren Wirksamkeit kein anderes Tun der Kirche an Rang und Maß erreicht" (SC 7).*

Ist dem sogenannten „Menschen von heute" Liturgie noch zumutbar?

Nach fast vier Jahrzehnten Erfahrung mit der erneuerten Liturgie ist in vielen Ländern die Euphorie einer Ernüchterung, ja oft der Enttäuschung gewichen. Es besteht eine große Diskrepanz zwischen der offiziellen Liturgie und der mangelnden Rezeption ihrer tieferen Anliegen. In den mitteleuropäischen Ländern ist die Teilnahme an der sonntäglichen Eucharistiefeier drastisch zurückgegangen. Die Gestaltung der Liturgie in den Pfarreien und Gemeinschaften richtet sich in manchen Fällen nach dem äußeren Unterhaltungswert unter Mißachtung der realen Baugesetze der Sakramente Christi und der Kirche. Nie war mit der neuen Leseordnung der „Tisch des Wortes Gottes" (SC 51; DV 21) für die Gläubigen so reichhaltig gedeckt wie heute, und doch sind bei der großen Mehrheit der Christen Kenntnis und Verständnis des Wortes Gottes im Alten und Neuen Testament auf einem erschütternden Tiefstand angelangt. Wenn auch vielerorts ein ernsthaftes Bemühen um eine sinngerechte Gestaltung der Liturgie festzustellen ist, so kann doch die Not der Verantwortlichen in der Vermittlung der theologischen und spirituellen Inhalte der Sakramente und besonders der Eucharistiefeier nicht übersehen werden.[8]

Zur Charakterisierung des Unterschieds zwischen der Anfangsdynamik der liturgischen Bewegung vor allem nach dem Ersten Weltkrieg mit ihrer Erfolgsgeschichte bis zum Konzil und mit der Liturgiekrise am Ende des 20. Jahrhunderts können die fast gleichlautenden Titel von Romano Guardini und Joseph Ratzinger dienen. Während Guardinis Erstlingsbuch „Vom Geist der Liturgie", das Ostern 1918 die berühmte Schriftenreihe „Ecclesia orans" des Abtes Ildefons Herwegen eröffnete, für eine wunderbare Aufbruchsstimmung steht, hat Ratzinger, der sich ausdrücklich auf Guardini bezieht, in seinem Werk „Der Geist der Liturgie. Eine Einführung"[9] sichtlich Mühe, überhaupt Verständnis zu wecken für das Wesen der Liturgie in ihrer geistlichen Tiefe und in ihren wesentlichen leibhaftigen Ausdrucksformen. Beide Autoren sind von unterschiedlichen Zeitpunkten her konfrontiert mit dem sich im Laufe des 20. Jahrhunderts immer deutlicher abzeichnenden Problem der „Liturgieunfähigkeit des modernen Menschen", von der Guardini beim Liturgischen Kongress 1946 in Mainz so nachdrücklich gesprochen hatte. In einem großen Vortrag auf den Salzburger Hochschulwochen 1965 hat Joseph Ratzinger während der Hochstimmung der nachkonziliaren Liturgiereform die Liturgieunfähigkeit auf den Begriff gebracht, indem er von der „Krise der sakramentalen Idee im modernen Bewußtsein" sprach.[10]

Dem modernen Menschen, der von Säkularismus, immanentistischem und technizistischem Weltumgang geprägt ist, sind nicht nur einzelne Riten und Gesten der Liturgie unverständlich. Mit kosmetischen Änderungen und volkspädagogischen Spielereien läßt sich der Krise kaum beikommen. Hier ist eine *Sanatio in radice* (wörtlich: „Heilung an der Wurzel") notwendig. Das Problem reicht bis in die letzten Tiefen des Selbst- und Weltverständnisses des modernen Menschen und in seinen in der Tiefe verstörten Bezug zu Gott. Mit der durchschnittlichen Mentalität läßt sich nur schwer ein Zugang finden für die Grundidee der Liturgie, daß nämlich Zeichenhandlungen, die der Endlichkeit dieser Welt angehören, die Vermittlung in die Unmittelbarkeit zu Gott sein sollen. Denn Gottes Sein und Wirken bleibt vielen ein undurchdringliches Rätsel, vor dem man kapituliert und das man darum mit Gleichgültigkeit bestraft bis zum Verdacht hin, es nur mit einer Projektion oder einer Chiffre für die Unerklärlichkeit menschlicher Existenz zu tun zu haben. Die neue Religiosität der New-Age-Bewegung und das Vordringen monistischer Weltdeutung aus der Tradition asiatischer Religionen geht hinter die Erkenntnis der Personwirklichkeit und damit hinter das personale Selbstverständnis des Menschen zurück zu einem Primat des Allgemeinen vor der Individualität. Nicht die sakramentale Vergegenwärtigung des Heils in dialogisch-kommunikativer Weise ist heute gefragt, sondern religiöse Erfahrung des schweigenden Abgrundes, in den hinein sich das Subjekt auslöscht und mit dem es in mystischer Verschmelzung eins wird. Die biblische Religion ist dagegen geprägt von einer Anrede des Menschen von Gottes Wort und einer Begegnung mit ihm in seinem heilstiftenden Handeln (Geist). Der Mensch ist bei seinem Namen angesprochen und darf sich, wie es sich in den Psalmen und im Gebet des Vaterunser bezeugt, in jeder Situation an Gott wenden, der ihn im Akt der Erhörung als Person bestätigt. Das Ziel der Gott-Begegnung ist die Liebe, die nicht auslöscht und verallgemeinert, sondern bejaht und Du sagt, so daß Menschen nicht in einem unpersönlichen, göttlichen Numinosum aufgehen, sondern als „Söhne im Sohn" Abba, Vater sagen können. Die Liturgie und damit auch die Messe haben eine trinitarische Struktur- und Wesensform (vgl. Gal 4,4–6; Röm 8).

Schon Immanuel Kant hatte in seiner Schrift „Die Religion innerhalb der Grenzen der bloßen Vernunft" (1793) die Bekenntnisaussagen des Glaubens ihres Wirklichkeitsgehaltes und infolgedessen auch die christlichen Sakramente ihres Charakters als Gnadenmittel beraubt. Er wollte sie nur noch als Ausdruck des moralischen Gewissensanspruchs verstanden wissen. Wo die Religionskritik die Kulthandlungen der Religionen nicht überhaupt als gefährliche und schädliche Ausdrucksformen der Verfremdung und als Herrschaftsmittel der Vertröstung abgetan hatte, wurden in manchen Richtungen der modernen Psychologie und Soziologie die Sakramente jenseits ihres theologischen Inhaltes auf ihre das psychische und soziale Gleichgewicht stabilisierende Funktion reduziert. Die Sakramente wurden einer Dimension des Bewußtseins zugeordnet, die eine Sehnsucht nach „Höherem" symbolisiert. Sie gelten kaum mehr als die von dem personalen Gott selbst durch den Mittler des Heils, Jesus Christus, eingesetzten und der Kirche zur Feier anvertrauten Medien der realen Gemeinschaft zwischen Gott und dem Menschen.

So stellt sich nicht nur die Frage nach der anthropologischen Verankerung der Symbolfähigkeit des Menschen, sondern noch grundlegender die Frage nach seiner Transzendenzfähigkeit, die sich in der Symbolik von Wort- und Zeichenhandlungen ausdrückt und vollzieht. Die Sprache der Liturgie kann nur der verstehen und mitvollziehen, der die Hauptbegriffe kirchlichen Sprechens und Agierens über ihren Kontext in der natürlichen Sprache hinaus als Wort Gottes versteht, das sich in der Bekenntnissprache der Kirche auslegt (vgl. 1 Thess 2,13).

Ein wesentlicher Grund dafür, daß die theologische Vertiefung der Eucharistie und ihre liturgische Reform so wenig Früchte gebracht haben, liegt in der ungünstigen Großwetterlage des Glaubens und in der Schwierigkeit, das Gott-Welt-Verhältnis in der heilsgeschichtlichen Vermittlung zu sehen, die ihren eschatologischen Höhepunkt im Christusereignis hat. Denn aus diesem ergibt sich die inkarnatorisch geprägte, kirchliche und sakramentale Vergegenwärtigung der Lebensgemeinschaft mit Gott.

Alle Anstrengungen der Tauf-, Firm- und Erstkommunionkatechese laufen zur Enttäuschung der oft so einsatzwilligen Eltern, der Geistlichen und Lehrer ins Leere, wenn es nicht gelingt, einen in der Mitte der Person und ihres spirituellen, rationalen und ethischen Haushaltes verwurzelten Bezug zum lebendigen Gott zu vermitteln. Bei vielen Erwachsenen kommen die vielen, vordergründig unausgleichbaren Spannungen und Widersprüche zwischen den kirchlichen Lehraussagen und ihrem eigenen, wissenschaftlich geprägten Weltbild hinzu. Es erscheint ihnen nur möglich, das zu glauben, was sich vor der auf Naturkausalität reduzierten Rationalität als möglich erweist. Die Aktualpräsenz eines vor 2000 Jahren gestorbenen Menschen kann dann allenfalls als symbolische Vergegenwärtigung des sittlichen Vorbildes Jesu einzuholen sein. Die Realpräsenz kann dann nicht mehr bedeuten als der feste Vorsatz, sich an seinem Beispiel aufzurichten anläßlich des Essens eines Stück Brotes in Oblatenform.

Völlig außerhalb der Akzeptanz liegt die Lehre von der Eucharistie als der realen Vergegenwärtigung des Kreuzesopfers Christi. Mit einem notorischen Unverständnis wehrt der an der Psychoanalyse Freuds geschulte Zeitgenosse die Deutung des Todes Jesu als Opfer, gar als stellvertretendes, unsere Sünden sühnendes Opfer ab. Denn im strikten Gegensatz zum Neuen Testament und auch zu den großen Konzeptionen der Erlösungslehre, inklusive der Satisfaktionstheorie Anselms, wird der Tod Jesu als ein von einem erzürnten, grausamen Gott abverlangtes Opfer, das ihn vernichtet, fehlinterpretiert und als so entstandenes Zerrbild empört zurückgewiesen. Dieses Verständnis des Opfers Christi auf dem Hintergrund eines Gottesbildes, das in der gesamten christlichen Tradition als offenbarungswidrig zurückgewiesen wurde, ist der Ausdruck von verqueren Interpretationsmethoden, die den christlichen Glauben verballhornen, um sich dann über seine Vernunftwidrigkeit zu empören.

In Wirklichkeit ist das Kreuz kein blutiges Opfer im rituellen Sinn: Der Opferakt besteht in einer personalen Hingabe für das Heil der Menschen, die bis zur Hingabe des eigenen menschlichen Lebens Jesu geht (vgl. Hebr 5,8 f. u. ö). Demgemäß ist das Essen und Trinken „seines Fleisches und Blutes" kein „Essen vom Leib eines Gottes" im physischen oder metaphorischen Sinn mancher Mysterienreligionen, sondern die wirkliche menschliche Gemeinschaft mit dem „Wort Gottes, das Fleisch geworden ist" (Joh 1,14), in Jesus Christus, dem Sohn des Vaters, der sein Fleisch, d. h. sein Leben, hingibt für das Leben der Welt. Wer von diesem Brot ißt, d. h. Gemeinschaft hat mit dem historischen und österlichen Christus, der bleibt in ihm und Christus in ihm: „Wie mich der lebendige Vater gesandt hat und wie ich durch den Vater lebe, so wird jeder, der mich ißt, durch mich leben" (Joh 6,57). So offenbart sich Jesus: „Ich bin das Brot des Lebens" (Joh 6,48). Das sakramentale Essen der Gaben von Brot und Wein vermittelt wirkliche *Koinonia* mit dem *Verbum incarnatum* (dem fleischgewordenen Wort) und schenkt denen, die an seinen Namen *glauben,* „die Macht, Kinder Gottes zu werden" (Joh 1,12). Die johanneische Christologie und Eucharistielehre bewegt sich jenseits der Alternative einer spiritualisierenden Entweltlichung und einer Verdinglichung (das war das Mißverständnis von Kapharnaum, vgl. Joh 6,52) der Offenbarung und des Glaubens.

Menschseindürfen vor Gott

Gegenüber diesen tief verwurzelten Mißverständnissen und instinktiven Voreingenommenheiten läßt sich die Logik der Liturgie und besonders der Eucharistie nur entfalten im Kontext einer theozentrischen Auslegung der menschlichen Existenz, der christologischen Vermittlung der Gott-Mensch-Beziehung und ihrer kirchlich-sozialen Konkretisierung.[11]

Auf dem Hintergrund einer Neuentdeckung der symbolischen Kommunikation des Menschen mit der höheren Dimension der Wirklichkeit in den Religionen (Mircea Eliade), der Symbolhaftigkeit aller geistigen Akte des Leibwesens Mensch bis hinein in die Sprache (Ernst Cassirer, Paul Ricoeur), ist die Bedeutung des anthropologischen Ansatzes von Karl Rahner für die moderne Sakramententheologie nicht zu unterschätzen. In den wichtigen Aufsätzen „Zur Theologie des Symbols" und „Wort und Eucharistie"[12] setzt Rahner seine transzendentale Anthropologie mit den Grundentwürfen des Menschen als „Hörer des Wortes" und „Geist in Welt" kategorial in die Sakramententheologie um. Er gibt eine ontologische Vertiefung des religionsphänomenologischen Symbolbegriffs. Symbole gehören nicht einem dritten Bereich zwischen Gott und Mensch an, sondern sind das wesenseigene Medium der Selbstvermittlung von Personen im Ereignis einer Kommunikation und wechselseitigen Partizipation. Der Mensch drückt sich selbst als materiell gebundenes Wesen durch seine Leiblichkeit aus, während Gott sich durch das von ihm geschaffene Medium der Welt (in ihrer Materialität, Zeitlichkeit, Räumlichkeit, Geschichte und Sozialität) dem Menschen real mitteilt. Der Höhepunkt dieser realen Selbstmitteilung ist das Symbol und Sakrament der menschlichen Natur Christi, des fleischgewordenen Wortes. Christus vergegenwärtigt sich durch die Kirche, die sein sozialer Leib ist, und die – von ihm der Kirche eingestifteten – Grundvollzüge sinnenhaft konkret in worthaft-sakramentaler Gestaltform.[13] Eingebürgert hat sich die Redeweise von Christus als Ur-Sakrament, von der Kirche als Grund-Sakrament und von ihrer Realisierung in den sieben Einzelsakramenten.

Damit ist auch der unfruchtbare Gegensatz, auf den sich manche Kontroverstheologen kapriziert haben, zwischen einer protestantischen Kirche des Wortes und einer katholischen Kirche der Sakramente ad acta gelegt. Denn weder ist das Wort bloße Information, noch das Sakrament ein bloßes Zugeständnis an die sinnliche Natur des Menschen, der ansonsten nur geistig-platonische Höhen der Begegnung mit Gott suchen sollte. Die worthaft-leibhaftige Heilsvermittlung entspricht der menschlichen Natur des Heilsgeschehens auf der Grundlage der geschichtlichen und inkarnatorischen Gegenwart Gottes in seiner Schöpfung.

Das Wort, das Leben gibt, ist aufgrund der Inkarnation auch das Brot des Lebens, das der ist, der sein Fleisch hingibt für das Leben der Welt. Die hochmütig-skeptische Frage „Wie kann er uns sein Fleisch zu essen geben?“ (Joh 6,52) erweist sich im Licht der Inkarnation und der hingebenden Liebe Gottes bis zum Tod am Kreuz als allzu menschlich, vielleicht sogar als un-menschlich. Im Kontext eines kommunikationstheoretischen Offenbarungsverständnisses können Sakramente verstanden werden als „Figuren des Lebens“: In ihnen vollzieht sich die Anteilhabe am kommunikativen Leben Gottes, das sich als Liebe erwiesen hat. Die Sakramente führen den Menschen nicht über die sichtbare Welt hinaus in ein religiös-mystisches Jenseits, sondern sie fügen den Menschen in das Beziehungsgeflecht menschlicher Existenz in Kosmos und Geschichte ein. Inmitten der Teilnahme der Glaubenden an der Gesellschaft und ihrer Kultur stiften sie eine universale Hoffnung auf eine letzte Offenbarung des Sinns aller Geschichte in der Gemeinschaft aller mit Gott.[14]

Zu den Versuchen einer neuen Plausibilisierung der Sakramente und der Eucharistie in einem lebensweltlichen Kontext gehört auch der Ansatz der Befreiungstheologie. Entgegen dem marxistischen

Vorwurf, die Religion und ihre Riten dienten einer Vertröstung auf ein imaginäres besseres Jenseits und damit einer Befestigung ungerechter Herrschaftsstrukturen, wird die gesellschaftskritische Potenz der Sakramente betont. Wer in der Eucharistie die Liebe Christi empfängt, kann die gesellschaftlichen Strukturen mit ihren Unmenschlichkeiten, die der Liebe Christi entgegenstehen, nicht unangetastet lassen:

> *„Die Materie der Eucharistie ... erinnert daran, daß Geschwisterlichkeit im Willen Gottes wurzelt, allen Menschen die Güter dieser Welt zu überantworten, damit sie eine menschliche Welt schaffen."*[15]

In diesem Sinne kann auch die Kultkritik im Alten Testament und bei Jesus richtig verstanden werden.[16] Sie hat keineswegs eine antisakramentale Tendenz und zielt nicht auf ein spiritualistisch ausgedünntes oder nur moralisches Christentum. Sie richtet sich vielmehr gegen die Trennung von Gottes- und Nächstenliebe, deren Einheit gerade in der Eucharistie bezeugt wird. Gott braucht keine Opfer im Sinne einer Destruktion der Opfergaben, die ihn erst zur Liebe gegenüber dem Menschen bewegen müßten. Die „Anbetung des Vaters in Geist und Wahrheit" (vgl. Joh 4,23 f.) besteht hingegen darin, sich angesichts des göttlichen Erbarmens selbst als lebendiges und heiliges Opfer darzubringen, das Gott gefällt (vgl. Röm 12,1). Das Opfer im biblischen Sinn kann niemals in einer Vernichtung der von Gott geschaffenen Gaben und Lebewesen bestehen, um etwa die Überlegenheit der höheren Mächte und die Unterlegenheit des Menschen symbolisch auszudrücken. Denn Schöpfung bedeutet Anteilgabe an der unendlichen Fülle des Seins Gottes und ist deshalb in allem gut.

> *„Denn alles, was Gott geschaffen hat, ist gut, und nichts ist verwerflich, wenn es mit Danksagung* (metá eucharistías) *genossen wird; es wird geheiligt durch den Logos Gottes und durch das Gebet" (1 Tim 4,4).*

Es geht beim Opfer im christologischen und eucharistischen Sinn nicht um die Zerstörung, die bei Gott einen sadistisch-masochistischen Affekt auslösen würde, sondern um die Willenseinheit in der Liebe, die aber bis zur Hingabe des Sohnes durch den Vater und die Selbsthingabe des Sohnes im Gehorsam bis zum Tod am Kreuz geht, und die auch die Annahme des Menschen im Sohn und die Selbsthingabe der Glaubenden in, mit und durch den Sohn an den Vater auslöst und trägt. Freilich kann ein deistisch-unitarisches Gottesverständnis und die Reduktion des Gottverhältnisses des Menschen auf Moral die Idee des Opfers als hingebende Liebe niemals einholen. Es geht vielmehr um die Menschwerdung Gottes und um die Verähnlichung (Vergöttlichung) des Menschen, wie Athanasius gegenüber der Trostlosigkeit des arianischen Gottesbildes herausgestellt hat (vgl. Über die Menschwerdung, 54).

Der Verständnisrahmen für das Opfer der Eucharistie ist das Wort des johanneischen Christus beim Letzten Abendmahl: „Wenn nun ich der Didaskalos und Kyrios euch die Füße gewaschen habe, dann ... euch zum Beispiel, damit auch ihr tut, wie ich euch getan habe" (Joh 13,14 f.). Das ist die beste Interpretation des kultisch-liturgischen oder realsymbolischen Geschehens der Proklamation des Todes des Herrn und seiner Lebenshingabe für uns bis zu seiner Wiederkunft (1 Kor 11,26 ff.). Das Opfer Christi am Kreuz und die Vergegenwärtigung dieses Opfers in der sakramentalen Feier des eucharistischen Mysteriums und der steten Einbeziehung der Kirche (Opfer der Kirche) sind nicht Kult und Opfer im Sinne einer Einwirkung auf Gott, sondern die von Christi Stiftungsinitiative getragene und im Geist Gottes lebendiggemachte konkrete Selbstvermittlung Gottes und seine definitive Heilszusage, die uns zur Nachfolge Christi und zur Gleichgestaltung mit seiner Gesinnung und Tat der hingebenden Liebe verpflichtet und befähigt.[17]

Eucharistie ist darum Einbezogenwerden in die Dank-Sagung Christi gegenüber dem Vater (Mk 14,22 f.), bedeutet tägliches Erneuertwerden in der Gnade der Gottessohnschaft, die wir durch die Hineinnahme in das Sohnesverhältnis Christi zum Vater in der Taufe ein für allemal empfangen haben. Eucharistie als Verkündigung der Lebenshingabe Christi, aus der wir das göttliche Leben empfangen, bedeutet auch je neu genährt und gestärkt werden zur Erfüllung der Sendung Jesu, die wir vom Sohn empfangen haben:

> *„Wie mich der lebendige Vater gesandt hat und ich durch den Vater lebe, so wird auch jeder, der mich ißt, durch mich leben" (Joh 6,57).*

Es ist also letztlich der trinitarische Horizont, in dem die Eucharistie als Brot des Lebens dankbar anerkannt werden kann und nicht als Zumutung an die Vernunft zurückzuweisen ist. Nur einem unitarisch-deistischen Gottesverständnis in Verbindung mit einer auf Moralität verkürzten Anthropologie und einem mechanistischen Begriff der Materie muß der Eucharistieglauben der Kirche mit seinen konstitutiven Elementen wie ein Märchen aus der Wunder- und Sagenwelt unserer mythologisch befangenen Altvorderen erscheinen.

Die erneuerte Theologie der Eucharistie hat vielleicht darum nicht die erwarteten Früchte gebracht, weil sie sich auf der Sandbank des Deismus und im Treibsand der Erlebnisgesellschaft festgefahren hat. Das Schifflein Petri kann nur wieder flott werden, wenn es gelingt, im Zeugnis des Glaubens in der Familie, in den Gemeinden, in der Schule und in den Bildungsstätten den naturalistischen Fehlschluß aufzulösen, der Millionen Menschen hindert, bei Gott das alles erhellende „Wort ihres Lebens" zu suchen und von ihm das „Brot für ihr Leben" in Zeit und Ewigkeit zu erbitten. Denn meines Erachtens liegt der erste Grund der Gotteskrise und damit der Liturgieunfähigkeit darin, daß die rational verantwortbare Synthese von Schöpfungsglauben und Evolutionsbiologie von vielen nicht nachzuvollziehen ist. Weil der Mensch als Spezies ein Produkt immanent und empirisch aufweisbarer Kausalitäten ist, scheint auch der mögliche Inhalt des Gedankens an einen weltunabhängigen transzendenten Urheber aller Wirklichkeit überhaupt und ihrer Entfaltungsbedingungen selbst nur ein Produkt der Evolution zu sein. Der Verdacht, mit dem Glauben an Gott und seinem persönlichen Interesse mir gegenüber nur einer Illusion und einem Wunschgedanken aufzusitzen, ist emotional und intellektuell so tiefsitzend, daß Gott nicht als die alles bestimmende Realität und mein persönliches Ziel anerkannt wird. Gott bleibt nur als eine vage Grenzidee ohne alle Begründung für eine reale Hoffnung. Was will man von einer bloßen Chiffre oder Projektion erwarten?

Übersehen wird dabei, daß – bei aller Bedingtheit eines in seinen Vollzügen leibgebundenen Geistes – der Gegenstand des Denkens keineswegs Produkt des Denkens, sondern die Voraussetzung seines Erkanntwerdens bildet. Wenn die reale Welt nicht Produkt des Denkens ist, sondern seine Voraussetzung, dann ist auch ihr realer Grund, der als Bedingung ihres Seins und ihres Erkanntwerdens zum Inhalt des menschlichen Geistes wird, nicht dessen Hervorbringung, sondern die Eröffnung seines Vollzugs. Dann kann, ja muß der Mensch auch ganz realistisch hoffen, daß sich ihm dieses Geheimnis in der Dramatik der menschlichen Geschichte zeigt und es sich ihm als die Erfüllung der Hoffnung zuspricht, die den Menschen über die natürlichen Bedingungen der Entstehung und Erhaltung seines Lebens hinausweist. Im Horizont der Sinnfrage und der Unendlichkeit der Hoffnung wird dem Menschen offenbar, daß Leben mehr ist als die biologischen Funktionen, die ihn in seiner irdischen Existenz ermöglichen. Dann kann er hoffen, daß er nicht nur vom Brot allein leben muß, sondern daß Leben des Menschen heißt, aus dem Wort Gottes zu leben und mit Gott zu leben, der in seinem WORT einer von uns geworden ist und der sich so als das Brot des ewigen Lebens offenbarte.

Christus – die Proexistenz Gottes für den Menschen

Die Feier der Eucharistie ist die sakramentale Verdichtung und Vergegenwärtigung des Christusereignisses durch den Heiligen Geist im Leben der Kirche. Damit hängt die neuere Eucharistielehre ab von Aussagen der modernen Christologie und Pneumatologie. Methodische Voraussetzung dafür ist die innere Einheit von Altem und Neuen Testament sowie auch die Identität des historischen Jesus mit seiner urkirchlichen Bezeugung. Die ersten Jünger waren nach Ostern davon überzeugt, daß das Urbekenntnis zur Identität des Jesus der Geschichte und des Christus des Glaubens (vgl. Röm 10,9) durch das Handeln Gottes verbürgt ist, der ihn als den eigenen Sohn ausweist (vgl. Röm 1,3; 8,3) und die Erkenntnis der Einheit von Vater und Sohn durch die Gabe des Heiligen Geistes begründet (vgl. 1 Kor 12,3). Ein Jesus-Bild hinter oder gar gegen die urkirchlichen Zeugen und die neutestamentlichen Zeugnisse zu suchen, bleibt in bloßen Rekonstruktionen stecken, die den historischen Jesus nie erreichen und sich als Jesus-Bilder nach eigenem Bild und Gleichnis, also als Muster ohne überzeugenden Wert erweisen. Die für das Verständnis des Letzten Abendmahls und die nachösterlichen Feiern des Brotbrechens oder Herrenmahls so wichtige Frage nach dem Selbstverständnis Jesu angesichts des ihm zugedachten gewaltsamen Todes kann nicht von apriorischen Spekulationen aus, wie Jesus sich angeblich nur verstanden haben *kann,* beantwortet werden. Denn hier greift das Vorverständnis der Interpreten 2000 Jahre später verfälschend ein.

Nach dem Zeugnis der Schrift trat Jesus als der Bringer der eschatologischen Gottesherrschaft auf, die in ihm selbst als Angebot und Herausforderung zur bedingungslosen Nachfolge wirksam präsent ist. Der gewaltsame Tod am Kreuz hat nicht deshalb ausschlaggebende Heilsbedeutung, weil Gott eine zusätzliche Bedingung an seinen Vergebungswillen geknüpft hätte, sondern weil er das Gottesreich durch die Sendung Jesu und dessen Treue auch dem Widerstand der Sünder gegenüber Ereignis werden läßt.[18] Der frei übernommene Tod ist die Erfüllung der Proexistenz Gottes in der Dahingabe des Sohnes und seiner Selbst-Auslieferung in die Hände der Sünder. Und kraft der Treue Jesu bis in den Tod hat er den Tod als die Erscheinung der Lebensferne von Gott, also die Vernichtung des Lebens, durch seine Liebe vernichtet und die Gottesherrschaft als ewiges Leben aufgerichtet für jeden, der glaubt. Jesus wurde nicht vom seinem Tod wie von einem Unfall überrascht, sondern hat in einem freien Akt, in betendem Dialog mit dem Vater den Tod auf sich genommen. Wenn die Glaubensgemeinschaft die lebensstiftende Macht des Todes und der Auferstehung Jesu mit Bezug auf die Ideen des leidenden Gerechten, des stellvertretenden Sühneleidens des Gottesknechts, des Opfers und des Gehorsams im Heiligen Geist (Hebräerbrief) auslegt, dann appliziert sie nicht irgendwelche Kategorien auf ein krudes Faktum.[19] Denn eine Synthese von Interpretation und vernunftlosem Zufall ergibt keinen Sinn. Es geht vielmehr um die sprachliche Erschließung und gedankliche Vermittlung des Handelns Jesu mit Bewußtsein und im Heiligen Geist, so daß es der Geist Gottes und der erhöhte Herr selber sind, die den „Sinn der Schrift erschließen".

Als *causa efficiens* (Wirkursache) der Rechtfertigung des Sünders gibt das Trienter Rechtfertigungsdekret übrigens nicht das Leiden Christi an, das erst den beleidigten Gott zur Vergebung bewegen würde, sondern das vorangehende Erbarmen Gottes im Heiligen Geist, während das Leiden Christi *causa meritoria* (Verdienstursache) ist und den Sakramenten eine Instrumentalursächlichkeit zukommt (DH 1529) – ein bedeutungsvoller hermeneutischer

Hinweis auf das Verständnis des Erlösungsopfers Christi und des Opfercharakters der heiligen Messe. Den Zugang zur Heilsrelevanz des Kreuzes Christi bietet schon das Urkerygma: „Christus ist für *(hyper)* unsere Sünden gestorben“ (1 Kor 15,3). Die Dahingabe des Sohnes in die Hände der Sünder ist die Offenbarung der Sünde und Tod überwindenden Liebe des Vaters. Die Bereitschaft des Sohnes, im Gehorsam zum Versöhnungswillen des Vaters sein Leben als Mensch einzusetzen, ist nur zu verstehen, insofern er derjenige ist, „der mich geliebt und sich für mich dahingegeben hat“ (Gal 2,20; 1 Tim 2,5) „als Gabe und Opfer, das Gott gefällt“ (Eph 5,2.25). Wenn schon das urkirchliche Zeugnis den Tod Jesu als Opfer versteht, in dem Gott die Welt mit sich versöhnt, als Aufrichtung des Bundes im Blut Christi „zur Vergebung der Sünden“ (Mk 14,24; Mt 26,28; Lk 22,20; 1 Kor 11,25; Röm 3,23 f., 2 Kor 5,14–21; 1 Petr 2,23 ff.; Tit 2,11; Hebr 7,25; 8,6; 10,5.10; vgl. Ex 24,8; Jer 31,31; Jes 55,3), dann fehlt der Kritik am biblischen Opferverständnis jede rationale Basis.[20]

Als aktuelles Beispiel für eine rationalistische, von feministischen Affekten gegen die kirchliche Lehre besetzte Ablehnung des Opfers Christi und der Kirche kann der Artikel von Agnes Wuckelt „Ein Opfermahl? Überlegungen aus feministisch-theologischer Perspektive“[21] dienen.

Der Beitrag versucht aus feministischer Sicht eine Widerlegung der katholischen Lehre vom Kreuz Christi und der heilige Messe als „Opfer“. Diese kirchliche Lehre sei

1. exegetisch fragwürdig, da es sich nur um eine (Fehl-)Deutung seitens einiger biblischer Autoren, nicht aber um ein Datum der Offenbarung handle,
2. abzulehnen wegen der vom Lebensopfer Christi am Kreuz ausgehenden destruktiven Auswirkungen auf das Selbstwertgefühl von Mädchen und Frauen, und
3. zu ersetzen durch eine frauenfreundliche Auslegung und Praxis mit einem das weibliche Selbstbewußtsein fördernden Gemeindemahl, weil die Rede von Opfer und Sühne unverstanden bleibe, mißverständlich sei und mißbraucht werde.

Der Beitrag von Frau Wuckelt enthält keinen einzigen neuen Aspekt, der über die altbekannte Polemik seitens der feministi-

schen Theologie gegen das angeblich patriarchalische Gottesbild und die vermeintlich männerorientierte Auslegung der Offenbarung in Schrift und Tradition hinausreicht.
Als Kriterium kirchlicher Lehraussagen wird nicht die Übereinstimmung mit der biblisch bezeugten Offenbarung anerkannt. Statt dessen kommen Standards einer religionskritisch-emanzipatorischen Anthropologie zum Zuge. Zwar wird die kirchliche Lehre in einigen Zitaten kurz vorgestellt, aber nur zu dem Zweck, sie als frauenfeindliche Ideologie zu desavouieren bzw. sie als mögliches Instrument zu entlarven, die Frauen in eine Opferrolle hineinzumanipulieren, in der sie sich gleichsam mit göttlichem Segen von ihren Männern verprügeln und ausbeuten lassen. Männer dagegen fühlten sich im Anblick der Brutalität der Kreuzigungsszene eher ermuntert, ihre Frauen seelisch und körperlich zu verletzen und zu demütigen. Die anderslautende Aufforderung an die Ehemänner im Epheserbrief (Kap. 5) wird dabei unterschlagen.
Dem christlichen Glauben wird ein Gottesbild unterstellt, dem nach Gott zur Besänftigung nach „Blut“ lechze und dafür den eigenen Sohn „mißbrauche“, an dessen grausamen Tod er sich geradezu ergötze. Mit dem Wort vom vergossenen Blut Christi assoziiert man dann in den Kreisen solcher Theologen „Blutschuld, Blutorgien“, so als ob die Phantasie des Christen nur so in Blutbädern herumschwelge. Dies führe zu einem christlichen Menschenbild, wonach Gewalt von Menschen an Menschen, gerade von sich liebenden Menschen, in Ehe und Familie legitimiert würde. Wer auf das Kreuz Christi schaut und sich bei der Feier des Herrenmahles in die Opfergesinnung Christi hineinnehmen lasse, werde unempfindlich gegen brutale Gewaltausübung in der Gesellschaft.
Frau Wuckelt folgt der Interpretation des Kreuzes Christi als einer Art Menschenopfer durch einen grausam-rachsüchtigen Vatergott (als Inbegriff patriarchalischer Frauen- und Menschenverachtung), die man bei Voltaire, Feuerbach, Nietzsche und Freud nachlesen kann. Gerade Nietzsche hat das Christentum als Religion des Opfers verächtlich zu machen versucht, und seinem Demuts- und Leidensideal die Rücksichtslosigkeit des Herrenmenschen entgegengesetzt. Es sollte den Kritikern des christlichen Gottes-

und Menschenbildes zu denken geben, daß der Affekt gegen Opfer, Sühne, Dienst, Hingabe, Liebe und Vergeltungsverzicht gerade vom Nationalsozialismus und Kommunismus im Kampf gegen die Kirche propagandistisch verwertet wurde, während im Namen der Befreiung des Menschen vom Gott Jesu Christi wirkliche Blutbäder angerichtet worden sind. Auch in den verschiedenen Urteilen gegen Kreuze in Klassenzimmern wurde das Kreuz immer wieder als Symbol der Grausamkeit verunglimpft, die von Gott ausgehe und diejenigen, die an den Gekreuzigten glauben, verrohe und zu Gewalttaten gegen andere anstifte oder zu tatenlosem Zuschauen verleite.

Wenn christliche Theologen diese christentumsfeindlichen Interpretationen der zentralen Glaubensbekenntnisse übernehmen, verlieren sie den Boden unter den Füßen. Feministische Ideologeme sind für Frau Wuckelt Norm und Konstante, die Inhalte des apostolischen Kerygmas aber austauschbare Interpretamente. Eine innertheologische Klärung und Vertiefung der zentralen Kategorien der Lehre der Kirche wird unmöglich. Es geht nicht um einzelne Punkte, die zu klären sind, sondern um die Tatsache, daß hier ein Unverständnis zum Ausdruck kommt gegenüber dem, was überhaupt christlich ist.

Als Maß nimmt Wuckelt die Ideologie des sich selbst bestimmenden, ja sich selbst erst erschaffenden Menschen, der sich auch seinen „Gott" und seine je eigene Wahrheit kreiert. Gott ist hier nicht der Urheber seines an den Menschen gerichteten Wortes, dem sich der Mensch im Gehorsam des Glaubens unterstellt und der eben darin von Gottes Wahrheit und Liebe ganz erfüllt und mit ihm vereint wird. „Gott" ist nichts anderes als die hypostasierte Metapher des Menschen, der sich selbst Gott ist (wie bei Feuerbach).

Als Erlösung vom „Kreuz Christi" (1 Kor 1,17), das manchen „Frommen" ein Ärgernis und den Rationalisten eine Torheit ist (vgl. 1 Kor 1,23), empfiehlt die Autorin die Orientierung am starken Jesus des Protestes gegen das Unrecht und des Kampfes gegen die herrschenden Strukturen. Vom Bezug zum Kreuz bleibt nur die Erinnerung an einen Märtyrer seiner gesellschafts- und gemeinschaftskritischen Provokationen. Auch hier ist ein christlicher Grundbegriff politisiert und für ein selbstgesetztes Ideal funktionalisiert. Wo die Heilige Schrift Jesus den treuen Märtyrer der Verheißungen Gottes nennt, wird von ihm gesagt, daß er dies ist, weil „er uns liebt und uns durch sein Blut von unseren Sünden erlöst hat“ (Offb 1,5). Nach Wuckelt muß man die Messe zu einem Gemeindemahl umfunktionieren, in dem positive Erfahrungen wie Schöpfung und Leben und nicht Schmerz und Tod im Vordergrund stehen.

Im frauenfreundlichen Gemeindemahl haben wir es nicht mit Fleisch und Blut Christi, sondern nur mit Brot und Wein zu tun, die geteilt sein möchten. „Gott ist geteiltes Brot, geteilter Wein“ (S. 44). In Namen Jesu sich zu einem solchen Gedenkmahl versammeln heißt nichts weiter als ein schöpferisches Sich-Einsetzen für andere und ein Sich-Einbringen in Gegebenheiten, die nicht hinzunehmen sind. Lust- und leibfreundlich lernt die befreite Frau das Gemeindemahl als „Frauenritual“ neu zu verstehen und begibt sich „auf die Suche nach frauengerechten, befreienden Ritualen“.

Es handelt sich hier um ein Christentum, das auf einige humanitäre Aspekte sozialer und therapeutischer Natur eingeschränkt wird und den Namen Jesu gar nicht mehr für sich in Anspruch nehmen kann. Denn Jesus ist nach dem sprachlich unterschiedlich gestalteten, aber in der Sache ganz einmütigen Zeugnis der Kirche in der Heiligen Schrift und in der kirchlichen Glaubensüberlieferung der universale Mittler des Heils, der den Menschen in die Unmittelbarkeit zu Gott führt. Hier ist das Bekenntnis nicht zu hintergehen, daß Gott den Menschen erschafft, befreit und vollendet. Nicht der Mensch erschafft sich selbst und dann seinen Gott als Legitimation einer letztlich atheistischen Anthropologie nach seinem eigenen Bild und Gleichnis.

Statt das biblische Opferverständnis durch die heidnische Sicht einer notwendigen Versöhnung erzürnter Götter – mittels blutiger Destruktion der Opfergabe (Tieropfer oder gar Menschenopfer) – unzulässig zu verfremden und damit eine Hürde für den sogenannten „modernen“ Menschen aufzubauen, sollte man sich besser um ein tieferes Verständnis der biblischen Botschaft und Sprache bemühen. Der Tod Jesu ereignete sich nicht innerhalb einer rituellen Opferhandlung, sondern war die Folge einer juristisch verhängten Todesstrafe. Er war eine behördlich angeordnete Hinrichtung. Schon deswegen kann nicht von einem blutigen Kultopfer die Rede sein, weil sonst den Richtern und Henkern die Rolle der Opferpriester zukäme, Christus ihr Menschenopfer und Gott, den Jesus als seinen Vater ansprach, ein blutrünstiger Moloch wäre, der nach Blut giert und der sich sogar mit ins Äußerste gesteigerter Perversion am qualvollen Sterben des eigenen Sohnes ergötzt. Wahrlich würde es sich nicht um Gott, sondern um einen Götzen handeln, wodurch der Gottesglaube Israels geradezu in sein Gegenteil verkehrt worden wäre. Gegen die gnostische Enthistorisierung und pagane Verfremdung des Opfers Christi hat schon im 2. Jahrhundert Irenäus von Lyon seine Stimme erhoben:

„Alles, womit die Sünder glaubten, Gott versöhnen zu können, wies er von sich und zeigte, daß er nichts davon braucht" (Gegen die Irrlehren, IV, 17,1). Denn während des Letzten Abendmahls nahm Jesus „das aus der Schöpfung stammende Brot und sagte Dank und sprach: ‚Das ist mein Leib.' Und genau so bekannte er den Kelch mit Wein, der aus der für uns eingerichteten Schöpfung kommt, als sein Blut und erklärte, daß es sich dabei um das neue Opfer des Neuen Bundes handelt (Mt 26,26 ff.); die Kirche hat es von den Aposteln bekommen und bringt es auf der ganzen Erde Gott dar, ihm, der uns ernährt, die Erstlinge seiner Gaben im Neuen Bund" (Gegen die Irrlehren, IV, 17,5).

Darum erfüllt sich im eucharistischen Opfer der Kirche des Vaters, des Sohnes und des Geistes die Verheißung des Propheten, daß auf der ganzen Welt Gott das reine Opfer dargebracht werde (Mal 1,10 f.). Durch dieses Opfer wird der Name Gottes unter allen Völkern groß sein, indem sich die Kirche in den Gaben Gottes, in denen sie sich ihm hingibt, von ihm her empfängt und sich mit ihm vereinigt, der Wahrheit und Leben für jeden Menschen ist.

„Das Opfer der Kirche, das nach der Lehre des Herrn auf der ganzen Welt dargebracht wird, ist als reines Opfer von Gott angerechnet und von ihm angenommen, und zwar nicht, weil er auf ein Opfer von uns angewiesen wäre, sondern weil derjenige, der opfert, seinerseits durch das Opfer, das er darbringt, verherrlicht (vergöttlicht, begnadet) wird, wenn seine Gabe angenommen wird … Worin der Mensch seinen Dank ausdrückt, darin wird ihm sein Dank angerechnet, und er empfängt die Ehre, die von ihm kommt" (Irenäus, Gegen die Irrlehren, IV, 18,1).

Ebenso stellt der Philosoph Justin der Märtyrer um die Mitte des 2. Jahrhunderts fest:

„Von allen Opfern nun, welche im Namen Jesu dargebracht werden, und welche nach der Vorschrift Jesu Christi geschehen, das ist von dem eucharistischen Opfer von Brot und Kelch, das an jedem Ort der Erde von den Christen gefeiert wird, hat Gott im voraus bezeugt, daß er sein Wohlgefallen daran habe (vgl. Mal 1,11) ... Daß nun Gebete und Danksagungen, wenn sie von würdigen Personen dargebracht werden, allein vollkommene und Gott angenehme Opfer sind, behaupte auch ich. Gemäß ihrer Tradition haben auch die Christen nur diese Opfer; sie bringen dieselben dar, wenn sie bei Brot und Kelch das Gedächtnis feiern, wobei sie gerade die Erinnerung an das Leiden begehen, welches der Sohn Gottes ihretwillen erduldet hat" (Justin, Dialog mit dem Juden Tryphon, 117,1–3).

Jesus ist aber in der Sprache des Hebräerbriefes selbst Priester und Opfergabe nach einer ganz neuen Ordnung (Hebr 9,11–15). Durch den Willen Jesu, dem Vater gehorsam zu sein in der Ausführung seiner Sendung unter Inkaufnahme des gewaltsamen Todes, empfängt dieses Ereignis soteriologische, d. h. heilsrelevante Bedeutung. Wenn dieser Tod in den Kategorien des Sühneleidens und des Opfers ausgelegt wird, ist der Inhalt dieser Sprachbilder von der Soteriologie her zu beziehen. Falsch wäre es, inhaltliche Konnotationen aus anderen Bedeutungszusammenhängen in die Soteriologie einzutragen. Theologische Begriffe müssen immer von ihrem Inhalt geprägt werden. Nie darf ein inhaltliches Vorverständnis aus einem naturalistischen oder bloß religionsphänomenologischen Horizont die Wahrnehmung des von Gott geoffenbarten Inhaltes seines Wortes verformen und in eine entgegengesetzte Richtung ablenken.

Der Verstehensrahmen der beiden neutestamentlichen Abendmahlstraditionen (in vier Berichten) ist denn auch die Vater-Sohn-Relation. Die Abendmahlstradition mit der Einsetzung der Eucharistie ist eingebettet in die Passionserzählungen. Nur weil Jesus im Gehorsam zur Sendung vom Vater freiwillig den Tod auf sich nahm, hat sein Kreuzestod auch eine universale Heilsbedeutung „für die vielen". Sie ist Neustiftung des Gottesbundes in seinem Blut. Er verknüpft durch die Einsetzungsworte die heilsrelevante Selbstdahingabe bis zum Tod am Kreuz mit der von ihm den Jüngern aufgetragenen *Anamnesis* („Tut dies zu meinem Gedächtnis!"), die Gemeinschaft, die durch das Genießen von Brot und Wein gestiftet wird, mit ihm und der Kirche. So ist in innerer Verknüpfung in dreifachem Sinn vom dem einen Leib Christi die Rede: in seiner historischen Existenz, in den eucharistischen Gaben und in der Kirche als seiner sozialen Präsenzweise (vgl. 1 Kor 10,16).

Die Tiefenerschließung der Eucharistie hängt darüber hinaus auch von der Sicht der Auferstehung Christi ab. Wäre „Auferweckung" nur ein Interpretament, sozusagen ein Etikett, das einer Flasche aufgeklebt wird ohne Rücksicht auf Übereinstimmung mit dem, was in ihr ist, dann könnte man die Versammlung von Jesus-Fans nach dem Scheitern Jesu am Kreuz nur verstehen als trotziges Weitermachen mit seinen Anliegen.

Das Herrenmahl wird auch oft zu Unrecht in eine Reihe gestellt mit Jesu Einladung an die Sünder zum Mahl. Diese Sündermähler hatten hingegen den Sinn, die universale Reichweite der Berufung aller in die Königsherrschaft Gottes zu bezeugen.

Die Stiftung der Eucharistie während des Letzten Abendmahls hat freilich kirchenstiftenden Charakter und weist auf die lebendige und lebensstiftende Präsenz des auferstandenen Herrn in der Gemeinde derjenigen hin, die an seinen Heilstod und seine Auferstehung glauben. Darum feiert Jesus selbst mit den an ihn Glaubenden Eucharistie, indem er ihnen den Sinn der Schrift erschließt, ihnen das Brot bricht und es ihnen zu Essen gibt (vgl. Lk 24,27.30). Darum ist Eucharistie Selbstvollzug der Kirche und an ihr können nur die teilnehmen, die „an der Lehre der Apostel, an der Koinonia, am Brechen des Brotes und den Gebeten festhalten" (Apg 2,42). Der Glaube des Herzens, „daß Gott ihn von den Toten auferweckt hat" und das Bekenntnis des Mundes „Jesus ist der Herr" (Röm 10,9 f.) sowie die volle Gemeinschaft mit dem ekklesialen Leib Christi (1 Kor 10,16 f.) ist keineswegs eine von außen gesetzte willkürliche Hürde, sondern die innere Bedingung der sakramentalen Mitfeier, d. h. der *manducatio oralis et spiritualis* (wirkliches Essen und geistliche Kommunion). Für diejenigen, die durch Glaube, Bekenntnis und Taufe schon Glieder der Kirche sind, gilt:

„Jeder soll sich selbst prüfen; erst dann soll er von dem Brote essen und aus dem Kelch trinken. Denn wer davon ißt und trinkt, ohne

zu bedenken, daß es der (eucharistische und ekklesiale) Leib des Herrn ist, der zieht sich das Gericht zu, indem er ißt und trinkt" (1 Kor 11,28 f.).

Für die Noch-nicht-Glaubenden und Ungetauften, aber auch für die der Koinonia fernbleibenden Kirchenglieder gilt: „Wir haben einen Opferaltar, von dem die zu essen keine Vollmacht haben, die dem Zelt dienen" (Hebr 13,10). Der Wesensunterschied zwischen dem Leib Christi in der Gestalt des Brotes und dem gewöhnlichen Brot verbietet auch eine lineare Übertragung der Gesetze des gewöhnlichen Mahls auf die sakramentale *Memoria* des Pascha-Mysteriums. Die liturgische Gestaltform ergibt sich aus dem theologischen Tiefensinn der Eucharistie und kann nicht aus einem „Benimm-bei-Tisch-Buch" abgeschrieben werden.

Schließlich hat die Eucharistie eine eschatologische Ausrichtung. Da die gesamte Existenz des Christen und der Weg seiner Kirche auf die Wiederkunft Christi ausgerichtet ist, kann das Herrenmahl nur in eschatologischem Licht gefeiert werden als „Proklamation des Todes des Herrn, bis er wiederkommt" (1 Kor 11,26). Im Rückgriff auf die trinitarisch-christologisch und pneumatologische Grundlage des gesamten Christentums kann die Eucharistie nun mit der Liturgiekonstitution bestimmt werden:

„Unser Erlöser hat beim Letzten Abendmahl in der Nacht, da er überliefert wurde, das eucharistische Opfer seines Leibes und Blutes eingesetzt, um dadurch das Opfer des Kreuzes durch die Zeiten hindurch bis zu seiner Wiederkunft fortdauern zu lassen und so der Kirche, seiner geliebten Braut, eine Gedächtnisfeier seines Todes und seiner Auferstehung anzuvertrauen: das Sakrament huldvollen Erbarmens, das Zeichen der Einheit, das Band der Liebe, das Ostermahl, in dem Christus genossen, das Herz mit Gnade erfüllt und uns das Unterpfand der künftigen Herrlichkeit gegeben wird" (SC 47).

Themen der Systematik im ökumenischen Horizont

Die moderne Theologie hat die Fixierung auf kontroverstheologische Einzelprobleme überwunden. Es geht nicht mehr darum, wer mit großem exegetischen Scharfsinn und erdrückenden Belegen aus der Theologiegeschichte in Fragen des Opfercharakters[22] und der Transsubstantiation am Ende über den konfessionellen Kontrahenten triumphiert. Entscheidend für den Durchbruch war die Verlagerung vom bloßen Sakramentsempfang auf den Sakramentsvollzug.[23] Die Liturgiekonstitution sieht die ganze Meßfeier als „einen einzigen Kultakt" (SC 56) mit den beiden integrierenden Teilen des Wortgottesdienstes und der Eucharistiefeier. Geht man von dem umfassenden Heilswillen Gottes aus, der sich uns mitteilt als Gnade und Leben, dann ist die Liturgie nichts anderes als der der Kirche aufgetragene Vollzug des Priesteramtes Christi, der sich in allem als das Subjekt der Verkündigung, der Opfermahlfeier und der Selbstgabe in den eucharistischen Gestalten erweist. So kann man von einer Aktual-, Verbal- und Real-(Substantial-)präsenz sprechen. Christus ist in der Eucharistiefeier gegenwärtig, insofern er durch den Dienst des Priesters sakramental als Haupt handelt und sich durch alle Gläubigen im Vollzug des gemeinsamen Priestertums sakramental als Leib, der die Kirche ist, vergegenwärtigt. Er wird nämlich gegenwärtig, insofern alle, Priester und Gläubige, von ihm mittels der eucharistischen Feier und des Empfangs des sakramentalen Leibes und Blutes in die *Communio* mit ihm, dem Vater und dem Heiligen Geist einbezogen werden. Die verschiedenen Gegenwartsweisen sind die Darstellung seiner einzigen Gegenwart als Hohepriester des Neuen Bundes (vgl. SC 7).[24]

Auf der Grundlage systematischer Gesamtdarstellungen einer Theologie der Eucharistie kann man die wesentlichen Dimensionen benennen, bei denen ein hohes Maß an ökumenischer Konvergenz erreichbar ist.[25]

Die Eucharistie – Realgedächtnis des Kreuzestodes Christi und Anteilgabe am Leben des österlichen Christus

Die Jünger sind von Jesus beauftragt zur Proklamation seines Todes bis zu seiner Wiederkunft. Indem sie die liturgische Feier vollziehen, gibt sich Christus als das eigentliche Subjekt des historisch einmaligen und unwiederholbaren Kreuzesopfers und seiner sakramentalen Vergegenwärtigung zu erkennen. Im Rückgang zur frühkirchlichen Einheit von *Anamnese, Epiklese* und *Kommunion* (heilsgeschichtliche Erinnerung, Bitte um den Geist und Gemeinschaft mit Christus) erscheint das innere Gefüge der Eucharistie, das die klassischen Entgegensetzungen in der Kontroverstheologie überwölbt und eine einheitliche Sicht ermöglicht. In den Beziehungen der göttlichen Personen sind die Sendungen des Sohnes und des Geistes grundgelegt, die antwortend die Kirche einbeziehen, die durch die Inkarnation entsteht, durch den Heiligen Geist verlebendigt und in ihrer antwortenden Rückbewegung auf den Vater hin ausgerichtet wird. Es gibt keine Konkurrenz zwischen der gegenläufigen *anabatischen* (aufsteigend vom Menschen zu Gott) und *katabatischen* (herabsteigend von Gott zum Menschen) Richtung.[26]

Indem Jesus sich selbst in Erinnerung bringt, werden die Gläubigen in seine Hingabe an den Vater und in die Dahingabe (Proexistenz) des Sohnes einbezogen, durch den Geist des Vaters und des Sohnes im Glauben gestärkt und in der Liebe dem Leib Christi, der die Kirche ist, tiefer verbunden (vgl. schon die trinitarische Struktur des Hochgebetes bei Hippolyt von Rom, der die Liturgie des 2. Jahrhunderts bezeugt).

Christus als Subjekt des Kreuzesopfers und des Opfers seiner Kirche

Die Kategorie des Opfers ist ganz christologisch zu bestimmen und im Rahmen der Unterscheidung und Einheit Christi als Haupt und Leib auszulegen. Die beste Erklärung des christlichen Opferbegriffs in seiner christologischen und ekklesialen Komponente findet sich immer noch bei Augustinus mit Berufung auf den Römerbrief, Kap. 12 und den 1. Korintherbrief, Kap. 12:

> *„Das ist das Opfer der Christen: die vielen ein Leib in Christus. Dieses Opfer feiert die Kirche auch durch das den Gläubigen bekannte Sakrament des Altares, worin ihr vor Augen gehalten wird, daß sie in dem, was sie darbringt, selbst dargebracht wird" (Gottesstaat, X,6).*

So wie das einmalige Opfer der Selbstdahingabe Jesu an den Vater numerisch identisch ist mit seiner Vergegenwärtigung im Sakrament, so besteht auch eine Identität zwischen dem Opfer Christi und der Kirche.[27] Das Opfer der Kirche ist nicht ein zusätzlicher autonomer Akt der Kirche, der an das Erlösungsopfer von außen als Ergänzung herangetragen werden müßte. Es ist schon im Kreuzesopfer enthalten, da Christus sein Opfer vollzogen hat aus Liebe, um die Menschen als die Glieder seines Leibes mit sich zu vereinen, für die er sich dahingegeben hat, um mit der Kirche ein Fleisch zu werden. Indem die Jünger gehorsam in der Dimension der Liturgie und des existentiellen Glaubens, Hoffens und Liebens das tun, wozu Jesus sie berufen und befähigt hat, werden sie einbezogen in Lob und Dank Jesu gegenüber dem Vater und empfangen die Gnade der Sühne und Fürbitte für die Glieder seines Leibes, Jesu Kirche. Das Opfer der Kirche ist nichts anderes als der Vollzug des gemeinsamen Priestertums aller Gläubigen, insofern sie die eucharistische Selbstüberantwortung Christi an den Vater mitvollziehen und so mit Christus „einer" (Gal 3,28), d. h. „eine Person in der Einheit von Haupt und Leib – ein Christus" (Augustinus) werden:

> *Die Gläubigen „sollen Gott danksagen und die unbefleckte Opfergabe darbringen nicht nur durch die Hände des Priesters, sondern auch gemeinsam mit ihm und dadurch sich selber darbringen lernen. So sollen sie durch Christus, den Mittler, von Tag zu Tag zu immer vollerer Einheit mit Gott und untereinander gelangen, damit schließlich Gott alles in allem sei" (SC 48).*

In diesem Sinne ist die Eucharistie gemäß der Aussage des Tridentinums „ein wahres und eigentliches Opfer" (DH 1740). Gemeint ist nicht ein Kultakt innerhalb einer allgemeinen, religionsgeschichtlichen oder biblisch-alttestamentlichen Gattung von Opfern, sondern die reale Identität mit dem einmaligen Akt des Kreuzesopfers, das keine Opfer mehr neben sich duldet, wobei nur die sakramentale Darbringungsweise verschieden ist und die Gläubigen als Glieder des Leibes, der die Kirche ist, mit Christus in seine Relation zum Vater und seine Koinonia mit ihm im Heiligen Geist mit hineingenommen werden (vgl. Eph 3,14–4,16; Kol 1,24).

Ein ungenügendes Verständnis des Opfercharakters der Messe zeigte sich auch in den nachtridentinischen Meßopfertheorien, die in der Dimension des liturgischen Zeichens einen Destruktionsakt der Opfergabe finden wollten, während es doch um die Vergegenwärtigung des Kreuzesopfers geht durch das Wort, in besonderer Weise im eucharistischen Hochgebet, das der Priester im Sendungsauftrag Christi spricht und in das alle Gläubigen kraft des Taufpriestertums eingehen durch Glauben, Liebe und die Bereitschaft zur Nachfolge Jesu.[28]

Die Realpräsenz Christi in den eucharistischen Gaben

Die wirkliche Gegenwart des auferstandenen Herrn, der in seiner verklärten Leiblichkeit beim Vater, aber damit auch bei uns ist, als der Erste derer, die nach seinem Bild gestaltet werden (1 Kor 15,49), übersteigt jede innergeschöpfliche Analogie und kann darum nur im Glauben an das Verheißungswort Christi angenommen werden, der allein vermag, was er sagt.

Die reale Gegenwart kraft der Wesensverwandlung ist nicht von philosophischen Theorien über die Materie abhängig. Gegenüber der Bestreitung ihrer Möglichkeit hat die Kirche seit dem Zweiten Abendmahlsstreit von einer Verwandlung der Substanz des Brotes und des Weines in Fleisch und Blut gesprochen (Transsubstantiation), bei bleibenden Spezies, d. h. der sinnlichen Erscheinungsgestalt von Brot und Wein. Die Konsistenz dieses Bekenntnisses hängt nicht an der aristotelischen Unterscheidung von Substanz und Akzidentien. Es fragt sich aber, ob man nicht überhaupt neue Kategorien zum Einsatz bringen soll, gewiß nicht um den Glauben auf ein Erklärungsmodell zu reduzieren, sondern um Verstehensschwierigkeiten, die mit dem tiefgreifenden Wandel des Substanzbegriffs im Spätmittelalter und im mechanistischen Weltbild der Aufklärung (Verlust der *forma substantialis*) einhergingen, auszuräumen und einen besseren Zugang vorzubereiten.[29] Für alle, die mit diesem Problem ringen, mag eine Reflexion John Henry Newmans über seinen Weg zum katholischen Glauben hilfreich sein:

> *„Man sagt, die Lehre von der Transsubstantiation sei schwer zu glauben. Ich habe, ehe ich Katholik war, nicht an diese Lehre geglaubt, hatte aber keine Schwierigkeit, sie anzunehmen, sobald ich in der katholischen Kirche die Vermittlerin der göttlichen Wahrheit sah und glaubte, daß sie diese Lehre für einen Teil der ursprüng-*

lichen Offenbarung erklärte. Sie ist schwierig; ja, es ist unmöglich, sich eine Vorstellung von ihr zu machen, das gebe ich zu; – aber wie sollte es schwer sein sie zu glauben? ... ich kann sie tatsächlich nicht beweisen, ich kann nicht sagen, wie es zugeht; doch sage ich: ‚Warum sollte es nicht so sein? Was steht hindernd im Wege? Was weiß ich von Substanz und Materie? Genausoviel, wie die großen Philosophen, das ist überhaupt nichts.' – Diese Tatsache liegt so klar auf der Hand, daß eine philosophische Schule im Entstehen begriffen ist, welche die Ansicht vertritt, unsere ganze Kenntnis der physischen Dinge sei auf die Erscheinungen beschränkt. Die katholische Lehre berührt die Erscheinungen nicht. Sie sagt nicht, die äußeren Gestalten verschwinden, sondern im Gegenteil, sie bleiben; ebensowenig lehrt sie, dieselben Gestalten können an mehreren Orten zugleich sein. Sie befaßt sich mit dem, wovon auf Erden niemand etwas weiß, mit den materiellen Substanzen selbst" (Apologia pro Vita Sua).[30]

In der jüngeren Diskussion wurde versucht, das Verständnis durch den deutlicheren Gebrauch personaler Kategorien zu erleichtern. Dabei wurden Begriffe wie „Transsignifikation" und „Transfinalisation" ins Spiel gebracht. Die Rede von Bedeutungs- und Zweckwandel kann aber so lange nicht den vollen Gehalt der Transsubstantiationslehre aufnehmen und übersetzen, so lange nicht der ontologische Tiefgang der Fragestellung erreicht ist. Es ist unmöglich, alles Seiende nur unter dem Gesichtspunkt des Zwecks, der Funktionalität und Machbarkeit zu sehen. Alles Geschaffene strahlt im Rahmen seiner Natur die Herrlichkeit Gottes in Natur, Gesellschaft und Geschichte wider.

„Lobet den Herrn alle seine Werke, an jedem Ort seiner Herrschaft! Lobe den Herrn meine Seele" (Ps 103,22).

Brot und Wein sind natürlich Realitäten, die der Kultur des Menschen angehören und darum als „Frucht der Erde, des Weinstocks und der menschlichen Arbeit" natürliche Lebens- und Kommunikationsmittel sind. Ihre Substanz besteht aber nicht nur in ihrer Funktion als Nahrungsmittel für den Menschen, sondern tiefer noch darin, daß der Mensch die Schöpfung als Gabe erfährt. Indem er Gott als den Geber alles Guten erkennt und ihm für die Erkenntnis seiner Herrlichkeit dank-sagt *(eu-charistein)*, preist er das Werk der Hände Gottes.

„Du läßt Gras wachsen für das Vieh, auch Pflanzen für den Menschen, die er anbaut, damit er Brot gewinnt von der Erde und Wein, der das Herz des Menschen erfreut ... Ewig währe die Herrlichkeit des Herrn; der Herr freue sich seiner Werke ... Ich will dem Herrn singen, solange ich lebe, ich will meinem Gott spielen, solange ich da bin. Möge ihm mein Dichten gefallen. Ich will mich freuen am Herrn" (Ps 104,14f.,31ff.).

Diese Gottesgaben von Brot und Wein werden von Gott selbst real, d. h. ontologisch bestimmt zu Medien der Anteilhabe an der Gemeinschaft mit Jesus in seiner inkarnatorischen Existenz, seiner geschichtlichen und österlichen Realität und verklärten menschlichen Natur, durch die wir in die Relation des Sohnes im Heiligen Geist zum Vater einbezogen werden. Die Eucharistie ist darum das „wunderbare Sakrament, das allen Wohlgeschmack enthält", weil im Glauben an die „wahrhafte, wirkliche und wesentliche" Gegenwart Christi im Altarsakrament Christus „in unseren Herzen aufleuchtet, damit wir erleuchtet werden zur Erkenntnis des göttlichen Glanzes auf dem Antlitz Christi" (2 Kor 4,6). Einer magisch-dinglichen Vorstellung, es hier mit einem Psychopharmakon zu tun zu haben oder es als sentimentales Bindemittel in gruppendynamischen Prozessen in Selbstfindungsgruppen zu benutzen, ist damit ein Riegel vorgeschoben. Gegenüber einer möglichen Verkürzung des Glaubens an die wirkliche Gegenwart hatte Papst Paul VI. in der Enzyklika „Mysterium fidei" (DH 4410–4413) am Begriff der Transsubstantiation festgehalten, um die Identität des Fleisches und Blutes Christi mit nun verwandeltem Seinsbestand, nicht jedoch verwandeltem Erscheinungsbestand von Brot und Wein zu unterstreichen.[31]

Der Gegensatz zwischen der Bestimmung der Eucharistie zum Essen und der eucharistischen Anbetung erweist sich als künstlich. Da es Christus ist, dem der Gläubige begegnet, kann niemand die *manducatio oralis* vollziehen, der Jesus nicht geistlich im Glauben als den *Kyrios* anerkennt und verehrt, d. h. anbetet in seiner Gottheit und Menschheit. Die Anbetung läßt sich nicht auf eine ihrer Äußerungsformen reduzieren, denn sie ist der innere Akt der Erkenntnis der göttlichen Herrlichkeit Christi, der unser schwaches Fleisch und Blut angenommen hat, um uns die Nahrung auf unserer Pilgerschaft zum ewigen Leben zu sein. Spezifische Formen der eucharistischen Verehrung (Besuch des Allerheiligsten im Tabernakel, sakramentaler Segen und Sakramentsprozessionen) haben sich geschichtlich entwickelt. Ihr innerer Grund ist dagegen von dogmatischer Natur und überall dort gegeben, wo die eucharistische Realpräsenz Herzmitte des christlichen Glaubenslebens ist.

Weil die Menschheit Jesu das Realsymbol (d. h. der Ursprung aller Sakramentalität der Kirche und ihrer Zeichenhandlungen) ist, kann man die Eucharistiefeier als die äußerste Verdichtung sehen, als Medium der realen gott-menschlichen Kommunikation in der Liebe, das die Gemeinschaft mit dem dreifaltigen Gott und die Anwartschaft auf das ewige Leben enthält.

Der eucharistische und der ekklesiale Leib Christi in ihrer Wechselwirkung

Zu den großen Wiederentdeckungen gehört die wachsende Einsicht in die wesenhafte wechselseitige Bedingung von eucharistischem Leib *(corpus Christi verum)* und dem ekklesialen Leib Christi, der die Kirche ist *(corpus Christi mysticum)* – wobei nach dem Zweiten Abendmahlsstreit um Berengar von Tours die beiden lateinischen Bezeichnungen ausgetauscht worden waren, um die wahre *(vere et substantialiter)* Gegenwart des geschichtlichen Christus in den eucharistischen Gaben zu unterstreichen. Durch eine (verengte) Interpretation der reformatorischen Rechtfertigungslehre wurde die Eucharistie nur noch auf den Empfang eingeschränkt, statt sie auf den Gesamtvollzug zu beziehen. Damit einher ging die Reduktion auf die individualistisch gedachte Bestärkung des rein persönlichen Glaubens. Zu bedenken wäre dabei gewesen, daß die Rechtfertigungssicht Luthers keineswegs den Communio-Charakter des Heils und damit auch der Eucharistie verdrängen wollte, wie deutlich die an Augustinus orientierten „Sermones“ des Jahres 1519 belegen.

Bilaterale, von beiden Konfessionen getragene Ergebnisse, wie die „Gemeinsame Erklärung zur Rechtfertigungslehre“ (1999) und auch die Studie „Communio Sanctorum. Die Kirche als Gemeinschaft der Heiligen“ (2000) bestätigen eindrucksvoll den Weg zu einer gemeinsamen Neuverortung der Eucharistie in der Kirche. Ebenso ermöglichen sie das Verständnis des von Christus, dem Hohenpriester und Mittler des Neuen Bundes, getragenen Selbstvollzugs von Kirche in der Liturgie, „dem Höhepunkt, dem das ganze Tun der Kirche zustrebt, und zugleich der Quelle, aus der all ihre Kraft strömt" (LG 10). Diese neue Sicht der Eucharistie war nur möglich, indem das Mysterium der Kirche aus ihrer Quelle im dreifaltigen Gott und in ihrer Vermittlerrolle der inkarnatorischen und pneumatischen Gegenwart Gottes ökumenisch erschlossen werden konnte.

Somit kommt in die Diskussion um die mögliche Teilnahme katholischer Christen am evangelischen Abendmahl und evangelischer Christen an der katholischen Eucharistiefeier ein ganz neuer Aspekt, der freilich im durchschnittlichen Bewußtsein, das noch stark an den klassischen Kontroverslehren klebt, nicht hinreichend gewürdigt wird. Eine gemeinsame Feier – noch abgesehen von der Frage, ob nur der gültig geweihte Priester im katholischen und orthodoxen Sinn der Eucharistie vorstehen kann und einen gültigen Sakramentsvollzug mitbedingt – ist nur möglich, wo ein gemeinsames Grundbekenntnis des Glaubens und eine Übereinstimmung über die Sendung der Kirche gegeben ist. Sakramente können nur bewirken, was sie bezeichnen, nämlich die volle Gemeinschaft mit Christus und seiner Kirche.

Deshalb darf der katholisch-reformatorische Dialog sich nicht auf Einzelthemen beschränken (so daß etwa von einem Christen reformatorischen Bekenntnisses nur der Glaube an die Realpräsenz verlangt würde). Vielmehr muß die Eigenart der Kirche, ihre Einheit mit und ihre Unterscheidung von Christus, ihrem Haupt, das zentrale Thema des Dialogs sein. Hier gibt es bis heute einen bezeichnenden Unterschied zwischen der katholischen und orthodoxen auf der einen, und den aus der Reformation hervorgegangenen Gemeinschaften auf der anderen Seite.

Die Asymmetrie entsteht durch die Asymmetrie in der Beziehung zwischen Kirche und Eucharistie. Leider wird in der Praxis die theologische Sicht der Eucharistie an den Rand geschoben. Wo sie mehr als Gemeindemahl zur Erweckung des emotionalen Gefühls der Gemeinschaft mit Christus und eines geselligen Zusammenseins Gleichgestimmter angesehen wird, muß die Nichtzulassung

als Unrecht des Ausgeschlossenseins empfunden werden, gegen die man im Namen Jesu, der alle zu sich kommen ließ, meint, Protest einlegen zu müssen.
Eine wertvolle Beurteilung der neueren Diskussion um Interkommunion und Interzelebration gibt das Lehrschreiben der britischen und irischen Bischöfe über die Eucharistie „Ein Brot – Ein Leib" (1998).[32] Entscheidend ist der Ansatz beim gemeinsamen Glauben an Christus, ist die Erlösung, die Vergegenwärtigung der Gnade Christi in, durch und als Kirche, die Verhältnisbestimmung zu den Christen in von der katholischen Kirche getrennten Gemeinschaften, dann das vertiefte Verständnis der Eucharistie als Verbal-, Memorial- und Realgegenwart Christi als Priester und Opfergabe des Neuen Bundes, sowie des inneren Zusammenhangs der vollen Kirchengemeinschaft mit dem Empfang der heiligen Kommunion. Unter voller Wahrung der katholischen Eucharistielehre werden in allgemeinen und speziellen Normen einzelne (über das Ökumenische Direktorium hinausgehende) Möglichkeiten genannt, bei denen evangelische Christen – ohne dogmatische Schwierigkeiten auch orthodoxe Christen – trotz noch nicht vollständiger Kirchengemeinschaft an der katholischen Eucharistie mit dem Empfang der Kommunion teilnehmen können:

> *„Die Zulassung zur heiligen Kommunion und zu den Sakramenten der Buße und der Krankensalbung kann getauften Christen aus anderen Glaubensgemeinschaften erteilt werden, wenn Todesgefahr besteht oder eine andere schwere Notlage dazu drängt. Dies kann gelegentlich auch jene mit einschließen, die aufgrund eines freudigen oder traurigen Anlasses im Leben einer Familie oder eines einzelnen einmalig um den Empfang dieser Sakramente bitten" (Art. 106).*

Nach Lage der Dinge betrifft dies zuerst die Partner einer christlichen Ehe unterschiedlicher Konfession. Zu beachten aber bleibt:

> *„Das Sakrament der Ehe hebt die Unvollkommenheit der Gemeinschaft zwischen der katholischen Kirche und der Glaubensgemeinschaft anderer Christen nicht auf" (Art. 81).*

Zu bedenken ist der Unterschied zwischen einer „Feier des eucharistischen Opfers" und dem „Empfang der heiligen Kommunion". Es kann dem nichtkatholischen Partner die schon bestehende, aber noch nicht volle Gemeinschaft mit der Kirche als Leib Christi auch durch ein anderes Zeichen, etwa den Segen ausgedrückt werden, „als ein Zeichen für den Grad der Einheit, die wir bereits haben" (Art. 84). Gerade aber wegen des gravierend unterschiedlichen Verständnisses des geweihten Amtes von Bischof und Presbyter ist umgekehrt eine Teilnahme katholischer Christen am Abendmahl im Sinne des Empfangs der Gabe nicht möglich, durchaus aber der religiöse Mitvollzug des Wortes- und Gebetsteils (vgl. Art. 117).

Für die ökumenische Diskussion entscheidend ist schließlich das Verständnis der apostolischen Vollmacht und Sendung, die nach altkirchlicher Überzeugung von den geweihten Amtsträgern im Bischofs-, Presbyter- und Diakonenamt weitergeführt wird.[33] Nur der in apostolischer Sukzession stehende geweihte Priester (Bischof und Presbyter) hat von Christus im Heiligen Geist die Vollmacht erhalten, der Kirche vorzustehen und damit auch der Vorsteher der Eucharistie zu sein, in der sich im höchsten Maße Kirche sakramental vollzieht (DH 4541).

In dieser klassischen Kontroversfrage gibt es meines Erachtens nur einen Fortschritt, wenn man deutlich die ekklesiale Einbindung dieser dogmatischen Aussage ins Auge faßt. Die unerläßliche Präsenz des gültig geweihten Priesters spiegelt nicht eine persönliche Privilegierung eines einzelnen Standes oder ein Überlegenheitsgefühl einer Gruppe über die andere wider, sondern ergibt sich aus der sakramentalen Natur der Kirche. Die unterschiedliche Gegenwarts- und Wirkweise Christi in der einen Kirche, in den Priestern und den Laien spiegelt den Vollzug des Priesteramtes in der Liturgie wider, die vom mystischen (ekklesialen) Leib Jesu Christi, d. h. dem Haupt und den Gliedern vollzogen wird (vgl. SC 7).[34] Ins Spiel zu bringen ist auch die Erneuerung des Communio-Charakters der Amtsausübung, die bei Ignatius von Antiochien übrigens den Skopus seiner Aussagen zum Bischof als Mittelpunkt der Gemeinschaft des Presbyteriums darstellt (vgl. LG 18–29).

Beachtliche Annäherungen im Eucharistie- und besonders im Amtsverständnis weisen neuere Dialogdokumente auf, u. a. das Lima-Dokument, aber auch die Studie des ökumenischen Arbeitskreises evangelischer und katholischer Theologen „Lehrverurteilungen – kirchentrennend?".[35] Von evangelischer Seite kann dort gesagt werden:

„Die in der Ordination zum Ausdruck kommende besondere Berufung zur öffentlichen Verkündigung und Sakramentsverwaltung ist jedoch nicht nur eine Maßnahme äußerer Ordnung, sondern drückt aus, daß die christliche Gemeinde nicht aus Eigenem lebt, vielmehr von einem Gegenüber, nämlich von Gottes Wort und den Gott gehörenden Sakramenten. Nur in einer Notlage der Kirche kann nach evangelischer Auffassung ein Laie das Amt ausüben, sofern er in ausdrücklicher Form dazu bestellt wird" (S. 86).

Die Koinonia der Liebe als Antizipation des ewigen Lebens

Die Eucharistie ist das Sakrament, das uns stets in die Koinonia der Liebe Gottes und der Glieder des Leibes Christi vermittelt (vgl. 1 Joh 1,1–3). Nach Martin Luthers augustinisch geprägter, ökumenisch voll rezipierbarer Schrift „Ein Sermon von dem hochwürdigen Sakrament des heiligen wahren Leichnams Christi" (1519) ist dieses Sakrament eingerichtet und geordnet „zur Stärkung wider den Tod und zum Eingang ins ewige Leben".

Es „ist die Frucht dieses Sakramentes Gemeinschaft und Lieb, damit wir gestärkt werden wider Tod und alles Übel, so daß die Gemeinschaft zweierlei sei: eine, daß wir Christi und aller Heiligen genießen; die andere, daß wir alle Christenmenschen unser auch lassen genießen, worinnen sie und wir möchten, daß also die eigennützige Liebe unser selbst durch dieses Sakrament ausgerodet (werde und) die gemeinnützige Liebe aller Menschen und also durch der Liebe Verwandlung ein Brot, ein Trank, ein Leib, eine Gemein(de) werde; das ist die rechte christliche brüderliche Einigkeit."[36]

Christus ist das Brot des Lebens, das Anteil an seiner Auferstehung schenkt und so das ewige Leben in der Erkenntniseinheit von Vater und Sohn in der Liebe des Geistes mitteilt. Die Eucharistie hat einen unmittelbar eschatologischen Bezug, sowohl in dem Ein-für-Allemal des heilsgeschichtlichen Ereignisses wie auch in der futurischen Ausrichtung der Hoffnung auf die Koinonia des ewigen Lebens. Schon während des Letzten Abendmahls hatte Jesus davon gesprochen, daß er von der Frucht des Weinstocks erst wieder trinken werde im Reiche seines Vaters (Mk 14,25; Mt 26,19; Lk 22,18), und Paulus bezeichnet die Eucharistie als

Proklamation des Heilstodes Christi, bis er wiederkommt (vgl. 1 Kor 11,26). Wenn der Inhalt des ewigen Lebens beschrieben werden kann als Teilnahme am „Hochzeitsmahl des Lammes" (Offb 19,9), als „Schauen Gottes, wie er ist" (1 Joh 3,2), dann ist die Eucharistie der Kirche Vor-Geschmack und Vor-Schau „dessen, was Gott denen bereitet hat, die ihn lieben" (1 Kor 2,9). Denn das Brot, das Gott gibt, „kommt vom Himmel herab und gibt der Welt das Leben" (Joh 6,33).

Anmerkungen

1 Für das Buch überarbeitete Fassung der Erstveröffentlichung: Das Brot des Lebens – Die Theologie auf dem Weg zu einem vertieften Eucharistieverständnis, in: Theologische Revue 97 (2001) Sp. 353–372.

2 Josef Rupert Geiselmann, Die Eucharistielehre der Vorscholastik, Paderborn 1926.

3 Vgl. Henri de Lubac, Corpus Mysticum. Kirche und Eucharistie im Mittelalter (1944), Einsiedeln 1969, 2. Auflage 1995.

4 Wegweisend bereits Matthias Josef Scheeben, Die Mysterien des Christentums (1865), Freiburg 1941.

5 Unübertroffen hierzu ist Josef Andreas Jungmann, Missarum sollemnia. Eine genetische Erklärung der römischen Messe, 2 Bände (1948), Freiburg, 5. Auflage 1962. Ein nachkonziliares Äquivalent bietet Hans Bernhard Meyer, Eucharistie. Geschichte, Theologie, Pastoral, Regensburg 1989.

6 Vgl. Odo Casel, Das christliche Kultmysterium (1932), Regensburg, 4. Auflage 1960.

7 Beispielhaft war hier Edward Schillebeeckx, Christus – Sakrament der Gottbegegnung, Mainz 1960. Vgl. neuerdings auch Lothar Lies, Sakramententheologie, Graz 1990.

8 Konrad Baumgartner, Ferdinand Hahn, Richard Schaeffler u. a., Unfähig zum Gottesdienst?, Regensburg 1991.

9 Joseph Ratzinger, Der Geist der Liturgie. Eine Einführung, Freiburg 2000.

10 Joseph Ratzinger, Die sakramentale Begründung christlicher Existenz, Meitingen-Freising 1966.

11 Dieser Ansatz ist eine der Stärken von Franz Courth, Die Sakramente. Ein Lehrbuch für Studium und Praxis der Theologie, Freiburg 1995, besonders S. 144–226.

12 In: Karl Rahner, Schriften zur Theologie, Band IV, Einsiedeln 1960, S. 275–355.

13 Vgl. Karl Rahner, Kirche und Sakramente, Freiburg 1960.

14 Vgl. Hans Otmar Meuffels, Kommunikative Sakramententheologie, Freiburg 1995.

15 Gustavo Gutiérrez, Theologie der Befreiung, Mainz, 10. Auflage 1992, S. 320.

16 Vgl. Ferdinand Hahn, Der urchristliche Gottesdienst, Stuttgart 1970.

17 Vgl. Alfons Deissler, Das Opfer im Alten Testament, in: Das Opfer Jesu Christi und seine Gegenwart in der Kirche, hg. v. Karl Lehmann u. Edmund Schlink, Freiburg 1983, S. 17–35.

18 Vgl. Heinz Schürmann, Gottes Reich – Jesu Geschick, Freiburg 1983.

19 Vgl. Karl-Heinz Menke, Stellvertretung, Einsiedeln 1991.

20 Vgl. Jörg Splett, Erlösung wovon?, in: Münchener Theologische Zeitschrift 43 (1992) S. 3–16.

21 In: Bibel und Kirche 57 (2002) S. 40–45.

22 Immerhin unwiderleglich: Gottlieb Söhngen, Das sakramentale Wesen des Meßopfers, Essen 1946.

23 Vgl. den Überblick bei Helmut Feld, Das Verständnis des Abendmahls, Darmstadt 1976.

24 Vgl. besonders: Katholischer Erwachsenen-Katechismus: Das Glaubensbekenntnis der Kirche, hg. von der Deutschen Bischofskonferenz, Bonn 1985, S. 343–363; Katechismus der Katholischen Kirche, Rom 1993, Art. 1322–1419. Vgl. auch Evangelischer Erwachsenenkatechismus. Kursbuch des Glaubens, Gütersloh 1975, S. 1104–1121 mit Verweis auf wichtige ökumenische Dialogdokumente (Arnoldshainer Thesen von 1957, Leuenberger Konkordie, lutherisch-katholischer USA-Dialog). Vgl. die hilfreiche Dokumentation bei Heinz Schütte, Glaube im ökumenischen Verständnis, Paderborn, 13., aktualisierte Auflage 1996.

25 Vgl. zum Folgenden: Päpstlicher Rat zur Förderung der Einheit der Christen, Direktorium zur Ausführung der Prinzipien und Normen für den Ökumenismus, Bonn 1993.

26 Diese Sicht ist besonders gefördert worden durch: Max Thurian (Hg.), Ökumenische Perspektiven von Taufe, Eucharistie und Amt, Paderborn 1983.

27 Vgl. Karl Rahner/Angelus Häußling, Die vielen Messen und das eine Opfer, Freiburg 1951.

28 Vgl. Hans Urs von Balthasar, Spiritus Creator. Skizzen zur Theologie III, Einsiedeln 1967, S. 166–217.

29 Vgl. Joseph Ratzinger, Eucharistie – Mitte der Kirche, München 1978. Neu in: Gott ist uns nah, Augsburg 2001.

30 John Henry Newman, Apologia pro Vita Sua (1864), Mainz 1951, S. 276 f.

31 Vgl. Hermann Volk/Friedrich Wetter, Geheimnis des Glaubens, Mainz 1968; Walter Kasper, Theologie und Kirche, Mainz 1987.

32 One Bread One Body, Dublin: Veritas Publications 1998. Zugänglich über www.catholic-ew.org.uk/resource/obob/index.htm

33 Gegen die Relativierung dieses Zusammenhangs bei Hans Küng, Edward Schillebeeckx u. a. vgl. Gisbert Greshake, Priester sein in dieser Zeit, Freiburg 2000.

34 Daß in Luthers differenzierter Sicht Ordination und Eucharistievollmacht nicht zu trennen sind, hat herausgearbeitet: Peter Manns, Amt und Eucharistie, Paderborn 1973, S. 68–173.

35 Karl Lehmann, Wolfhart Pannenberg (Hg.), Lehrverurteilungen – kirchentrennend? I. Rechtfertigung, Sakramente und Amt im Zeitalter der Reformation und heute, Freiburg 1988. Vgl. dazu Gerhard Ludwig Müller (Hg.), Der Empfänger des Weihesakraments, Würzburg 1999.

36 D. Martin Luthers Werke, Weimarer Ausgabe, Band II, S. 754.

Abkürzungen

DH Heinrich **D**enzinger/Peter **H**ünermann, Kompendium der Glaubensbekenntnisse und kirchlichen Lehrentscheidungen, Freiburg, 37. Auflage 1991.

Präzisiert wurden die Übersetzungen der Texte des Zweiten Vatikanischen Konzils aus Karl Rahner/Herbert Vorgrimler: Kleines Konzilskompendium, Freiburg, 26. Auflage 1994:

SC Konstitution über die heilige Liturgie „**S**acrosanctum **c**oncilium“

LG Dogmatische Konstitution über die Kirche „**L**umen **g**entium“

DV Dogmatische Konstitution über die göttliche Offenbarung „**D**ei **V**erbum“

AA Dekret über das Laienapostolat „**A**postolicam **a**ctuositatem“

PO Dekret über Dienst und Leben der Priester „**P**resbyterorum **o**rdinis“

Die Heilige Schrift wurde in der Regel nach der Einheitsübersetzung zitiert; wo es angebracht schien, wurde unter Rückgriff auf den Originaltext präzisiert und gelegentlich auch im Text in Klammern kommentiert.

Zeugen des Glaubens

GERHARD LUDWIG MÜLLER

John Henry Newman begegnen

Das Leben des großen englischen Kardinals John Henry Newman (1801–1890) ist ein geistiger Kampf um den wahren Glauben, der ihn von der englischen Staatskirche zur katholischen Weltkirche führte. Die gängige Gleichsetzungung von Modernität und religiöser Beliebigkeit entlarvte dieser „Kirchenvater der Neuzeit" John Henry Newman als Trugschluß. Scharfsinnig wies der Oxford-Professor nach, wie der scheinbare Verzicht auf die Wahrheit im Namen der Toleranz das Christentum in seiner Existenz bedroht.

Gerhard Ludwig Müller entfaltet Newmans Theologie als einen schrittweisen Zugang von der Zustimmung des Menschen zum Glauben bis hin zur Annahme der päpstlichen Unfehlbarkeit.

12 x 19 cm, kt., 176 Seiten
ISBN 3-929246-54-6

Sankt Ulrich Verlag